Les mots français

Les mots français: Vocabulaire, lectures et sujets de conversation presents a clear, thorough and systematic overview of modern French vocabulary on a variety of subjects. Written in the target language, each of the 32 chapters is divided into the following sections, with translations into English to facilitate the learning process:

- basic vocabulary (vocabulaire de base)
- additional vocabulary (vocabulaire supplémentaire)
- related vocabulary (vocabulaire apparenté)
- idiomatic expressions, sayings and proverbs (proverbes et expressions)
- cultural readings (lectures).

The book includes a range of communicative exercises and sample sentences, while an answer key and flashcards are available online. This is essential reading for learners at level A2–C2 of the Common European Framework for Languages, and Intermediate Mid–Advanced on the ACTFL proficiency scales.

Trudie Maria Booth is Lecturer in French at the University of Portland, USA.

Les mots français

Vocabulaire, lectures et sujets de conversation

Trudie Maria Booth

LONDON AND NEW YORK

First published 2019
by Routledge
2 Park Square, Milton Park, Abingdon, Oxon OX14 4RN

and by Routledge
52 Vanderbilt Avenue, New York, NY 10017

Routledge is an imprint of the Taylor & Francis Group, an informa business

British Library Cataloguing-in-Publication Data
A catalogue record for this book is available from the British Library

Library of Congress Cataloging-in-Publication Data
Names: Booth, Trudie Maria, author.
Title: Les mots français : vocabulaire, lectures et sujets de conversation / Trudie Maria Booth.
Description: New York, NY : Taylor & Francis Group, 2019.
Identifiers: LCCN 2018058197| ISBN 9780815357759 (hardback : alk. paper) | ISBN 9780815357803 (pbk. : alk. paper) | ISBN 9781351123747 (ebook)
Subjects: LCSH: French language – Textbooks for foreign speakers – English. | French language – Vocabulary. | French language – Conversation and phrase books – English.
Classification: LCC PC2129.E5 B619 2019 | DDC 448.2/421 – dc23
LC record available at https://lccn.loc.gov/2018058197

ISBN: 978-0-8153-5775-9 (hbk)
ISBN: 978-0-8153-5780-3 (pbk)
ISBN: 978-1-351-12374-7 (ebk)

Typeset in Times New Roman
by Apex CoVantage, LLC

Visit the eResources: www.routledge.com/9780815357803

Table des matières

Preface

Les mots français is designed to be used in intermediate and advanced French courses as well as for self-study. It presents a clear, thorough and systematic overview of essential French vocabulary (grouped by topics) on a variety of subjects such as means of communication and transportation, food, weather, clothing, family, sports, professions, work, ecology, education and leisure activities.

Most of the thirty-two chapters are divided into the following sections:

- basic vocabulary (vocabulaire de base)
- additional vocabulary (vocabulaire supplémentaire)
- related vocabulary (vocabulaire apparenté)
- idiomatic expressions, sayings and proverbs (proverbes et expressions)
- cultural readings (lectures)

To help the student master the material, a wide variety of exercises and activities are offered, such as identifying synonyms and antonyms, participating in games and role play, as well as writing a story with a selected group of words. There are also reading comprehension, fill-in, translation, matching and multiple choice exercises. The end of each chapter presents numerous conversation topics allowing immediate use of the vocabulary in free expression. Online flashcards are provided to maximize practice.

The basic vocabulary is intended for review, and the additional and related vocabulary is meant to expand the learner's lexical knowledge. Nouns, verbs and adjectives are listed separately and sample sentences improve comprehension and retention. Words belonging to the informal register of the French language are also included.

The idiomatic expressions, sayings and proverbs contain vocabulary presented in the chapters and familiarize the students with the characteristic features of the French language. All words, sample sentences and expressions are translated into (American) English to facilitate the learning process.

In the reading passages, learners will find valuable information about contemporary France regarding holidays, culinary specialties, health care, the educational system and various other topics, allowing them to see the newly acquired material in a meaningful context and to gain insight into aspects of French culture.

Numerous footnotes point out common errors, clarify the use of synonyms and explain important grammatical structures. They also give additional information and definitions. An answer key is available for the exercises, and recordings of all vocabulary lists and reading passages offer an opportunity to practice correct pronunciation.

The objective of *Les mots français* is to provide learners with the tools needed to express themselves with confidence on a wide variety of subjects both orally and in writing and to improve their listening and reading comprehension skills as well as their intercultural competence.

Abbreviations

adj.	adjectif	adjective
arg.	argot	slang
f.	féminin	feminine
fam.	familier	familiar, colloquial
fig.	au sens figuré	in a figurative sense
inf.	infinitif	infinitive
inv.	invariable	does not change in the feminine or plural
lit.	littéralement	literally translated
m.	masculin	masculine
pl.	pluriel	plural
p.p.	participe passé	past participle
qch	quelque chose	something
qn	quelqu'un	someone
sb		somebody
sth		something

Useful words and expressions

À mon avis . . .	In my opinion . . .
Je crois que . . .	I think/believe that . . .
Je trouve que . . .	I think that . . .
Je pense que . . .	I think that . . .
Je pense que oui.	I think so.
Je pense que non.	I don't think so.
Je ne pense pas.	I don't think so.
Je suis (tout à fait) d'accord.	I (completely) agree.
Je ne suis pas d'accord.	I disagree.
Vous avez (Tu as) raison.	You are right.
Vous avez (Tu as) tort.	You are wrong.
C'est vrai.	That is true.
Il me semble que . . .	It seems to me that . . .
être pour	to be for
être contre	to be against
par contre	on the other hand
d'une part . . . d'autre part	on the one hand . . . on the other hand
cependant, pourtant	however, yet
au contraire	on the contrary
malgré	in spite of
grâce à	thanks to
Je suis désolé(e).	I am sorry.
Bien sûr !	Of course!
absolument, tout à fait	absolutely
évidemment	evidently
sans (aucun) doute	without (any) doubt
par conséquent	consequently
Ça dépend.	It depends.
pas du tout	not at all
tout	everything
partout	everywhere
il y a	there is, there are
déjà	already

donc	so, therefore
peut-être	perhaps
surtout	especially
presque	almost
entre	between
d'abord	at first, first
ensuite, puis	then, afterwards
avant	before
après	after, afterwards
souvent	often
quelquefois	sometimes
toujours	always
la plupart du temps	most of the time
quant à . . ., en ce qui concerne . . .	as for . . ., as far as . . . is concerned
la raison pour laquelle . . .	the reason why . . .
c'est pourquoi	that is why
en fait	in fact, actually
actuellement	presently
de toute façon	in any case
selon, d'après	according to
autrefois	in the past
maintenant	now
en ce moment	at the moment
pour l'instant	for the moment, for now
à l'heure actuelle	at the present time
de nos jours	nowadays
désormais	from now on
à partir de demain	from tomorrow on
s'il vous plaît (s'il te plaît)	please

Question words

où	where
quand	when
comment	how
pourquoi	why
combien de (+ noun)	how much, how many (+ noun)
qui	who

A) Flashcards : Useful words and expressions, exercice 1

1 Le corps humain

The human body

Vocabulaire de base

le corps	body
la tête	head
les cheveux *(m.pl.)*	hair
l'oreille *(f.)*	ear
le visage	face
le nez	nose
le front	forehead
la joue	cheek
le menton	chin
l'œil *(m.)* (les yeux)	eye
le sourcil	eyebrow
le cil	eyelash
la bouche	mouth
la lèvre	lip
la dent	tooth
la langue	tongue
le cou	neck
la gorge	throat
le dos	back
la poitrine	chest
le sein	breast
le ventre	belly, stomach (abdomen)
la taille	waist
la hanche	hip

le bras	arm
l'épaule *(f.)*	shoulder
le coude	elbow
le poignet	wrist
la main	hand
le doigt	finger
l'ongle *(m.)*	fingernail
la jambe	leg
le genou (les genoux)	knee
la cheville	ankle
le pied	foot
l'orteil (*m.*), le doigt de pied	toe
le talon	heel

Les parties internes du corps et les organes		**Internal parts of the body and organs**	
le cœur	heart	les poumons *(m.pl.)*	lungs
le cerveau	brain	les reins (*m.pl.*)	kidneys
l'estomac *(m.)*	stomach	l'os *(m.)* (les os)	bone(s)
le foie	liver	l'artère *(f.)*	artery
le muscle	muscle	la veine	vein
le sang	blood	la peau	skin

A) Flashcards : Chapitre 1, exercice 1.

B) Trouvez le mot qui complète le mieux la phrase.

1. On voit avec les ________________
2. On entend avec les __________________
3. On sent avec le _________________
4. On met les chaussures (*shoes*) à ses __________________
5. Dans la bouche, il y a la _______________ et les ________________
6. Quand on a froid aux _________________, on met des gants.
7. Le ______________ est entre la tête et les épaules.
8. La ________________ est entre le pied et la jambe.

9. Le _________________ est entre le bras et la main.
10. Mon frère a les _________________ blonds.
11. Le _______________ est le liquide rouge qui coule dans les veines et les artères.
12. Nous avons cinq _______________ à chaque main.
13. Nous pensons avec le ___________________
14. Quand j'ai une angine (*a throat infection*), j'ai mal à la ______________
15. Quand les Français se font la bise, ils s'embrassent sur les deux _________
16. La _________________ recouvre tout notre corps.
17. Un _____________ rouge est souvent utilisé comme symbole de l'amour.
18. L' ___________________ sert à digérer les aliments.

avoir mal à . . .	to have a . . . ache
avoir mal à la tête	to have a headache
avoir mal à la gorge	to have a sore throat
avoir mal au dos	to have a backache
avoir mal aux dents	to have a toothache

To describe hair or eyes, one uses the verb « avoir » with the definite article (les).

avoir **les** yeux bleus / verts / noisette[1]	to have blue/green/hazel eyes
Il a les yeux marron.[1]	He has brown eyes.
avoir **les** cheveux blonds / gris / roux[2] / noirs / blancs	to have blond/gray/red/black/white hair
J'ai les cheveux bruns.[1]	I have brown hair.
avoir les cheveux raides / bouclés / frisés	to have straight/curly/frizzy hair

C) Répondez aux questions suivantes.

1. Où avez-vous mal quand vous avez la grippe (*the flu*) ?
2. Où avez-vous mal quand vous mangez trop ?
3. Où avez-vous mal quand vous travaillez dans le jardin toute la journée ?
4. Où avez-vous mal quand vous marchez longtemps ?
5. Où avez-vous mal quand vous regardez la télé pendant des heures ?
6. De quelle couleur sont vos yeux ?
7. De quelle couleur sont vos cheveux ?

D) Jeu.

Pensez à une partie du corps et dites à votre partenaire par quelle lettre elle commence. Il / elle doit deviner la partie du corps à laquelle vous pensez.

Exemple : A: Je pense à une partie du corps qui commence par « c ».
B: Est-ce que ce sont les cils ?
A: Non !
B: C'est le cerveau ?
A: Non !
B: Est-ce que c'est le cœur ?
A: Oui !

Vocabulaire supplémentaire

la cuisse	thigh
le mollet	calf
l'articulation *(f.)*	joint
la barbe	beard
la moustache	mustache
le derrière	bottom
les fesses *(f.pl.)*	buttocks
le bouton	pimple
les taches de rousseur *(f.)*	freckles
la dent de sagesse	wisdom tooth
la paupière	eyelid
les poils *(m.pl.)*	hair (not on head)
le pouce	thumb
le nerf	nerve
Les cinq sens	**The five senses**
le goût	taste
l'odorat *(m.)*	smell
l'ouïe *(f.)*	hearing
le toucher	touch
la vue	sight

E) Flashcards : Chapitre 1, exercice 2

F) Associez un sens à chacune des phrases suivantes.

1. Ça sent bon dans la cuisine ! ______________________

2. Cette tarte est délicieuse ! ____________________
3. J'entends un bruit. _________________
4. Si vous regardez par la fenêtre, qu'est-ce que vous voyez ? ____________
5. Ce tissu luxueux est très doux. ____________________

Vocabulaire apparenté

la taille	height (of a person), size
le poids	weight
le teint	complexion
la ride	wrinkle
la coiffure	hairstyle, hairdo
la queue-de-cheval	ponytail
la frange	bangs
le chignon	bun
la perruque	wig
le sèche-cheveux	hair dryer
le piercing	body piercing
le tatouage	tattoo

Quelques produits de beauté et d'hygiène

le maquillage	makeup	le vernis à ongles	nail polish
le dentifrice	toothpaste	le peigne	comb
la brosse à dents	toothbrush	la brosse à cheveux	hairbrush
le fil dentaire	dental floss	le déodorant	deodorant
le rasoir	razor	le rouge à lèvres	lipstick
la crème à raser	shaving cream	le shampo(o)ing	shampoo
le savon	soap	l'après-shampoing (*m.*)	conditioner

G) Flashcards : Chapitre 1, exercice 3

H) Complétez chaque phrase avec le mot qui convient.

1. La vieille femme a beaucoup de ____________________ sur le visage.
2. Elle porte une __________________ parce qu'elle a perdu tous ses cheveux.
3. Un dessin permanent sur la peau s'appelle un ____________________

4. Pour se brosser les dents, on met du ____________________ sur la brosse à dents.
5. Quand on prend un bain ou une douche, on a besoin de ________________

beau, bel,[3] belle	beautiful, handsome
joli(e)	pretty
laid(e) (*fam*. moche)	ugly
blond(e) Il est blond.	blond He is blond.
châtain[4]	(chestnut) brown [hair]
roux, rousse Elle est rousse.	red-headed She has red hair.
chauve	bald
clair(e) Elle a le teint clair.	fair (complexion) She has a light complexion.
bronzé(e)	(sun)tanned
pale	pale
droit(e) le bras droit	right the right arm
gauche la jambe gauche	left the left leg
faible	weak
fort(e)	strong
grand(e)	big, tall
petit(e)	small, short (person)
gras, grasse	greasy, oily
sec, sèche	dry
obèse	obese
gros, grosse	fat
mince	slim, slender
maigre	skinny, thin
long, longue	long
court(e)[5] Elle a les cheveux courts / longs.	short She has short/long hair.
mignon, mignonne	cute
aveugle	blind

sourd(e)	deaf
muet, muette	mute
propre	clean
sale	dirty

I) **Flashcards : Chapitre 1, exercice 4**

J) **Donnez le contraire.**

1. long ________________ 2. faible ________________
3. sale ________________ 4. joli ________________
5. droit ________________ 6. petit ________________
7. gros ________________

K) **Complétez chaque phrase avec l'adjectif qui convient.**

1. Une personne qui ne peut pas voir est ________________
2. Une personne qui n'entend rien est ______________
3. Quand on est trop mince, on est ____________
4. Si on n'a pas de cheveux sur la tête, on est ________________
5. Une personne dont la peau du visage est très blanche est____________
6. Une personne qui ne peut pas parler est ______________
7. Elle a la peau grasse, mais sa sœur a la peau ______________

L) **Comment êtes-vous**[6] **maintenant et comment étiez-vous quand vous étiez petit(e) ? Décrivez-vous** (describe yourself) **en utilisant un grand nombre d'adjectifs de la liste précédente.**

M) **Faites une description précise**

a) d'une personne âgée.
b) d'une petite fille.
c) de quelqu'un que vous n'aimez pas.

N) **On vous a volé votre portefeuille. Vous allez au commissariat et vous décrivez en détail le voleur.**

(Exemple : Il a de longues jambes, etc.)

arriver	to arrive
partir	to leave
sortir	to go out

entrer	to enter
s'arrêter	to stop
s'asseoir	to sit down
se lever	to get up
se coucher	to go to bed
être couché(e)	to be lying
être assis(e)	to be sitting
être debout	to be standing
avoir l'air (+ adj.) Il a l'air fatigué.	to look (+ adj.) He looks tired.
battre	to beat (heart)
bouger	to move
se brosser les dents / les cheveux	to brush one's teeth/hair
courir	to run
se dépêcher	to hurry
descendre	to go down
monter	to go up
se détendre	to relax
digérer	to digest
entendre qn / qch	to hear sb/sth
froncer les sourcils	to frown
hausser les épaules	to shrug one's shoulders
grossir	to gain weight
maigrir	to lose weight
goûter	to taste
se maquiller	to put on makeup
marcher	to walk
mesurer Il mesure 1 mètre 83.	to measure He is 6 feet tall.
(se) peser Il pèse 70 kilos.	to weigh (oneself) He weighs 70 kilograms.
penser	to think
réfléchir	to reflect
se raser	to shave
regarder	to look at

remarquer	to notice
respirer	to breathe
retourner	to return
rentrer	to go home
sentir	to smell
sauter	to jump
se serrer la main Ils se sont serré la main.	to shake hands They shook hands.
serrer la main à qn Je lui ai serré la main.	to shake somebody's hand I shook his hand.
transpirer	to perspire, to sweat

O) Flashcards : Chapitre 1, exercice 5

P) Reliez les contraires.

1. se lever _________ a) sortir
2. être assis _________ b) descendre
3. maigrir _________ c) se coucher
4. monter _________ d) être debout
5. entrer _________ e) grossir
6. arriver _________ f) partir

Q) Complétez chaque phrase avec le verbe qui convient.

1. Les poumons nous permettent de ________________
2. Le cœur ______________
3. Nous ________________________ avec le cerveau.
4. L'estomac ___________________ ce que nous mangeons.
5. On __________________ les sourcils quand on n'est pas content.
6. On ___________________ les épaules pour exprimer son indifférence.
7. Quand on court en été, on _________________

R) Traduisez les phrases suivantes en français.

1. She jumped with joy. _________________________
2. I am 1m72 tall. ________________________

3. I brush my teeth three times per day. ____________________
4. If you eat too much chocolate, you are going to gain weight. ________

   ____
5. I noticed that he could not move. ____________________
6. How much do you weigh? ____________________
7. We shook hands. ____________________

Proverbes et expressions

Ça me met l'eau à la **bouche**.	It makes my mouth water.
par le **bouche** à oreille	by word of mouth, by hearsay
rester **bouche** bée	to be stunned
Bouche cousue !	Mum's the word. Don't tell anybody about this.
avoir le **bras** long	to be influential
bras dessus, **bras** dessous	arm in arm
être le **bras** droit de qn	to be sb's right hand man
à **bras** ouverts Ils nous ont accueillis à **bras** ouverts.	with open arms They welcomed us with open arms.
prendre qn dans ses **bras**	to hug someone
le **bras** de fer	power struggle
le **bras** d'honneur	the finger (gesture)
faire un **bras** d'honneur à qn	to give sb the finger
couper les **cheveux** en quatre	to split hairs
avoir mal aux **cheveux**	to have a hangover
arriver comme un **cheveu** sur la soupe	to come at an awkward moment, to happen in an untimely fashion
ne pas arriver à la **cheville** de qn	to be inferior to sb
Il ne lui arrive pas à la **cheville**.	He cannot hold a candle to her/him.
avoir le **cœur** brisé	to be broken-hearted
avoir le **cœur** sur la **main**	to be generous
avoir mal au **cœur**	to feel nauseated
Ça fait chaud au **cœur**.	It's heart-warming.
Ça me tient à **cœur**.	That is important to me. It's close to my heart.
faire qch de bon **cœur** / à contre**cœur**	to do sth gladly/reluctantly
Si le **cœur** vous en dit.	If you like. If your heart desires.

de tout **cœur**	with all my heart
du fond du **cœur** Je vous remercie du fond du **cœur**.	from the bottom of one's heart I thank you from the bottom of my heart.
être joli comme un **cœur**	to be as pretty as a picture
C'est mon petit **doigt** qui me l'a dit.	A little bird told me.
se mettre le **doigt** dans l'**œil**	to be very wrong, to be mistaken
croiser les **doigts** Je croise les **doigts** pour toi.	to keep one's fingers crossed I'll keep my fingers crossed for you.
faire froid dans le **dos** Ça me fait froid dans le **dos**.	to send shivers down one's spine It sends shivers down my spine/ gives me the creeps.
avoir l'**estomac** dans les talons	to be very hungry
prendre ses **jambes** à son cou	to run away very fast
donner sa **langue** au chat	to give up (solving a riddle)
Je l'ai sur le bout de la **langue**.	It's on the tip of my tongue.
fait à la **main**	handmade
haut la **main** Il a réussi l'examen haut la **main**.	hands down He passed the test hands down.
avoir qch sous la **main**	to have sth at hand
donner un coup de **main** à qn	to give sb a hand
mettre la **main** à la pâte	to help out, to pitch in, to get down to work
la **main** dans la **main**	hand in hand
en un tour de **main,** en un tourne**main**	in no time at all
taper sur les **nerfs** de qn Tu me tapes sur les **nerfs**.	to get on sb's nerves You are getting on my nerves.
avoir du **nez**	to have flair, to foresee (what is going to happen)
Mon **œil !** *(fam.)*	No way! (I don't believe you.)
à l'**œil** *(fam.)*	free of charge
ne pas fermer **l'oeil** de la nuit Je n'ai pas fermé **l'œil** de la nuit.	not to sleep a wink I didn't sleep a wink all night.
jeter un (coup d') **œil** sur qch	to glance at sth
en un clin d'**œil**	in the blink of an eye
être tout **oreilles** / tout **ouïe**	to be very attentive, to be all ears

être dur d'**oreille**	to be hard of hearing
ne pas en croire ses **oreilles / yeux** Je n'en crois pas mes **oreilles / yeux**.	not to believe one's own ears/eyes I can't believe what I am hearing/seeing.
être trempé jusqu'aux **os**	to be soaked to the skin
ne pas faire de vieux **os**	not to live a long time
se sentir bien / mal dans sa **peau**	to feel good/bad about oneself
se lever du **pied** gauche	to get up on the wrong side of the bed/in a bad mood
aller à **pied**	to go on foot, to walk (to a place)
casser les **pieds** à qn	to annoy sb
Il me casse les **pieds**.	He annoys me.
mettre les **pieds** dans le plat *(fam.)*	to put one's foot in one's mouth, to say sth foolish
être bête comme ses **pieds** *(fam.)*	to be very stupid
ne pas savoir sur quel **pied** danser	to not know what to do
C'est le **pied** ! *(fam.)*	It's great!
avoir un **poil** dans la main	to be incredibly lazy
manger sur le **pouce** *(fam.)*	to grab a bite, to eat on the run
se faire du mauvais **sang**	to worry
garder son **sang**-froid	to keep calm
en avoir par-dessus la **tête**	to be sick and tired of sth
se casser / creuser la **tête**	to rack one's brain(s)
n'en faire qu'à sa **tête** Ils n'en font qu'à leur **tête**.	to only do what one likes They do exactly as they please.
faire la **tête** perdre la **tête**	to pout, to sulk to lose one's mind
à perte de **vue**	as far as the eye can see
connaître qn de **vue**	to know sb by sight
perdre qn de **vue**	to lose sight of sb
à première **vue**	at first sight
Cela saute aux **yeux.**	That's obvious.
coûter les **yeux** de la tête *(fam.)*	to cost an arm and a leg
ne pas avoir froid aux **yeux** *(fam.)*	to have courage
Loin des **yeux**, loin du **cœur**.	Out of sight, out of mind.
avoir les **yeux** plus gros que le **ventre**	to be greedy, to put more on one's plate than one can eat

S) Dites-le d'une autre façon en vous servant des expressions de la liste précédente.

1. Ne raconte à personne ce que je viens de te dire ! ____________
2. Il ne fait que ce qui lui plaît, ce que bon lui semble. ____________
3. C'est évident. ____________
4. Elle a couru très vite. ____________
5. Je ne peux pas croire ce que j'entends. ____________
6. Tu m'énerves ! ____________
7. Je ne crois pas ce que tu dis ! ____________
8. Cet homme entend mal. ____________
9. Je ne sais pas la réponse à la devinette (*riddle*) et je ne veux pas continuer à deviner. ____________
10. Ça coûte une fortune. ____________
11. Proverbe qui dit que plus on s'éloigne d'une personne, moins on l'aime.

    ____

T) Dites-le différemment.

1. Elle n'a pas fermé l'œil. ____________
2. Il a un poil dans la main. ____________
3. Ces chaussures m'ont coûté les yeux de la tête. ____________
4. Il s'est levé du pied gauche. ____________
5. Elle a le cœur sur la main. ____________
6. Ils sont entrés dans le musée à l'œil. ____________
7. Il s'est fait du mauvais sang. ____________
8. Je suis tout oreilles. ____________
9. Il s'est mis le doigt dans l'œil. ____________
10. C'est le pied !____________
11. Je donne ma langue au chat. ____________

U) Quel est le sens des expressions suivantes ? Encerclez la bonne réponse.

1. avoir le bras long
   a) avoir de l'influence
   b) être malade
   c) prendre qn dans ses bras
2. avoir l'estomac dans les talons
   a) avoir très soif
   b) avoir mal à l'estomac
   c) avoir très faim
3. en avoir par-dessus la tête
   a) en avoir assez
   b) avoir mal à la tête
   c) être intelligent
4. avoir du nez
   a) avoir de l'intuition
   b) sentir bon
   c) être rusé
5. manger sur le pouce
   a) manger rapidement sans s'asseoir
   b) manger à la maison
   c) manger avec les doigts
6. faire quelque chose les doigts dans le nez
   a) faire une faute
   b) faire quelque chose attentivement
   c) faire quelque chose facilement
7. se creuser la tête
   a) avoir mal à la tête
   b) se faire mal à la tête
   c) réfléchir intensément
8. avoir mal aux cheveux
   a) être malade après avoir bu trop d'alcool
   b) se peigner les cheveux
   c) être stressé
9. se faire du mauvais sang
   a) s'inquiéter
   b) avoir une maladie du sang
   c) être furieux

V) Complétez chaque phrase avec une partie du corps.

1. Ça m'a fait froid dans le ____________________
2. Il ne va pas faire de vieux ____________________ car il travaille trop.
3. Pourrais-tu me donner un coup de ______________, s'il te plaît ?
4. Tu n'arrives pas à la ________________ de cette personne.
5. J'ai l'____________________ dans les talons.

6. J'ai ce mot sur le bout de la ________________
7. On a mangé sur le ________________ car on était pressés.
8. Si quelque chose a beaucoup d'importance pour moi, ça me tient à ________________
9. Ils se promènent ______________ dessus ______________ dessous.
10. Quelqu'un qui est audacieux n'a pas froid aux ________________
11. Si on reste calme face à un danger, on garde son ___________ -froid.
12. Si on dit quelque chose qu'on ne devrait pas dire, on met les _____________ dans le plat.
13. Merci de tout ______________

Notes

1 ***Marron*** and ***noisette*** are invariable adjectives, i.e., they do not change in the feminine or plural. ***Marron*** is used with eyes whereas ***brun*** is used with hair to express 'brown.'
2 Note that ***roux*** is only used for hair. In all other contexts, ***rouge*** translates 'red.'
3 Whereas most French adjectives are placed after the noun, the following precede it: ***beau (belle), joli(e), grand(e), petit(e), nouveau (nouvelle), jeune, vieux (vieille), bon (bonne), mauvais(e)*** : *une jolie maison, une jeune femme, un mauvais film, une nouvelle voiture.*
The adjectives ***beau, nouveau*** and ***vieux*** have a special form (***bel /nouvel /vieil***) which is used if a masculine singular noun follows that starts with a vowel or mute h: *un **bel** endroit* = a beautiful place; *un **nouvel** avion* = a new plane; *un **vieil** hôtel* = an old hotel.
4 The adjective ***châtain*** does not change in the feminine, but gets an 's' in the plural: *Il a les cheveux châtains.*
5 The adjective ***court*** is not used for people to translate 'short.' ***Petit*** must be used instead: *Elle est **petite.*** = She is short.
6 Do not confuse ***Comment allez-vous*** ? (How are you doing?) with ***Comment êtes-vous*** ? (What are you like?)

2 La famille

The family

Vocabulaire de base

la famille	family
le père *(fam.* le papa)	father (dad)
la mère *(fam.* la maman)	mother (mom)
les parents *(m.)*	parents
le beau-père	father-in-law, stepfather
la belle-mère	mother-in-law, stepmother
les beaux-parents	parents-in-law, stepparents
le grand-père	grandfather
la grand-mère	grandmother
les grands-parents	grandparents
le mari	husband
la femme	wife, woman
l'enfant *(m.f.)*	child
le bébé	baby
le garçon	boy
la fille	girl, daughter
le fils	son
le petit-fils	grandson
la petite-fille	granddaughter
les petits-enfants	grandchildren
le gendre	son-in-law
le beau-fils	stepson
la belle-fille	daughter-in-law, stepdaughter
le frère	brother

la sœur	sister
le beau-frère	brother-in-law
la belle-sœur	sister-in-law
le demi-frère[1]	half-brother
la demi-sœur[1]	half-sister
les jumeaux *(m.pl.)* / les jumelles *(f.pl.)*	twins
l'oncle *(m.)*	uncle
la tante	aunt
le neveu	nephew
la nièce	niece
le cousin / la cousine	cousin

A) Flashcards : Chapitre 2, exercice 1

B) Complétez les phrases avec les mots qui conviennent.

1. La sœur de ma mère, c'est ma ____________________
2. Le fils de ma mère et de mon père, c'est mon ____________________
3. La fille de ma tante, c'est ma ____________________
4. La fille de ma sœur, c'est ma ____________________
5. Le père de mon père, c'est mon ____________________
6. L'homme avec qui je suis marié, c'est mon ____________________
7. Ma fille a deux garçons, ce sont mes ____________________
8. La fille de ma mère et du deuxième mari de ma mère est ma __________
9. Mes deux sœurs ont la même date de naissance. Elles sont __________
10. Ma mère est la __________________ de mon père.
11. La mère de ma mère, c'est ma ________________________
12. Mon frère Martin et moi, nous sommes les __________ de nos parents.
13. Ma __________________, c'est la mère de ma femme (ou de mon mari).
14. Mon __________________, c'est le mari de ma fille.
15. La femme de mon fils, c'est ma ____________________
16. Mon cousin est le __________________ de mon père et de ma mère.
17. Ma tante est mariée avec mon ____________________
18. Mon ________________, c'est le père de mon mari (ou de ma femme).

C) Donnez la forme féminine correspondante des mots suivants.

1. l'oncle	2. le père	3. le fils
___________	___________	___________
4. le mari	5. le neveu	6. le frère
___________	___________	___________
7. les jumeaux	8. papa	9. le gendre
___________	___________	___________
10. le cousin	11. le garçon	12. un enfant
___________	___________	___________

célibataire	single
fiancé(e)	engaged
marié(e)	married
séparé(e)	separated
veuf, veuve	widowed
divorcé(e)	divorced
aîné(e) mon frère aîné[2] ma sœur aînée	older, oldest (brother/sister/child) my older/oldest brother my older/oldest sister
cadet, cadette mon frère cadet[2] ma sœur cadette	younger, youngest (brother/sister/child) my younger/youngest brother my younger/youngest sister
jumeau, jumelle mon frère jumeau ma sœur jumelle	twin my twin brother my twin sister
jeune	young
vieux, vieil, vieille	old

D) Flashcards : Chapitre 2, exercice 2

E) Complétez les phrases avec l'adjectif qui convient.

1. Une femme qui a un mari est ___________
2. Une personne qui n'est pas mariée est ___________
3. Un homme dont la femme est morte est ___________
4. Mon père et ma mère ne vivent plus ensemble, ils sont ___________
5. Son frère a dix ans de plus qu'elle. C'est son frère ___________

6. Ma fille Jeanne est moins âgée que mes autres enfants. C'est ma fille ____________
7. Deux garçons qui sont nés le même jour sont des frères ____________

avoir . . . ans	to be . . . years old
Quel âge a-t-elle ?	How old is she?
Elle a dix ans.	She is 10 years old.

F) Traduisez les phrases suivantes en français.

1. My half-sister is married. ____________
2. His oldest son is single. ____________
3. He has three older brothers who are engaged. ____________
4. How old are you? – I am 20. ____________

G) Parlez des membres de votre famille.

Combien de frères, sœurs, cousin(e)s, tantes, oncles, neveux et nièces avez-vous ? Comment s'appellent-ils ? Quel âge ont-ils ? Où habitent-ils ? Sont-ils mariés ? Ont-ils des enfants ? De quelle couleur sont leurs yeux et leurs cheveux ?

Vocabulaire supplémentaire

l'arrière-grand-père *(m.)*	great-grandfather
l'arrière-grand-mère *(f.)*	great-grandmother
les arrière-grands-parents *(m.pl.)*	great-grandparents
l'arrière-petit-fils *(m.)*	great-grandson
l'arrière-petite-fille *(f.)*	great-granddaughter
les arrière-petits-enfants (*m.pl.)*	great-grandchildren
l'époux *(m.)* / l'épouse *(f.)*	spouse
le (la) conjoint(e)	spouse, partner
le compagnon / la compagne	partner
le parrain	godfather
la marraine	godmother
le filleul	godson, godchild
la filleule	goddaughter, godchild
la mamie *(fam.)*	grandma
le papi *(fam.)*	grandpa
le parent	parent

le parent célibataire	single parent
le père célibataire	single father
la mère célibataire	single mother
le parent / la parente	relative
la famille J'ai de la famille à Paris.	relatives I have relatives in Paris.
un(e) proche	a close family member
mes frères et sœurs	my siblings
le cousin germain	first cousin
une famille nombreuse	a family with many children, a large family
une famille monoparentale	a single-parent family
une famille recomposée	a blended family
une famille homoparentale	a homoparental family
la belle-famille	in-laws
Il est fils unique.	He is an only child.
Elle est fille unique.	She is an only child.

H) Flashcards : Chapitre 2, exercice 3

pacsé(e)[3]	in a civil union
indépendant(e)	independent
seul(e)	alone
proche (de) un parent proche Je suis très proche de ma mère.	close (to) a close relative I am very close to my mother.
éloigné(e) un cousin / un parent éloigné	distant a distant cousin/relative
adoptif, adoptive le fils adoptif la fille adoptive	adopted adopted son adopted daughter
paternel, paternelle mon grand-père paternel	paternal my grandfather on my father's side
maternel, maternelle ma grand-mère maternelle	maternal my grandmother on my mother's side
majeur(e)	having reached the age of majority
mineur(e)	minor, under 18 years old

I) Flashcards : Chapitre 2, exercice 4

J) Donnez la forme féminine correspondante des mots suivants.

1. le parrain ________________ 2. le filleul ___________________

3. Je suis fils unique. __________ 4. papi _______________________

5. l'époux ___________________ 6. mon grand-père paternel ________

K) Complétez les phrases avec les mots qui conviennent.

1. Marie et David ont six enfants. C'est une famille ________________
2. Il n'a ni frères ni sœurs, il est _____________________
3. Le fils de ma petite-fille est mon ____________________________
4. La mère de ma grand-mère est mon ____________________________
5. Après avoir assisté au baptême de leur filleul, le _____________ et la _________________ s'occupent de lui tout au long de leur vie.
6. Le mot _________________ est un synonyme du mot « mari ».
7. Un oncle est un parent ______________
8. Dans la plupart des pays, on est _______________ avant 18 ans et _____________ à partir de 18 ans.

s'entendre bien (avec qn) Je m'entends très bien avec mes frères et sœurs.	to get along well (with sb) I get along very well with my brothers and sisters.
se disputer avec qn (à propos de qch) Ils se disputent à propos d'argent.	to argue/fight with sb (about sth) They are fighting about money.
ressembler à (qn) Il ressemble à sa mère.	to look like (sb) He looks like his mother.
se ressembler Les jumeaux se ressemblent.	to look alike The twins look alike.
rendre visite à qn, aller voir qn	to visit sb
gâter qn	to spoil sb
partager	to share
attendre qch avec impatience	to look forward to sth
vivre ensemble	to live together

L) Traduisez les phrases suivantes en français.

1. His younger brother and younger sister share a room. ______________
2. We are getting along very well. ______________
3. Their adopted son and adopted daughter argue often. ______________
4. She looks like her father. ______________
5. I am looking forward to my grandmother's visit. ______________
6. Do you visit your cousins often? ______________
7. I (*fem.*) am an only child. ______________

Vocabulaire apparenté

l'adolescent(e) [*fam.* l'ado] (*m.f.*)	teenager
l'adulte (*m.f.*)	adult
les ancêtres (*m.pl.*)	ancestors
l'arbre généalogique (*m.*)	family tree
l'âme sœur (*f.*)	soul mate
le (la) célibataire	bachelor, single woman
le couple	couple
la femme / l'homme au foyer	housewife/househusband
la mère au foyer	stay-at-home mom
le père au foyer	stay-at-home dad
la famille d'accueil	host family, foster family
l'orphelin (*m.*) / l'orpheline (*f.*)	orphan

M) Flashcards : Chapitre 2, exercice 5

Proverbes et expressions

Tel **père**, tel **fils**.	Like father, like son.
Il faut laver son linge sale en **famille**.	People shouldn't wash their dirty laundry in public.
Prudence est **mère** de sûreté.	Better safe than sorry.
C'est un jeu **d'enfant**.	It's easy as pie. (*lit.* It's a child's game.)

N) Complétez les phrases avec les mots qui conviennent.

1. Un(e) ________________ est une personne qui a entre 13 et 19 ans.
2. Ce petit garçon est ________________. Il a perdu son père et sa mère.
3. Au lieu de travailler à l'extérieur, ma mère s'occupe du travail domestique, elle est ________________________
4. Les membres de notre famille qui ont vécu avant nous, ce sont nos ________________
5. Une personne avec laquelle nous avons beaucoup de choses en commun, c'est notre ____________________
6. «________________________________» veut dire qu'il ne faut pas parler aux autres des problèmes qui ne concernent que nos proches.

O) Traduisez les phrases suivantes en français.

1. Pierre is my soul mate. ____________________
2. When she studied in France, she lived in a host family. ____________ ____
3. Like father, like son. ____________________
4. It's as easy as pie. ____________________
5. She likes to be a stay-at-home mom. ________________________

P) Faites un arbre généalogique de trois ou quatre générations de votre famille. Pour chaque membre de la famille mentionné, écrivez quel est son lien de parenté (*family relationship*) avec les autres.

Exemple : Olivier (C'est le grand-père de . . ., le père de . . . et le frère de . . ., etc.)

Q) Conversation/Discussion.

1. Si vous avez des frères et sœurs, est-ce que vous vous entendez bien avec eux ou est-ce que vous vous disputez souvent ? À propos de quoi vous disputez-vous ?
2. Dans quelle ville (quel pays) habitent vos grands-parents ? Est-ce que vous les voyez souvent ? Est-ce qu'ils vous gâtent ? Si oui, comment ? Si vous leur téléphonez, de quoi parlez-vous ?
3. Est-ce qu'il y a des réunions de famille chez vous ? Est-ce que vous les attendez avec impatience ? Qui organise ces réunions en général ? Quels membres de la famille sont présents ? Que faites-vous pendant ces réunions ? Où ont-elles lieu ?

4. Connaissez-vous des familles recomposées ? Décrivez-les.
5. Quels sont les avantages et les inconvénients d'être fils ou fille unique ?
6. Quels sont les avantages et les inconvénients d'avoir des frères et sœurs ?

Lecture

La famille française

En France, comme dans beaucoup d'autres pays, la nature et la structure de la famille ont profondément changé au cours des cinq dernières décennies. Il y a cinquante ans, le mot famille signifiait un homme et une femme mariés avec un ou plusieurs enfants. Mais même si la famille traditionnelle existe encore, il y a de nos jours d'autres formes de vie commune.

L'union libre

Beaucoup de couples vivent ensemble en union libre sans être mariés. Selon l'INSEE,[4] plus de 60% des enfants sont nés hors mariage en 2017.

La famille recomposée

Aujourd'hui, il y a aussi de nombreuses familles recomposées. Il s'agit de couples dont les deux partenaires ont eu des enfants d'une union précédente. Un enfant sur dix vit dans une famille recomposée. Le nombre de divorces[5] étant en augmentation, cette situation est devenue très courante, surtout dans les grandes villes.

La famille monoparentale

Le nombre de familles monoparentales a également augmenté considérablement depuis les années 1970. Aujourd'hui, plus de 20% des familles sont monoparentales et de nombreux enfants vivent avec un seul parent.

La famille homoparentale

Les enfants de ce type de famille sont élevés par deux mères ou deux pères. Depuis 1999, les couples homosexuels (et hétérosexuels) peuvent 'se pacser,' c'est-à-dire s'unir légalement avec un contrat civil, le PACS (Pacte civil de solidarité), qui leur offre quelques-uns des droits dont bénéficient les couples mariés. En France, le mariage homosexuel est autorisé depuis 2013, et les partenaires de même sexe peuvent dès lors adopter des enfants.

Dans les familles traditionnelles du passé, l'homme exerçait une profession et son épouse était une femme au foyer qui restait à la maison pour s'occuper des enfants et du ménage. Aujourd'hui, plus de 68% des femmes sont actives hors du foyer et les tâches ménagères sont davantage partagées entre les deux partenaires.

R) Répondez aux questions suivantes.

1. Quels types de famille y a-t-il en France aujourd'hui ?
2. Qu'est-ce qu'une famille traditionnelle ?
3. Qu'est-ce qu'une famille recomposée ?
4. Qu'est-ce qu'une famille monoparentale ?
5. Qu'est-ce que le PACS ?
6. Qui s'occupe des tâches ménagères aujourd'hui ?

S) Est-ce vrai ou faux ? Justifiez votre réponse.

1. Le PACS a été créé uniquement pour les couples homosexuels.
2. Faire les courses, la cuisine, la vaisselle, la lessive et passer l'aspirateur sont des activités qu'on appelle des tâches ménagères.
3. Les personnes de même sexe peuvent se pacser, mais pas se marier.
4. Le mari et la femme d'une famille recomposée ont eu un ou plusieurs enfants d'une autre union.
5. Dans les familles recomposées, le beau-père de l'enfant est le mari de sa mère.

Notes

1 There is no word for 'stepbrother' and 'stepsister' in French. French people use either (although there is no blood relation) ***demi-frère*** and ***demi-sœur***, or ***le fils/la fille de mon beau-père/de ma belle-mère***.

2 To express 'older' and 'younger', one also uses ***grand*** and ***petit*** in certain contexts.
my older brother = ***mon grand frère***
my younger brother = ***mon petit frère***

3 ***Pacsé*** = joined legally by a PACS, a civil contract between two persons of different or of the same sex who desire to live together without being married.

4 The ***INSEE*** (*Institut national de la statistique et des études économiques*) is the French national statistics bureau.

5 In the big cities of France, one out of two marriages ends in a divorce today.

3 Les traits de caractère

Personality traits

Comment est-il / elle ?	What is he/she like?

Vocabulaire de base

le trait de caractère	personality trait
avoir bon / mauvais caractère	to have a pleasant/an unpleasant personality
être de bonne / mauvaise humeur	to be in a good/bad mood
la gentillesse	kindness
la qualité	quality
le défaut	flaw, fault

agréable	pleasant
désagréable	unpleasant
aimable	friendly, kind
sympathique *(fam.* sympa)	nice, likeable
antipathique	unpleasant
charmant(e)	charming
ambitieux, ambitieuse	ambitious
arrogant(e)	arrogant
prétentieux, prétentieuse	conceited
modeste	modest
avare [*fam.* radin(e)]	stingy
généreux, généreuse	generous

égoïste	selfish
drôle [*fam.* marrant(e), rigolo(te)]	funny
sérieux, sérieuse	serious
ennuyeux, ennuyeuse [*fam.* barbant(e), rasoir]	boring
intéressant(e)	interesting
bavard(e)	talkative
discret, discrète	discreet
indiscret, indiscrète	indiscreet
réservé(e)	reserved
timide	shy
bête, stupide	stupid
intelligent(e)	intelligent
gentil, gentille	nice, kind
méchant(e)	mean
honnête	honest
malhonnête	dishonest
patient(e)	patient
impatient(e)	impatient
poli(e)	polite
impoli(e)	impolite, rude
prudent(e)	careful
imprudent(e)	careless
tolérant(e)	tolerant
intolérant(e)	intolerant
optimiste	optimistic
pessimiste	pessimistic
travailleur, travailleuse	hardworking
paresseux, paresseuse	lazy
fou, folle (*fam.* dingue)	crazy
responsable	responsible
irresponsable	irresponsible
sensible	sensitive

A) Flashcards : Chapitre 3, exercice 1

B) Donnez le contraire.

1. drôle	2. généreux	3. prudent	4. stupide
______	______	______	______
5. travailleur	6. gentil	7. discret	8. honnête
______	______	______	______
9. bavard	10. intéressant	11. patient	12. poli
______	______	______	______
13. agréable	14. optimiste	15. tolérant	16. modeste
______	______	______	______

Vocabulaire supplémentaire

courageux, courageuse	courageous, brave
lâche	cowardly
dynamique	dynamic
affectueux, affectueuse	affectionate
bizarre, étrange	strange
chaleureux, chaleureuse	warm (person)
froid(e)	cold
compréhensif, compréhensive	understanding
consciencieux, consciencieuse	conscientious
créatif, créative	creative
curieux, curieuse	curious
décontracté(e)	relaxed
doué(e)	talented
énergique	energetic
enthousiaste	enthusiastic
exigeant(e)	demanding
indulgent(e)	lenient
fidèle	faithful
infidèle	unfaithful
ordonné(e)	tidy, neat, organized
désordonné(e)	messy
sincère	sincere
hypocrite	hypocritical

gourmand(e)	fond of eating, fond of good food
naïf, naïve	naïve
raisonnable	reasonable, sensible
idéaliste	idealistic
réaliste	realistic
respectueux, respectueuse	respectful
irrespectueux, irrespectueuse	disrespectful
rusé(e)	crafty, sly
serviable	helpful (person)
sévère	strict, severe
strict(e)	strict
snob	snobbish
introverti(e)	introverted
extraverti(e)	extroverted
sociable	outgoing, sociable
têtu(e)	stubborn, hard-headed
fiable	reliable
formidable, merveilleux(se), génial(e) [*fam.*]	wonderful, marvelous
horrible, affreux(se)	horrible, awful

C) Flashcards : Chapitre 3, exercice 2

D) Donnez le contraire.

1. fidèle ______________
2. respectueux ______________
3. froid (personne) ______________
4. courageux ______________
5. exigeant ______________
6. introverti ______________
7. idéaliste ______________

E) Décrivez l'apparence physique (taille, couleur des yeux et des cheveux, etc.) **et la personnalité de votre meilleur(e) ami(e) et des membres de votre famille**. Quelles sont leurs qualités ? Quels sont leurs défauts ? Utilisez un grand nombre d'adjectifs des listes précédentes.

F) Décrivez-vous. Citez vos principales qualités et vos principaux défauts dans le passé et maintenant.

Exemple :
Quand j'étais petit(e) [quand j'étais adolescent(e)], j'étais . . . je n'étais pas . . ., etc.
Maintenant, je suis . . . je ne suis pas (plus) . . ., etc.

G) Conversation/Discussion.

1. Comment étaient vos parents quand vous étiez enfant et quand vous étiez adolescent(e) ?
2. Selon vous, comment sont les meilleurs parents ?
3. Décrivez les professeurs que vous avez maintenant.
4. À votre avis, comment est le professeur idéal ?
5. Comment est l'étudiant parfait ?
6. Décrivez les traits de caractère de l'homme ou de la femme de vos rêves.

H) Jeu.

Choisissez une personnalité publique et décrivez-la physiquement et moralement. Votre partenaire (ou le groupe) va deviner qui c'est.

I) Rédaction.

Décrivez deux membres de votre famille. Parlez de leur âge, de leur situation familiale, de leur apparence physique et de leurs traits de caractère.

4 Le mariage et les enfants

Marriage and children

I) Le mariage

Vocabulaire de base

un(e) ami(e)	a (close) friend
un copain / une copine	a friend
mon copain / **ma** copine	my boyfriend/my girlfriend
le (la) célibataire	bachelor/single woman
le rendez-vous	(social) date, appointment
le baiser	kiss
les fiançailles *(f.)*	engagement
le (la) fiancé(e)	fiancé/fiancée
la bague de fiançailles	engagement ring
le mariage	wedding, marriage
le mariage civil[1]	wedding in the town hall
le mariage religieux	church wedding
l'alliance *(f.)*	wedding ring
le marié	groom
la mariée	bride
le mari	husband
la femme	wife
le couple (marié)	(married) couple
le PACS[2] (Pacte civil de solidarité)	civil union
le prêtre	priest
l'église *(f.)*	church
la mairie	town hall
le maire	mayor

la fête	party, celebration
l'invité(e)	guest
la lune de miel	honeymoon
le voyage de noces	honeymoon trip
le cadeau (de mariage)	(wedding) gift
l'anniversaire de mariage *(m.)*	anniversary
la liaison Il a une liaison avec sa secrétaire.	affair He has an affair with his secretary.
l'amant (*m.*)	lover
la maîtresse	mistress
la dispute	quarrel, argument
le divorce	divorce

A) Flashcards : Chapitre 4, exercice 1

B) Complétez les phrases avec les mots qui conviennent.

1. Après le mariage, le couple est parti en voyage de noces. Ils ont passé leur ________________ à Tahiti.
2. La bague qu'on porte quand on est marié s'appelle une ______________
3. Le mariage ______________ est le seul à être obligatoire en France.
4. Le mariage religieux a lieu à l'________________, le mariage civil est célébré à la __________________ en présence du ________________
5. Les __________________, la promesse mutuelle de se marier, précèdent le mariage.
6. Ma sœur a demandé le divorce après avoir découvert que son mari avait une ________________ avec une de ses amies.

Vocabulaire supplémentaire

le coup de foudre	love at first sight (*lit.* flash of lightning)
la relation	relationship
le faire-part (de mariage)	(wedding) announcement
le (la) partenaire	partner
le nom de jeune fille	maiden name
la demande en mariage	marriage proposal
le témoin	witness

le témoin de mariage	best man
la robe de mariée	wedding gown
le voile	veil
la traîne	train
les vœux (de mariage)	(wedding) vows
la jalousie	jealousy
la rupture	breakup, separation
(mon, ton, son) ex-mari / ex-femme	(my, your, his) ex-husband/ex-wife
la garde des enfants	custody of the children
la pension alimentaire	alimony, child support

C) Flashcards : Chapitre 4, exercice 2

D) Complétez les phrases avec les mots qui conviennent.

1. Paul et Marie se sont rencontrés chez des amis. Ils sont tout de suite tombés amoureux l'un de l'autre. C'était le ______________________
2. Quand elles se marient, beaucoup de femmes portent une ___________ et un __________
3. Après le mariage, les femmes peuvent utiliser le nom de famille de leur mari ou garder leur _________________
4. Pour le mariage civil, le couple a besoin de deux _________________
5. Après le divorce, la personne qui a la garde des enfants reçoit souvent une _______________________

(se) rencontrer	to meet (each other) [unintentionally]
(se) connaître	to meet (each other) for the first time
faire la connaissance de qn	to make sb's acquaintance
faire confiance à qn	to trust sb
avoir un chagrin d'amour	to have a broken heart (because of an unhappy love affair)
tomber / être amoureux(se) de qn	to fall/to be in love with sb
aimer[3]	to love, to like
sortir avec qn Jean sort avec Marie. Jean et Marie sortent ensemble.	to go out with sb, to date sb John is dating Mary. John and Mary are dating.
se comprendre	to understand each other
(s')embrasser	to kiss (each other)
vivre (avec qn)	to live (with sb)

vivre en union libre	to live together without being married or "pacsé"
se fiancer (avec qn)	to get engaged (to sb)
demander qn en mariage	to propose to sb
se marier Ils se sont mariés l'année dernière.	to get married They got married last year.
se marier avec qn, épouser qn Elle s'est mariée avec / Elle a épousé Jean-Luc.	to marry sb, to get married to sb She married Jean-Luc.
se remarier	to remarry
se pacser (avec qn)	to sign the PACS agreement (with sb)
faire l'amour avec qn (*fam.* coucher avec qn)	to make love to sb (to sleep with sb)
assister à (un mariage)	to attend (a wedding)
féliciter qn (de / pour qch)	to congratulate sb (on sth)
souhaiter qch à qn	to wish sb sth
fêter	to celebrate
inviter qn	to invite sb
se rendre à	to go to
afficher	to post
tromper qn	to cheat on/to be unfaithful to sb
avoir une liaison	to have an affair
rompre avec qn	to break up with sb
se réconcilier	to reconcile
(se) quitter Elle a quitté son mari. Ils se sont quittés.	to leave (each other) She left her husband. They left each other.
se séparer Ils se sont séparés.	to separate They separated.
divorcer (de qn) Il a divorcé de sa femme.	to divorce (sb) He divorced his wife.

jaloux, jalouse	jealous
seul(e)	alone, lonely
(in)fidèle	(un)faithful

E) Flashcards : Chapitre 4, exercice 3

F) Complétez les phrases avec le verbe ou l'adjectif qui convient.

1. Beaucoup de couples ____________________ ensemble avant le mariage.
2. Le mari qui a une maîtresse __________________ sa femme.
3. *Il a épousé* Marie veut dire qu'il ______________________ Marie.
4. Elle n'est pas restée _______________ longtemps après le divorce. Elle s'est remariée.
5. Les personnes mariées qui ont une liaison sont __________________

G) Traduisez les phrases suivantes en français.

1. She fell in love with Lucas. It was love at first sight. _______________ ____
2. They dated for three years. ____________________________________
3. They got engaged in August. ___________________________________
4. My parents got married in France. ______________________________
5. They received a lot of wedding gifts. ____________________________
6. Tomorrow, they are going to celebrate their third anniversary. ____
7. Last year, my parents attended two weddings. ____________________ ____
8. My mother divorced my father because he had an affair. ____

H) Complétez les phrases avec les mots proposés.

s'entendent bien, chagrin d'amour, anniversaire de mariage, copain, se marier avec

1. Est-ce que Louise vit seule ? Non, elle a un ___________________ avec qui elle partage un appartement.
2. Fred veut-il épouser Françoise ? Oui, il veut ___________________ elle.
3. Est-ce qu'ils se disputent souvent ? Non, ils _________________________
4. Pourquoi est-ce qu'elle pleure ? Elle a un _________________________
5. Demain, mes parents vont fêter leur _______________________ car c'est le jour où ils se sont mariés.

I) Trouvez le nom correspondant.

Exemple : voyager ⇒ le voyage

1. se fiancer	2. se marier	3. divorcer
____________	____________	____________
4. heureux	5. se disputer	6. jaloux
____________	____________	____________
7. se pacser	8. aimer	9. rompre
____________	____________	____________

J) Conversation/Discussion.

1. Racontez comment vous avez fait la connaissance de votre copain (copine) ou de votre meilleur(e) ami(e).
2. Décrivez un mariage auquel vous avez assisté. Qui s'est marié ? Où ce mariage a-t-il eu lieu ? Combien d'invités y avait-il ? etc.
3. Que pensez-vous du coup de foudre ? Y croyez-vous ? L'avez-vous éprouvé ? Si oui, racontez votre expérience.
4. Que pensez-vous du mariage avant la fin des études ? Selon vous, quel est l'âge idéal pour le mariage ? Pourquoi ?
5. Comment imaginez-vous votre vie d'adulte ? Serez-vous célibataire ? Aurez-vous un(e) partenaire ? Serez-vous marié(e) ?
6. À votre avis, quels sont les bons côtés et les mauvais côtés du mariage ?
7. Que représente pour vous « le mariage idéal » ?
8. Pour quelles raisons se marie-t-on ?
9. Selon vous, est-il plus important d'épouser quelqu'un de la même classe sociale ou quelqu'un qui a reçu la même éducation ? Pourquoi ?
10. Aux États-Unis, un couple sur deux divorce. Selon vous, quelles sont les causes du divorce ? Quels conseils donneriez-vous aux couples pour réussir leur mariage ?

K) Écrivez une histoire d'amour.

Lecture

Le mariage civil et le mariage religieux

En France, le mariage civil est le seul à être reconnu par l'État. Si on veut se marier religieusement, il faut d'abord être marié civilement. Pour pouvoir se marier, les deux partenaires ne peuvent pas avoir de lien de parenté, doivent être célibataires et avoir au moins 18 ans.

Traditionnellement, pour annoncer le mariage, les parents des futurs mariés envoient aux invités des faire-part qui indiquent la date et le lieu de la célébration et de la réception. Les fiancés peuvent déposer des « listes de mariage » dans plusieurs magasins pour que les invités puissent acheter un cadeau de leur choix. Il est aussi habituel de donner de l'argent au couple, en général pour financer le voyage de noces. Au moins vingt jours avant le mariage, les futurs époux fournissent à la mairie un extrait d'acte de naissance, un certificat médical, une pièce d'identité, une liste de témoins (il en faut au moins deux) et une preuve de domicile. La mairie va ensuite publier les bans, c'est-à-dire afficher les noms des futurs époux ainsi que la date et le lieu du mariage.

Pour la cérémonie civile, les fiancés se rendent à la mairie du lieu de résidence de l'un d'entre eux, où le maire (après avoir lu les articles du Code civil concernant les devoirs du couple) les déclare mari et femme. La mariée peut prendre le nom de son époux, garder son nom de jeune fille ou associer les deux noms. L'échange des alliances se fait à la mairie s'il n'y a pas de mariage religieux après. La cérémonie civile se termine avec la signature des registres par la mariée, le marié et les témoins. À la fin, les nouveaux mariés reçoivent un «livret de famille» qui contient l'acte de mariage et où seront inscrits tous les événements liés à la famille, tels que les naissances et les décès.

Après le mariage civil, de nombreux couples, même s'ils ne sont pas pratiquants, se marient religieusement, soit le même jour, soit plusieurs jours ou semaines plus tard. Chez les catholiques, le marié entre dans l'église au bras de sa mère, suivi de la mariée au bras de son père. De jeunes enfants (les demoiselles et les garçons d'honneur) tiennent, le cas échéant, la traîne de la robe. Pendant la cérémonie, les époux échangent les alliances qu'ils porteront à la main gauche. À la sortie de l'église des photos sont prises et, pour leur porter bonheur, on jette des pétales de roses sur les mariés qui montent ensuite dans une voiture décorée de fleurs et de rubans. Les invités les suivent en klaxonnant. Tout le monde se dirige vers l'endroit où la réception a lieu. À la fin d'un long repas, qui peut durer jusqu'à une heure du matin, les mariés découpent la *pièce montée*, un gâteau traditionnel fait de choux à la crème généralement arrangés en pyramide, et le servent aux invités. Le bal commence après et on danse jusqu'au petit matin.

Les Français se marient de moins en moins et de plus en plus tard. Selon une étude de l'INSEE publiée en 2017, les femmes se marient en moyenne à 35 ans et les hommes à 38 ans. Avant, ils vivent souvent ensemble en union libre ou optent pour le PACS. Beaucoup de couples se pacsent avant ou au lieu de se marier car le PACS est plus facile à conclure et à dissoudre que le mariage.

L) Répondez aux questions suivantes.

1. Quelle est la seule forme de mariage légalement reconnue en France ?
2. Quelles sont les formalités à accomplir avant le mariage civil ?
3. Que signifie « publier les bans » ?
4. Qu'est-ce qu'un « faire-part » indique ?
5. Où le mariage civil a-t-il lieu ?
6. Combien de témoins doivent être présents à la célébration civile ?
7. Qu'est-ce qu'une « pièce montée » ?
8. Qu'est-ce que les invités jettent sur les mariés à la sortie de la mairie ou de l'église ?
9. Pourquoi de nombreux couples préfèrent-ils le PACS au mariage ?

II) Les enfants

Vocabulaire de base

la grossesse	pregnancy
la naissance	birth
le baptême	baptism
le prénom	first name
le nom de famille	last name
le berceau	cradle
l'anniversaire *(m.)*	birthday
le bébé	baby
l'enfant *(m.f.)*	child
le (la) gosse (*fam.*)	kid
l'adolescent(e)	teenager
le (la) baby-sitter	babysitter
la nourrice (*fam.* la nounou)	nanny
la crèche	day-care center
l'enfance *(f.)*	childhood
la jeunesse	youth
l'adolescence (*f.*)	adolescence

Vocabulaire supplémentaire

l'accouchement *(m.)*	childbirth
l'avortement *(m.)*[4]	abortion
la date de naissance	date of birth
le lieu de naissance	place of birth
le surnom	nickname
la tétine	pacifier
la poussette	stroller
la couche (jetable)	(disposable) diaper
le biberon	(baby) bottle
le taux de natalité, la natalité	birth rate

M) Flashcards : Chapitre 4, exercice 4

tomber enceinte	to get pregnant
attendre un bébé[5]	to expect a baby
accoucher (de) Elle a accouché d'une fille.	to give birth (to) She gave birth to a girl.
adopter	to adopt
fonder une famille	to start a family
naître Il est né en février.	to be born He was born in February.
baptiser	to baptize
sucer son pouce	to suck one's thumb
donner le biberon (au bébé)	to give the bottle (to the baby)
consoler	to comfort
pleurer	to cry
crier	to scream
changer le bébé	to change diapers
élever (des enfants)	to raise (children)
se comporter (bien / mal)	to behave (well/badly)
se fâcher (contre)	to get angry with
gâter	to spoil
grandir	to grow up
gronder	to scold
s'inquiéter, se faire du souci (pour qn)	to worry (about sb)
jouer	to play
faire la sieste	to take a nap
faire du baby-sitting, garder des enfants	to babysit
mériter	to deserve
(dés)obéir	to (dis)obey
punir	to punish
donner une fessée (à qn)	to spank (sb)
s'occuper de	to take care of

N) Flashcards : Chapitre 4, exercice 5

O) Traduisez les phrases suivantes en français.

1. My aunt is expecting a baby. ______________________________
2. She wanted to start a family as soon as possible. ______________________________

   ____
3. My parents raised five boys. ______________________________
4. They spoiled all their children. ______________________________
5. I grew up in a small town. ______________________________
6. When we didn't obey, my father would scold us and punish us.

   ____
7. My sister was born in August. ______________________________
8. She often cried when she was little. ______________________________
9. They worry about their daughters. ______________________________
10. I like to babysit. ______________________________

enceinte Elle est enceinte de cinq mois.	pregnant She is five months pregnant.
protecteur, protectrice	protective
strict(e)	strict
indulgent(e)	lenient
affectueux, affectueuse	affectionate
gâté(e)	spoiled (person)
bien / mal élevé(e)	well-/ill-mannered
mûr(e)	mature
immature	immature
jeune	young
sage	good, well-behaved
insupportable	unbearable
turbulent(e)	boisterous, unruly
obéissant(e)	obedient
désobéissant(e)	disobedient

P) Flashcards : Chapitre 4, exercice 6

Q) Écrivez le mot qui correspond à la définition.

1. C'est un verbe qui indique que l'on donne aux enfants tout ce qu'ils veulent. ______________
2. C'est un établissement qui reçoit les jeunes enfants dont les parents travaillent. ______________
3. C'est une petite bouteille qui sert à donner à boire à un bébé. ______________
4. C'est un «véhicule», généralement pliant, qui sert à transporter les petits enfants. ______________
5. On met cet objet dans la bouche d'un bébé ou d'un petit enfant pour qu'il se calme et pour qu'il ne suce pas son pouce. ______________
6. C'est un adjectif qui indique qu'une femme attend un bébé. __________

R) Conversation/Discussion.

1. Comment vos parents vous ont-ils élevé(e) ? Aviez-vous beaucoup de liberté ? Qu'est-ce que vous pouviez faire et qu'est-ce que vous ne pouviez pas faire ?
2. Si un jour vous avez des enfants, est-ce que vous les mettrez dans une crèche ou quitterez-vous votre emploi pour les élever ? Expliquez.
3. Si on veut avoir une carrière et une famille, comment peut-on équilibrer sa vie professionnelle et personnelle ?
4. Quel type de parent serez-vous ? Qu'est-ce que vous (ne) permettrez (pas) à vos enfants de faire ?
5. Avez-vous déjà fait du baby-sitting ? Pourquoi ? Quel âge avaient les enfants ? Étaient-ils sages ? Comment était la famille ? Qu'est-ce que vous avez fait pour distraire (*entertain*) les enfants ?
6. Connaissez-vous des personnes dont les parents sont divorcés ? Racontez.
7. Selon vous, quels sont les avantages et les inconvénients d'avoir des enfants ?
8. Quelles sont les conséquences d'un divorce sur les enfants ?

S) Jeux de rôle.

1. Écrivez (et ensuite jouez) une scène où le père se dispute avec son fils / sa fille.
2. Inventez et jouez une scène où le père et la mère se disputent au sujet de l'éducation de leurs enfants.

T) Rédaction.

Faites une description détaillée de votre enfance et de votre adolescence. Dites où et quand vous êtes né(e), où vous avez grandi, où vous habitiez et racontez tout ce qui s'est passé.

Notes

1 In France, the only legally recognized marriage is the ***mariage civil***, celebrated in the presence of the mayor and two witnesses in the town hall (*la mairie*). The ***mariage religieux*** is optional. Today, less than 50% of French couples choose to have a church wedding.
2 The ***PACS*** is a type of cohabitation contract that gives some of the rights of marriage (lower taxation for example) to homosexual and heterosexual couples.
3 Note that ***aimer*** means 'to like' and 'to love'.

J'aime les bonbons. = I like/love candy.
Je n'aime pas les légumes. = I don't like vegetables.

Used with persons, ***aimer*** means 'to love'.

Je t'aime. = I love you.
Je t'aime très fort. = I love you very much.

To express 'to like' with people, add ***bien*** or ***beaucoup*** to the verb ***aimer***.

Je t'aime bien. = I like you.
Je t'aime beaucoup. = I like you very much.

4 or : ***IVG*** (***interruption volontaire de grossesse***). Abortion has been legal in France since 1975 and 100% of its costs are reimbursed by Social Security since 2013.
5 Also: ***attendre un heureux événement***

5 La vieillesse

Old age

Vocabulaire de base

la vieillesse, le troisième âge	old age
les personnes âgées	the elderly
l'âge (*m.*)	age
le vieil homme, le vieillard	old man
la vieille femme	old woman
la retraite	retirement
la pension de retraite, la retraite	pension
le (la) retraité(e)	retired person
la maison de retraite	retirement home
la vie	life
la mort, le décès	death
le cimetière	cemetery
la tombe	tomb
l'enterrement[1] *(m.)*, les obsèques (*f.pl.)*	funeral
le veuf	widower
la veuve	widow
le testament	will
l'héritage (*m.*)	inheritance
l'héritier / l'héritière	heir/heiress

A) Flashcards : Chapitre 5, exercice 1

Vocabulaire supplémentaire

l'espérance de vie *(f.)*	life expectancy
les personnes du troisième âge	senior citizens

le (la) défunt(e)	deceased person
le (la) mort(e)	dead person
le cadavre	corpse
les cendres *(f.pl.)*	ashes
le cercueil	coffin, casket
la couronne	wreath
la perte	loss
un être cher	a loved one
le chagrin	grief, sorrow
le deuil	mourning
les condoléances *(f.pl.)* Je vous présente mes sincères condoléances pour la perte de votre . . .	condolences I express my most sincere condolences for the loss of your . . .

B) Flashcards : Chapitre 5, exercice 2

prendre sa retraite	to retire
être à la retraite	to be retired
vieillir	to grow old
survivre à qch (à qn)	to survive sth (sb)
tomber malade	to become ill
mourir, décéder Elle est morte dans son sommeil.	to die She died in her sleep.
s'éteindre Il s'est éteint à l'âge de 80 ans.	to pass away He passed away when he was 80.
être en deuil	to be in mourning
enterrer	to bury
perdre qn	to lose somebody
hériter de qch	to inherit sth
déshériter qn	to disinherit sb

C) Flashcards : Chapitre 5, exercice 3

D) Traduisez les phrases suivantes en français.

1. Everybody grows old. ____
2. My grandfather died when he was 90. ______________________________

3. Most French people retire at the age of 62. ____________________
4. My uncle became ill and he passed away last week. ______________
5. The funeral took place yesterday. __________________________
6. They went to the cemetery to put flowers on the tomb. ____________
7. His nephews inherited a big house. ________________________
8. Are you going to the funeral? ___________________________

E) Trouvez le nom correspondant.

Exemple : vivre ⇒ la vie

1. mourir __________ 2. décéder __________ 3. vieillir __________

4. hériter __________ 5. enterrer __________ 6. perdre __________

vivant(e), en vie	alive
mort(e)	dead
veuf, veuve	widowed
en bonne santé	healthy
malade	ill
seul(e)	alone, lonely
vieux, vieil, vieille	old
âgé(e) Il est plus âgé que son frère.	old He is older than his brother.
sénile	senile

F) Flashcards : Chapitre 5, exercice 4

G) Complétez les phrases avec les mots de la liste suivante.

cimetière, obsèques, retraite, cercueil, cendres, veuve, deuil, décédée

1. Les ______________ de Napoléon se trouvent au Dôme des Invalides.
2. Le ________________ de Blanche-Neige était en verre.
3. Quand les gens cessent leur activité professionnelle, ils prennent leur ________________
4. Le ______________ est un sentiment de tristesse qu'on éprouve suite à la perte d'un être cher.
5. À la Toussaint, on va au __________________ pour déposer des fleurs sur les tombes de ses proches.

6. La Princesse Diana est ____________________ dans un accident de voiture à Paris en 1997.
7. Il a assisté aux __________________________ de son grand-père.
8. Une femme dont le mari est mort est ______________

Proverbes et expressions

avoir un pied dans la **tombe**	to be over the hill (*lit.* to have one foot in the grave)
se retourner dans sa **tombe**	to turn in one's grave
être muet comme une **tombe**	to be as silent as a grave
Si jeunesse savait, si **vieillesse** pouvait.	If youth but knew, if age but could.

H) Complétez chaque phrase avec l'expression qui convient.

1. « *Si* __________________ *savait, si* __________________ *pouvait* » est un proverbe qui veut dire que ce serait merveilleux si les jeunes avaient déjà de l'expérience et si les vieux avaient encore de la force.
2. Si on est près de mourir, on a _________________________________
3. S'il pouvait voir ça, il se retournerait ___________________________
4. Je ne dirai rien à personne, je serai _____________________________

I) Conversation/Discussion.

1. Parlez de vos grands-parents (paternels et maternels). Sont-ils encore en vie ? Quel âge ont-ils ? Sont-ils déjà à la retraite ? Que font-ils ? Sont-ils dans une maison de retraite ou habitent-ils encore chez eux ? Racontez tout ce que vous savez d'eux.
2. Comment imaginez-vous votre vieillesse ?
3. Selon vous, quels sont les avantages d'être vieux ?
4. Quelles idées préconçues (*preconceived ideas*) les jeunes d'aujourd'hui ont-ils sur les personnes âgées ?
5. Que pensez-vous des maisons de retraite ? Expliquez.

J) Rédaction.

Écrivez une biographie détaillée de votre grand-père, de votre grand-mère ou d'une personne âgée imaginaire. Utilisez (entre autres) le vocabulaire suivant : naître, avoir . . . ans, grandir, tomber amoureux, se marier avec, tomber malade, mourir, etc.

Note

1 Although ***enterrement*** is the most common expression, there are two more words for 'funeral' in French, ***les obsèques*** (*f.pl.*) and ***les funérailles*** (*f.pl.*). These are always in the plural. The word ***funérailles*** is generally used for the funeral (a big, pompous ceremony) of well-known people: *les funérailles* du président Georges Pompidou.

6 Les sentiments

Feelings

Vocabulaire de base

le sentiment	feeling
l'affection (*f.*)	affection
l'amour (*m.)*	love
l'angoisse (*f.)*	anxiety, anguish
le bonheur	happiness
le chagrin	grief, sorrow
la colère	anger
la confiance	confidence, trust
la déception	disappointment
le désespoir	despair
l'ennui (*m.*)	boredom
l'enthousiasme *(m.)*	enthusiasm
l'espoir *(m.)*	hope
l'étonnement (*m.)*	astonishment, amazement
la gêne, l'embarras (*m.*)	embarrassment
la haine	hatred
la honte	shame
l'inquiétude *(f.)*	worry
la jalousie	jealousy, envy
la joie	joy
la paix	peace
la peur	fear
la pitié	pity
le plaisir	pleasure
le regret	regret
le remords	remorse

la tendresse	tenderness
la tristesse	sadness

Expression

Le malheur des uns fait le **bonheur** des autres.	One man's sorrow is another man's joy.

A) Flashcards : Chapitre 6, exercice 1

adorer	to adore
aimer	to love, to like
s'amuser	to have fun
avoir honte (de)	to be ashamed (of)
avoir peur	to be afraid
craindre	to fear
avoir pitié de qn	to feel sorry for sb, to have pity on sb
détester	to detest, to hate
s'ennuyer	to be bored
éprouver, sentir	to feel
espérer	to hope
envier qn	to envy (sb)
être fâché(e) / en colère	to be angry
se fâcher, se mettre en colère (contre)	to get angry (with)
faire confiance à qn	to trust sb
s'inquiéter (pour / de), se faire du souci (pour)	to worry (about)
se méfier de qn / qch	to mistrust sb / sth
plaire	to please
pleurer	to cry
regretter	to regret
rêver de	to dream about
rire (*fam.* rigoler)	to laugh
sourire	to smile
souffrir (de)	to suffer (from)

B) Flashcards : Chapitre 6, exercice 2

C) Complétez chaque phrase avec le verbe qui convient.

1. Quand on n'a rien d'intéressant à faire, on s'____________________
2. Notre professeur se ________________ quand nous ne faisons pas attention.
3. Mes parents s'____________________ quand je ne leur téléphone pas.
4. Quand quelqu'un nous raconte une bonne plaisanterie, nous _____________
5. Certaines personnes __________________ quand elles sont tristes.

amoureux, amoureuse (de)	in love (with)
content(e) (de)	content, happy (about)
très content(e), impatient(e) Je suis impatient(e) d'aller en France.	excited I am excited about going to France.
déçu(e)	disappointed
dégoûté(e)	disgusted
déprimé(e)	depressed
désespéré(e)	desperate
désolé(e)	sorry
émotif, émotive	emotional
ému(e)	moved
fâché(e)	angry
fier, fière	proud
furieux, furieuse	furious
gêné(e), confus(e), embarrassé(e)	embarrassed
inquiet, inquiète	worried
jaloux, jalouse	jealous, envious
(mal)heureux, (mal)heureuse	(un)happy
nerveux, nerveuse	nervous, irritable
ravi(e)	delighted
surpris(e)	surprised
triste	sad

D) Flashcards : Chapitre 6, exercice 3

E) Trouvez le nom correspondant.

Exemple : sentir ⇒ le sentiment

1. espérer ________________ 2. aimer ________________
3. s'ennuyer ________________ 4. regretter ________________
5. s'inquiéter ________________ 6. jaloux ________________
7. déçu ________________ 8. triste ________________

F) Complétez les phrases avec un adjectif ou un nom qui convient.

1. Quand on aime quelqu'un, on est ________________ de cette personne.
2. Quand on pleure, on est ________________
3. Quand on est très en colère, on est ________________
4. Quand on a une bonne note à l'examen, on est ________________
5. Après un divorce, on est probablement ________________
6. Il passe ses vacances avec la femme de sa vie. Ah, c'est le __________ !

G) Traduisez les phrases suivantes en français.

1. We are disappointed. ________________________
2. Be proud of yourself (*fam.*) ! ________________________
3. They are ashamed. ________________________
4. Why are you depressed? ________________________
5. I am very moved. ________________________
6. Are you angry? ________________________

H) Donnez un synonyme.

1. être fâché ________ 2. sentir ___________ 3. confus __________
4. content __________ 5. craindre _________

I) Donnez le contraire.

1. heureux ________ 2. pleurer _________ 3. aimer __________
4. l'amour ________ 5. la joie _________

J) Quel(s) sentiment(s) éprouvez-vous quand . . .

1. vous êtes heureux(se) ? ____________________
2. vous ratez un examen ? ____________________
3. vous gagnez le gros lot ? ____________________
4. vous avez fait ou dit une bêtise (*something stupid*) ? ________________
5. vos enfants ne sont pas encore à la maison à minuit ? _______________
6. vous vous disputez avec quelqu'un ? ____________________
7. une personne vous menace ? ____________________
8. vous êtes très amoureux(se) de quelqu'un ? ____________________
9. vous voyez un mendiant (*a beggar*) ? ____________________
10. vous détestez quelqu'un ? ____________________

K) Conversation/Discussion.

1. Décrivez les sentiments que vous éprouviez quand vous étiez enfant et ceux que vous éprouvez maintenant et dans quelles circonstances. [Quand j'étais enfant, j'étais content(e) quand . . ., etc.]
2. Dites quand vous êtes fâché(e), fier (fière), triste, gêné(e), déçu(e), déprimé(e), inquiet (inquiète) et heureux (heureuse).
3. Quand est-ce que vous pleurez ?
4. Quand est-ce que vous vous ennuyez ? Qu'est-ce que vous faites quand vous vous ennuyez ?
5. Qui enviez-vous ?
6. Qu'est-ce que vous espérez ?
7. De quoi avez-vous peur ?

7 Les vêtements
Clothes

Vocabulaire de base

les vêtements (*m.pl.*) [*fam.* les fringues (*f.pl.)*]	clothes
le manteau	coat
l'imperméable *(m.)*, (*fam.* l'imper)	raincoat
l'anorak *(m.)*	anorak, parka
la doudoune	down jacket, winter jacket
les chaussures *(f.pl.)*	shoes
les bottes *(f.pl)*	boots
les sandales *(f.pl)*	sandals
les baskets *(f.pl.)*	high-top sneakers
les tennis (*f.pl.)*	tennis shoes
les tongs (*f.pl.)*	flip-flops
les chaussettes (*f.pl.)*	socks
le pantalon[1]	pants
le jean[1]	jeans
le short[1]	shorts
le pull	sweater
le gilet[2]	cardigan
le tee-shirt	T-shirt
le sweat-shirt (*fam.* le sweat)	sweatshirt
le blazer	blazer
la chemise	(man's) shirt
le chemisier	blouse
le débardeur	tank top

le tailleur	(woman's) suit
le costume	(man's) suit
la veste	jacket
le smoking	tuxedo
la robe	dress
la jupe	skirt
la tenue	outfit
le jogging, le survêtement	tracksuit
le maillot de bain	bathing suit
le pyjama	pajamas
Les sous-vêtements (*m.pl.*)	**Underwear**
la lingerie	lingerie
le soutien-gorge	bra
la culotte	underpants (for females), panties
le slip	underpants (for males), briefs
la combinaison	slip

A) Flashcards : Chapitre 7, exercice 1

Les accessoires	**Accessories**
le chapeau	hat
la casquette	(baseball) cap
le bonnet	(knit) cap
le gant	glove
le foulard	scarf, headscarf
l'écharpe *(f.)*	scarf (long)
la ceinture	belt
la cravate	tie
les lunettes *(f.pl.)*	glasses
les lunettes de soleil	sunglasses
les lentilles de contact *(f.pl.)*	contact lenses
le sac à main	handbag
le sac à dos	backpack

Les bijoux (*m.pl.*)	**Jewelry**
la bague	ring
l'alliance *(f.)*	wedding ring
le bracelet	bracelet
le collier	necklace
les boucles (*f.pl.)* d'oreilles	earrings
la montre	watch

B) Flashcards : Chapitre 7, exercice 2

C) Complétez les phrases avec le mot qui convient.

1. On porte des ________________ quand on a froid aux mains.
2. Le blue-jean est un ________________
3. On porte les ________________ aux pieds, sauf quand on est pieds nus.
4. On met un ________________ sur la tête quand on fait du ski.
5. Quand on va se baigner, on met un ________________
6. Il a mis une ________________ pour savoir quelle heure il est.
7. À la plage, on ne porte pas de chaussures, on porte des ________________
8. Il va se coucher. Il met un ________________
9. Pour faire de la gym, on met un ________________
10. Pour protéger les yeux du soleil, on met des ________________
11. Un ________________, c'est un vêtement d'homme composé d'un pantalon et d'une veste assortis.
12. Les femmes mettent leur portefeuille, et d'autres effets personnels dans un ________________

mettre	to put on
enlever	to take off
porter	to wear
essayer	to try on
acheter	to buy
vendre	to sell
coûter	to cost

Combien coûte ce pull ?	How much is this sweater?
laver	to wash
nettoyer	to clean
faire nettoyer qch J'ai fait nettoyer mon manteau.	to have sth cleaned I had my coat cleaned.
s'habiller	to get dressed
se déshabiller	to get undressed
se changer	to change one's clothes
aller à qn Cette robe vous va très bien ! Ces chaussures ne lui vont pas bien.	to fit/to suit sb This dress looks good on you! These shoes don't fit him/her well.

D) Flashcards : Chapitre 7, exercice 3

E) Traduisez les phrases suivantes en français.

1. How much are these shoes? ______________________
2. I would like to try on this skirt. ______________________
3. This blouse looks good on her. ______________________
4. He puts on a tracksuit to run. ______________________
5. She had her suit cleaned. ______________________

à carreaux	plaid, checked
à pois	polka-dot, polka-dotted
rayé(e), à rayures	striped
joli(e)	pretty
large	wide, loose (fitting), big
étroit(e) Ces chaussures sont trop larges / étroites.	tight These shoes are too wide/tight.
ample	loose (fitting)
serré(e) Elle porte toujours des pantalons serrés.	tight (fitting) She always wears tight pants.
chaud(e) une veste chaude	warm a warm jacket
léger, légère	light (in weight)

une veste légère	a light jacket
lourd(e)	heavy
épais, épaisse	thick
court(e)	short
long, longue	long
clair(e) des vêtements clairs	light-colored light-colored clothes
sombre un costume sombre	dark-colored a dark suit
assorti(e) une cravate assortie	matching a matching tie
cher, chère C'est trop cher.	expensive That is too expensive.
pas cher (chère)[3]	inexpensive, cheap
en solde	on sale
habillé(e) Cette jupe est trop habillée. des chaussures habillées	dressy, formal This skirt is too dressy. dress shoes
décontracté(e) une tenue décontractée	casual a casual outfit
bien / mal habillé(e)	well/badly dressed
chic[4]	chic
élégant(e)	elegant
confortable	comfortable
à la mode	fashionable
démodé(e)	unfashionable
nouveau,[5] nouvel, nouvelle	new
neuf,[5] neuve	(brand) new
vieux, vieil, vieille	old
d'occasion	used, second-hand

F) Flashcards : Chapitre 7, exercice 4

G) Donnez le contraire.

1. cher ____________ 2. ample ____________ 3. léger ____________

4. court ___________ 5. habillé ___________ 6. à la mode ________

7. clair ____________ 8. neuf _____________

H) Traduisez les phrases suivantes en français.

1. He bought a striped suit and a used backpack. ____________________
2. She is looking for a matching scarf. ____________________
3. He is wearing a light-colored shirt. ____________________
4. This coat is very light (in weight). ____________________
5. These boots are not comfortable. ____________________
6. Tight jeans are fashionable. ____________________
7. Are these pants on sale? ____________________

I) Complétez les phrases avec le verbe ou l'adjectif qui convient.

1. Si on ne veut pas dépenser beaucoup d'argent pour ses vêtements, on attend qu'ils soient ________________
2. Elle n'aime pas trop les vêtements chics. Elle préfère les tenues _______
3. Si on ne peut pas laver un vêtement sale, il faut le faire _____________
4. Les mini-jupes sont ________________
5. Elle est toujours bien ____________________ et très élégante.

J) Conversation/Discussion.

1. Décrivez en détail les vêtements, les bijoux et les chaussures que vous portez aujourd'hui et ceux que vous portiez hier.
2. Achetez-vous des vêtements chers ou pas chers ? Pourquoi ?
3. Que faites-vous des vêtements que vous ne portez plus ? [Vous les jetez ? Vous les gardez ? Vous les vendez ? Vous les donnez aux associations caritatives (*charity)* ?]
4. Quels vêtements préférez-vous porter ?
5. Préférez-vous les vêtements décontractés ou les vêtements habillés ? Pourquoi ?
6. Est-ce que vous vous habillez de la même manière en semaine et le week-end? Expliquez.
7. Aimez-vous les bijoux ? Lesquels ?
8. Est-ce que les vêtements sont importants pour vous ? Expliquez.
9. Dans quelles circonstances faut-il bien s'habiller ?
10. Quels vêtements sont à la mode aujourd'hui ?

K) Dites à votre partenaire dans quelles circonstances on porte les choses suivantes.

un manteau, un pyjama, un short, un maillot de bain, des lunettes de soleil, des tongs, un smoking, un survêtement, une écharpe, des bottes, une alliance, un collier, un jean, une cravate, un imperméable

Vocabulaire supplémentaire

le haut	top
le tailleur-pantalon	pantsuit
le bonnet de douche	shower cap
le bonnet de bain	swimming cap
le peignoir	bathrobe
les chaussures de ski	ski boots
les chaussures de randonnée / de marche	hiking/walking shoes
les bottes de pluie (*f.pl.)*	rain boots
les pantoufles (*f.pl.*)	slippers
le nœud papillon	bow tie
le tablier	apron
la salopette	overalls
le collant	tights, pantyhose
le legging	leggings

L) Flashcards : Chapitre 7, exercice 5

M) Que portez vous . . .

1. lors d'un entretien d'embauche (*job interview*) ?
2. quand vous allez à un bal / au théâtre / en boîte ?
3. quand vous faites de la gym ?
4. quand vous allez à un mariage ?
5. quand vous allez à la piscine ?
6. pour dormir ?
7. pour faire du ski ?
8. quand il fait froid ?
9. quand il fait chaud ?
10. quand il pleut ?
11. quand vous faites la cuisine ?

N) Vous partez en voyage. Quels vêtements mettez-vous dans votre valise ?

En été :

En hiver :

Les parties d'un vêtement

la capuche	hood
le bouton	button
la manche	sleeve
à manches courtes (longues)	short (long)-sleeved
le col	collar
le (pull à) col roulé	turtleneck (sweater)
la poche	pocket
la doublure	lining
la fermeture éclair	zipper
le nœud	bow

lavable	washable
froissé(e)	creased
doublé(e)	lined
déchiré(e)	torn, ripped
plat(e)	flat
des chaussures plates	flat shoes
à talons hauts / bas	high-/low-heeled
des chaussures à talons hauts / bas	high/low-heeled shoes
en soie	(made out of) silk
une cravate en soie	a silk tie
en laine	(made out of) wool
en coton	(made out of) cotton
en cuir	(made out of) leather
une veste en cuir	a leather jacket
en dentelle	(made out of) lace
en or	(made out of) gold
une montre en or	a gold watch
en argent	(made out of) silver

coudre	to sew
déchirer	to tear
enfiler	to slip on, to put on

raccourcir	to shorten
rallonger	to lengthen
repasser	to iron
retoucher	to alter

O) Flashcards : Chapitre 7, exercice 6

P) Complétez les phrases avec le verbe ou l'adjectif qui convient.

1. Si une robe est trop longue, il faut la ________________
2. Un vêtement qu'on peut laver est ______________
3. Les jeans ________________ sont des jeans avec des trous (*holes*).
4. Il fait froid. Je vais _______________ un gilet.
5. Ma chemise est toute froissée. Je vais la ________________

Vocabulaire apparenté

la taille	(clothing)size
la pointure	size (shoes)
le cintre	coat-hanger
l'armoire (*f.*)	closet
la tache	stain
le trou	hole
le tissu	fabric, material
la laverie	laundromat
le pressing	dry cleaners
le fer à repasser	iron
la mode	fashion
le défilé de mode	fashion show
le couturier / la couturière	dressmaker, fashion designer
le mannequin	fashion model
Les pierres précieuses	**Precious stones**
le diamant	diamond
l'émeraude *(f.)*	emerald
le saphir	sapphire
le rubis	ruby
l'améthyste *(f.)*	amethyst

Q) Flashcards : Chapitre 7, exercice 7

R) Complétez les phrases avec les mots qui conviennent.

1. Quelle est votre ________________ ? – Je suis mince, je fais du 34.
2. On met les vêtements sur des ________________________ avant de les suspendre dans l'armoire.
3. Yves Saint-Laurent est un grand ____________________ français.
4. Les grands couturiers présentent des ____________________ deux fois par an pour montrer leurs collections.
5. Pour faire nettoyer à sec ses vêtements, on va au _________________
6. Le _______________, le _______________, le _______________ et l' _______________ sont des pierres précieuses.

Proverbes et expressions

Chapeau !	Hats off! Bravo!
aller comme un **gant**	to fit like a glove
Cette robe lui va comme un **gant**.	This dress fits her perfectly (*lit.* like a glove).
faire la **manche**	to beg
C'est une autre paire de **manches**.	That's another story. That's a different matter.
se serrer la **ceinture**	to tighten one's belt
connaître (un endroit) comme sa **poche**	to know (a place) like the back of one's hand
Je connais ce quartier comme ma **poche**.	I know this neighborhood like the back of my hand.
C'est dans la **poche** ! (*fam.*)	It's a sure thing! It's in the bag! It's a done deal!
en avoir plein les **bottes**	to be fed up, to be sick and tired of it
J'en ai plein les **bottes**.	I've had it up to here.
C'est **bonnet** blanc et blanc **bonnet**.	It's exactly the same thing.
Tout ce qui brille n'est pas **or**.	All that glitters is not gold.
L'**habit** ne fait pas le moine.	Don't judge a book by its cover (*lit.* Clothes don't make the monk.).

S) Traduisez les phrases suivantes en français.

1. We must tighten our belts. ______________________
2. This skirt fits you like a glove. ______________________
3. I congratulate you on your success! Hats off! ______________________
4. If you don't earn any money, you will have to beg. ______________________

   ____
5. I know Paris like the back of my hand. ______________________

   ____
6. Don't judge a book by its cover. ______________________

T) Complétez les phrases avec un proverbe ou une expression de la liste précédente.

1. «______________________» veut dire qu'il ne faut pas se fier aux apparences.
2. Si on connaît très bien un endroit, on le connaît « ______________________».
3. Il était obligé de mendier. Autrement dit, il a dû «______________________».
4. « C'est une autre paire de ______________________ » veut dire que c'est une chose extrêmement différente.
5. Si on en a assez de quelque chose, « on en a ______________________».
6. « C'est______________________ » veut dire que c'est exactement la même chose.

U) Jeu de rôle.

1. Imaginez un dialogue entre un(e) client(e) et un vendeur (une vendeuse) dans une boutique de vêtements.

V) Écrivez une petite histoire en utilisant le plus de mots possibles des listes précédentes.

Notes

1 Note that the words ***pantalon***, ***jean*** and ***short*** are singular in French, whereas they are plural in English:
Il porte un jean/un short/un pantalon.

2 The word ***gilet*** also means '(sleeveless) vest' which men wear under their suit jacket.

3 Many textbooks and dictionaries give '***bon marché*** ' as equivalent for 'cheap, inexpensive', but this expression is dated and today, the French use '***pas cher***' instead.

4 The adjective ***chic*** does not have a feminine form but gets an 's' in the plural.

5 ***Neuf, neuve*** = new (from the factory); ***nouveau, nouvelle*** = new (another)
une voiture neuve = a (brand)new car; ***une nouvelle voiture*** = a new (another) car

8 Les couleurs

Colors

Vocabulaire de base

beige	beige	marron	brown
blanc, blanche	white	noisette	hazel
bleu(e)	blue	orange[1]	orange
noir(e)	black	vert(e)	green
bordeaux	burgundy	rose	pink
brun(e)	brown (hair)	rouge	red
gris(e)	gray	violet, violette	purple
jaune	yellow		

Note

1. Colors are masculine.

   J'aime **le** violet, **le** vert et **le** rose. — I like purple, green and pink.
   Ma couleur préférée, c'est **le** bleu. — My favorite color is blue.

2. To express *light* and *dark* with any color, use *clair* and *foncé* after the adjective.

   gris clair — light gray
   vert foncé — dark green

A) Flashcards : Chapitre 8, exercice 1

Vocabulaire supplémentaire

argenté(e)	silver-colored
doré(e)	golden

cerise	cherry red
ivoire	ivory
lavande	lavender
lilas	lilac
moutarde	mustard
pêche	peach
turquoise	turquoise
multicolore	multicolored
uni(e)	plain (one-colored)
Les couleurs composées	**Compound colors**
blanc cassé	off-white
bleu marine	navy blue
gris argenté	silver gray
jaune citron	lemon yellow
jaune paille	straw-colored
rose bonbon	candy pink
vert olive	olive green
vert émeraude	emerald green

Note

1. Color adjectives derived from nouns (marron, moutarde, noisette, pêche, orange, cerise, lilas, etc.) as well as compound color adjectives (vert foncé, bleu marine, etc.) are invariable, i.e., they have no feminine and plural forms.

B) Flashcards : Chapitre 8, exercice 2

C) Répondez aux questions suivantes.

1. Quelles sont vos couleurs préférées ?
2. De quelle couleur est votre voiture (votre maison, votre vélo) ?
3. De quelle couleur sont les meubles dans votre chambre ?
4. De quelle couleur sont les tomates ?
5. De quelle couleur sont vos yeux ?

D) Décrivez les vêtements que vous portez aujourd'hui (avec les couleurs).

E) Complétez les phrases à l'aide d'un adjectif de couleur.

1. La neige est _______________
2. Quand le feu est _______________, les automobilistes doivent s'arrêter.

3. Il y a des asperges ____________________, ____________________ et ____________________
4. La plupart des bananes sont ____________________
5. Quand il fait beau, le ciel est ________________
6. Le drapeau français est ________________, __________________, et __________________
7. Le drapeau européen est ____________________ avec des étoiles ____________________
8. Pour les personnes superstitieuses, voir un chat _______________ porte malheur.
9. Le ___________________ est une couleur qui représente l'espoir.
10. Le rubis est ___________, le saphir est ______________, l'émeraude est ___________ et l'améthyste est _________________

Proverbes et expressions

passer une nuit **blanche**	to have a sleepless night
avoir / donner carte **blanche**	to have/give a free hand
être connu comme le loup **blanc**	to be well known
le **bleu**	bruise, blue cheese
un cordon-**bleu**	a very good cook
un steak **bleu**	a very rare steak
avoir une peur **bleue**	to be very afraid, to be scared to death
faire **grise** mine	to look grumpy
Il fait **gris**.	It's overcast.
La nuit, tous les chats sont **gris**.	Everyone looks alike in the dark.
rire **jaune**	to force oneself to laugh
la bête **noire**	strong aversion, pet peeve
le marché **noir**	black market
la marée **noire**	oil spill
un pied-**noir**	Algerian born Frenchman
travailler au **noir**	to work under the table (without declaring one's earnings)

avoir des idées **noires**, broyer du **noir**	to be depressed
être sur la liste **noire**	to be blacklisted
Il fait **noir**.	It is dark (outside).
voir tout en **noir**	to be very pessimistic, to see the dark side of things
voir tout en **rose**	to see everything through rose-colored glasses
le poisson **rouge**	goldfish
être dans le **rouge**	to have an overdrawn bank account
voir **rouge**	to see red, to be furious
avoir la main **verte**	to have a green thumb
donner le feu **vert**	to give the green light/go-ahead
L'herbe du voisin est toujours plus **verte**.	The grass is always greener on the other side of the fence.
Des goûts et des **couleurs** on ne discute pas.	There is no accounting for taste.

F) Entourez la bonne réponse.

1. *être connu comme le loup blanc* signifie
   a) être inconnu
   b) être très bien connu
   c) être innocent
2. *voir rouge* signifie
   a) être furieux
   b) être pessimiste
   c) être content
3. une personne qui *rit jaune* est une personne qui
   a) montre ses dents jaunes en riant
   b) se force à rire pour cacher ses vrais sentiments
   c) aime sourire
4. *un cordon-bleu* est une personne qui
   a) aime la couleur bleue
   b) cuisine mal
   c) cuisine très bien
5. *passer une nuit blanche* veut dire
   a) ne pas se coucher
   b) ne pas dormir
   c) passer la nuit à danser

6. *avoir des idées noires* signifie
   a) être de bonne humeur
   b) être déprimé
   c) être content
7. *avoir la main verte* signifie
   a) avoir les mains sales
   b) être doué pour le jardinage
   c) travailler dans le jardin

G) Complétez les phrases suivantes en utilisant des adjectifs indiquant une couleur.

1. La nuit, tous les chats sont ________________
2. Il est très pessimiste, il voit tout en ______________
3. Il a l'air de mauvaise humeur, il fait _________________ mine.
4. Il se sent mal à l'aise mais il se force à rire, il rit _________________
5. Le temps est couvert, il fait _________________
6. C'est une excellente cuisinière, un véritable cordon ______________
7. On lui a permis de faire ce qu'il voulait, on lui a donné le feu ________________
8. Je préfère mon steak ________________, c'est-à-dire saignant (cru à l'intérieur).
9. Il a cette chose en horreur, c'est sa bête _______________
10. Quand j'entends ça, je deviens furieux, je vois _________________
11. J'ai tellement confiance en vous que je vous donne carte ___________ pour organiser ce voyage.
12. Quand l'hôtesse de l'air nous a dit d'attacher nos ceintures de sécurité pendant le vol, j'ai eu une peur _______________
13. Il voit tout en _______________ tandis que sa sœur est plutôt pessimiste.
14. Nous avons passé une nuit ________________ parce que l'orage nous a empêchés de dormir.
15. Ces gens travaillent au ______________, c'est-à-dire qu'ils travaillent clandestinement sans déclarer leurs revenus au fisc (*French IRS*).
16. Pendant la guerre, on était obligé d'acheter la nourriture au marché ________________

17. On le connaît très bien, il est connu comme le loup ________________
18. Les étudiants qui manquent souvent le cours sont sur la liste ______________ du professeur.
19. Mon frère a un aquarium avec beaucoup de poissons ____________
20. Si vous avez des dettes à la banque, vous êtes dans le ____________
21. On appelle les Français d'Algérie aussi les pieds-________________
22. Toutes les plantes poussent bien dans son jardin; elle semble avoir la main ____________
23. En hiver, cette maman ne laisse pas sortir ses enfants après six heures du soir parce qu'il fait déjà ______________
24. Quand on est déprimé, on a des idées ______________

Note

1 Note that French uses ***orange*** to express 'yellow' with a traffic light.

Quand le feu est ***orange,*** *il faut s'arrêter.* When the traffic light is yellow, one must stop.

9 La maison

The house

Vocabulaire de base

la maison	house
l'appartement *(m.) (fam.* l'appart*)*	apartment
Les pièces d'une maison	
la pièce[1]	room
Cet appartement a cinq pièces.	This apartment has five rooms.
la chambre (à coucher)	bedroom
la chambre d'amis	guestroom
la cuisine	kitchen
la salle à manger	dining room
le salon	living room, family room
le bureau	office, study
la salle de bains[2]	bathroom (where the shower/bathtub is)
les toilettes *(f.pl)*[2]	bathroom (where the toilet is)
Dans la cuisine il y a . . .	
la cuisinière	stove, kitchen range
le four	oven
le (four à) micro-ondes	microwave (oven)
le réfrigérateur (*fam.* le frigo)	refrigerator (fridge)
le congélateur	freezer
le lave-vaisselle	dishwasher
l'évier *(m.)*	(kitchen) sink
le placard	cupboard, kitchen cabinet
la poubelle	garbage can

la cafetière	coffee pot
le grille-pain	toaster

Dans le salon il y a . . .

le canapé	couch
le coussin	cushion
le fauteuil	armchair
la télévision (*fam.* la télé)	television (TV)
la radio	radio
le tapis	rug
la lampe	lamp
les rideaux (*m.pl.*)	curtains, drapes
le tableau	painting
l'étagère *(f.)*	shelf
la cheminée	fireplace

Dans la salle à manger il y a . . .

la table	table
la chaise	chair
le vase	vase
les fleurs *(f.pl.)*	flowers
le buffet[3]	sideboard
le lustre	chandelier
la plante	plant

Dans la chambre à coucher, il y a . . .

le lit	bed
le drap	sheet
l'oreiller (*m.*)	pillow
le matelas	mattress
la couverture	blanket
la couette	comforter
la commode	dresser
la moquette	carpet
le réveil	alarm clock
l'armoire *(f.)*	closet (piece of furniture)
le placard	closet

le dressing	walk-in closet
Dans la salle de bains, il y a . . .	
le lavabo	(bathroom)sink
la baignoire	bathtub
la douche	shower
la serviette de bain	(bath)towel
le miroir	mirror
la balance	scale
le lave-linge[4]	washing machine
le sèche-linge	dryer
Dans le bureau il y a . . .	
le bureau	desk
l'ordinateur *(m.)*	computer
le portable	laptop
l'imprimante *(f.)*	printer
le téléphone	telephone
la corbeille à papier	wastepaper basket

A) Flashcards : Chapitre 9, exercice 1

B) Dans quelle pièce va-t-on ?

1. Pour préparer les repas, on va ____________________
2. Pour manger, on va ____________________
3. Pour dormir, on va ____________________
4. Pour regarder la télévision, on va ____________________
5. Pour travailler et étudier, on va ____________________
6. Pour prendre une douche, on va ____________________

Dans une maison, il y a aussi . . .	
le garage	garage
l'escalier *(m.)*	stairs, staircase
l'ascenseur *(m.)*	elevator
le sous-sol	basement
la cave	cellar

le grenier	attic
le rez-de-chaussée	ground/first floor (*USA*)
au rez-de-chaussée	on the ground/first floor
l'étage *(m.)*	floor (of a building)
Dans cet immeuble, il y a six étages.	In this building, there are six floors.
le premier étage	second floor *(USA)*
au premier étage	on the second floor
le plancher	floor (of a room)
le plafond	ceiling
le coin	corner
la fenêtre	window
la porte	door
la buanderie	laundry room
le couloir	hallway
le mur	wall
la climatisation (*fam.* la clim)	air conditioning
le chauffage	heating
la clé	key
la lumière	light
les meubles *(m.pl.)*	furniture
le store	blinds
À l'extérieur de la maison, il y a . . .	
le jardin	yard, garden
l'arbre *(m.)*	tree
la pelouse	lawn
l'herbe *(f.)*	grass
la clôture	fence
la piscine	swimming pool
le toit	roof
la cheminée	chimney
la boîte aux lettres	mailbox
le courrier	mail
le balcon	balcony
la terrasse	terrace, patio
la sonnette	doorbell
les volets *(m.pl.)*	shutters

C) Flashcards : Chapitre 9, exercice 2

D) Complétez les phrases avec les mots qui conviennent.

1. Le lit, le canapé, la table et la commode sont des ________________
2. Dans la salle de bains, il y a une ________________ et une ______________, mais pas de toilettes.
3. Si je ne veux pas monter l'escalier, je prends l' ________________ pour monter à l'étage.
4. Dans notre maison, il ne fait jamais trop chaud en été car nous avons fait installer la ________________
5. Il y a une cheminée sur le ________________ de notre maison.
6. Dans la ______________ de la maison de mon oncle, il y a du bon vin.
7. Si on veut aller d'une pièce à une autre, on passe dans le ___________
8. Je n'ai pas besoin de monter l'escalier car mon appartement se trouve au ________________
9. Le ______________ est un meuble sur lequel on s'allonge pour dormir.
10. Pour prendre son courrier, il faut ouvrir sa ________________
11. Autour de notre jardin, il y a une ________________ qui nous protège.
12. Le coussin qui se trouve dans le lit s'appelle l' ________________
13. J'ai souvent mal au dos car le ________________ de mon lit est trop mou (*soft*).
14. On monte sur une ________________ pour connaître son poids (*weight*).

E) Devinez de quel objet il s'agit.

Exemple : C'est un meuble dans lequel on dort. ⇒ un lit

1. Elle se trouve sur le lit. On en a besoin quand il fait froid. ⇒ une _____
2. On le met sur le mur pour décorer. ⇒ un ________________
3. Ils sont à l'extérieur de la fenêtre. On les ferme le soir. ⇒ les _________
4. C'est un siège confortable qui se trouve au salon. ⇒ un ____________
5. Ils sont en tissu et placés devant la fenêtre. ⇒ les ________________
6. On s'en sert pour ouvrir une porte. ⇒ une ________________
7. On y va pour nager. ⇒ la ________________

F) Choisissez la bonne réponse.

1. Dans la salle de bains, il y a un évier / un lavabo.
2. Sur le canapé il y a un oreiller / un coussin.
3. Dans la salle à manger, il y a des fauteuils / des chaises.
4. La voiture est dans le garage / le grenier.
5. On regarde la télévision dans le jardin / le salon.
6. La douche se trouve aux toilettes / dans la salle de bains.

Vocabulaire supplémentaire et apparenté

le ventilateur	(electric) fan
le parquet	hardwood floor
la haie	hedge
le potager	vegetable garden
la poussière	dust
le balai	broom
l'aspirateur *(m.)*	vacuum cleaner
le robinet	faucet
le tiroir	drawer
le (la) propriétaire	owner, landlord/landlady
le (la) locataire	tenant
le (la) colocataire [*fam.* le (la) coloc]	housemate
le loyer	rent
le (la) voisin(e)	neighbor
les tâches ménagères *(f.pl)*	household chores, housework
la pierre	stone
le bois	wood
la brique	brick

G) Flashcards : Chapitre 9, exercice 3

H) Trouvez le mot qui correspond le mieux à chaque définition.

Exemple : Ustensile composé d'un long bâton et d'une brosse qui sert à nettoyer le sol : *C'est le balai.*

1. Les personnes qui partagent un appartement avec vous : Ce sont ______
2. La somme d'argent qu'il faut payer à la fin de chaque mois si on loue une maison ou un appartement : C'est __________________
3. Ce qu'on utilise pour se rafraîchir s'il fait chaud dans la maison et si on n'a pas la clim : C'est __________________

4. L'appareil qu'on utilise pour nettoyer les tapis et la moquette : C'est ___________________
5. La personne qui possède un appartement ou une maison : C'est _______
6. Les gens qui habitent près de chez vous : Ce sont ___________________

acheter	to buy
allumer (la lumière / la télé / l'ordinateur)	to switch on (the light), to turn on (the TV/the computer)
éteindre (la lumière / la télé / l'ordinateur)	to switch off (the light), to turn off (the TV/the computer)
construire	to build
déménager	to move (change residence)
emménager	to move in
donner sur Ma chambre donne sur le jardin.	to look out onto My room looks out onto the garden.
habiter	to live
louer	to rent
payer	to pay
prendre un bain / une douche	to take a bath/a shower
sonner	to ring
partager	to share
monter / baisser (le store)	to pull up/lower (the blinds)
posséder	to own
rénover	to renovate
rentrer	to go home
fermer	to close
fermer à clé	to lock
ouvrir	to open, to unlock
frapper à la porte	to knock on the door
appuyer sur (un bouton)	to push (a button)
Quelques tâches ménagères	**A few household chores**
balayer	to sweep
nettoyer	to clean
faire la lessive	to do the laundry
faire la cuisine	to cook

faire la vaisselle	to do/to wash the dishes
faire le ménage	to do the housework
faire le lit	to make the bed
passer l'aspirateur	to vacuum
ranger	to tidy up
laver	to wash

I) Flashcards : Chapitre 9, exercice 4

J) Complétez les phrases avec les mots qui conviennent.

1. Je __________ toujours la porte à ________ quand je pars car j'ai peur des cambrioleurs (*burglars*).
2. On _______________ sur la sonnette si on veut que les gens ouvrent la porte de leur maison.
3. Quand je suis chez moi, j'aime regarder par la fenêtre car ma chambre _____________ sur un joli parc.
4. Quand le tapis est sale, il faut ________________________________
5. Quand il n'y a plus d'assiettes propres, il faut ____________________
6. Chaque fois que mon linge est sale, je __________________________
7. Mon mari et moi nous _______________ les tâches ménagères. Je fais la cuisine et il fait la vaisselle.
8. Quand quelqu'un ____________________ à la porte, je réponds.

en haut	upstairs
en bas	downstairs
en désordre	messy
bien rangé(e)	tidy
bruyant(e)	noisy
calme	quiet
spacieux, spacieuse	spacious, roomy
meublé(e)	furnished
luxueux, luxueuse	luxurious

lumineux, lumineuse	light, bright
sombre	dark
mou, molle	soft
dur(e)	hard
neuf, neuve	brand-new
climatisé(e)	air-conditioned
confortable	comfortable

K) Flashcards : Chapitre 9, exercice 5

L) Choisissez au moins vingt mots des listes précédentes et écrivez une histoire avec.

M) Donnez le contraire.

1. plafond ____________________ 2. propriétaire ____________________
3. baisser (le store) ____________________ 4. allumer ____________________
5. emménager ____________________ 6. ouvrir ____________________
7. bien rangé ____________________ 8. en bas ____________________
9. dur ____________________ 10. sombre ____________________
11. calme ____________________

Proverbes et expressions

être / rester **à la maison**	to be/stay at home
aller **à la maison**	to go home
fait **maison**	homemade
être dans de beaux **draps**	to be in a fine mess/in a difficult situation
être aimable comme une **porte** de prison	to be very unfriendly
mettre qn à la **porte**	to fire someone
mettre la **clé** sous la **porte**	to go out of business
faire **table** rase	to start from scratch
dérouler le **tapis** rouge	to roll out the red carpet
Les **murs** ont des oreilles.	Walls have ears. Someone evil-minded may hear it.

Comme on fait son **lit**, on se couche.	You have made your bed, now you must lie in it.
Ce n'est pas une **lumière**.	He/She is not very bright.

N) Complétez les phrases avec les mots qui conviennent.

1. Parle moins fort. Je ne veux pas que les autres nous entendent. Ici, les ________________ ont des oreilles.
2. Quand on accueille une célébrité, on déroule souvent le ____________
3. Ces entreprises ont fait faillite (*went bankrupt*). Elles ont dû mettre ____ ____________________________
4. Cette personne n'est pas gentille du tout. Elle est ________________ ____________________________
5. « Il / elle est dans de beaux ____________________ » se dit quand quelqu'un est dans une situation difficile.
6. Faisons __________________________ et recommençons à zéro.
7. Je ne sors pas ce soir. Je vais rester _________________________
8. Cette fille n'est pas très intelligente; ce n'est pas une ______________
9. « ____________________________________ » est un proverbe qui signifie qu'on doit assumer les conséquences de ses actes.

O) Conversation/Discussion.

1. Décrivez en détail votre appartement, votre maison ou celle de vos parents. Combien de pièces y a-t-il ? Où est chaque pièce ? Qu'est-ce qu'il y a dans ces pièces ? Dites aussi ce qu'il n'y a pas.
2. Combien de fois avez-vous déménagé dans votre vie ? Décrivez les endroits où vous habitiez. Racontez ce qui s'est passé avant, pendant et après le déménagement.
3. Quelles tâches ménagères aimez-vous faire et lesquelles détestez-vous ?
4. Quelles tâches ménagères faites-vous tous les jours ? Lesquelles faites-vous une fois par semaine ?
5. Avez-vous un jardin ? Qu'est-ce qu'il y a dans votre jardin ?
6. Avez-vous des colocataires ? Quelles pièces, quels objets et quelles tâches partagez-vous ?
7. Décrivez la maison de vos rêves.

8. Par petits groupes, cherchez un appartement à louer sur Airbnb dans un pays francophone. Notez les caractéristiques particulières de ce logement. Pourquoi l'avez-vous choisi ?

P) Jeu de rôle.

1. Vous avez l'intention d'acheter une maison et vous vous rendez dans une agence immobilière (*real estate agency*) pour trouver ce que vous cherchez. Qu'est-ce que vous allez dire à l'agent immobilier (*realtor*) ? Quelles questions allez-vous lui poser ? Qu'est-ce que l'agent immobilier va dire pour vous convaincre d'acheter une certaine maison ? Écrivez le dialogue et ensuite jouez les deux rôles avec votre partenaire.

Notes

1 ***La pièce*** is the general term for 'room'. *La cuisine, la salle de bains, le salon, le bureau, la chambre (à coucher)*, etc. are all ***pièces***.
2 Note that in a French house or apartment, the toilet is generally not in the same room as the shower and bathtub. If you are looking for a bathroom (restroom), do not ask for a "salle de bains" but say:
Où sont les toilettes?
Note also that the word ***toilettes*** is plural in French.
3 A ***buffet*** is a piece of furniture with drawers used to store dishes and table linens.
4 Since few houses (or apartments) in France have a laundry room, the washing machine is often in the bathroom.

10 Le temps (qui passe)

Time

Vocabulaire de base

Les jours de la semaine	**The days of the week**
lundi	Monday
mardi	Tuesday
mercredi	Wednesday
jeudi	Thursday
vendredi	Friday
samedi	Saturday
dimanche	Sunday

Note

- Weekdays are masculine

  samedi dernier — last Saturday

- The English word **on** before a weekday is not translated.

  Il est arrivé mardi. — He arrived **on** Tuesday.

- **À** before a weekday means **see you**.

  À vendredi ! — See you (on) Friday!

- **Le** before a weekday expresses repetition.

  Il va à l'église **le** dimanche. — He goes to church on Sundays (= every Sunday).

Quel jour sommes-nous aujourd'hui ? (C'est quel jour aujourd'hui ?)	What day is it today?
Aujourd'hui, nous sommes mercredi. (Aujourd'hui, c'est mercredi.)	Today is Wednesday.
demain	tomorrow

À demain !	See you tomorrow!
après-demain	the day after tomorrow
hier	yesterday
avant-hier	the day before yesterday
le lendemain	the next day
la semaine dans une semaine (dans huit jours)[1] dans deux semaines (dans quinze jours)[1]	week in a week, a week from now in two weeks, two weeks from now
il y a deux jours	two days ago
jeudi prochain	next Thursday
À la prochaine !	Until next time! See you next time!
tous les jours, chaque jour	every day
tous les deux jours	every other day
sept jours sur sept	seven days a week
l'autre jour	the other day
Il fait jour.	It is light out. It is daytime.
Il fait nuit.	It is dark (nighttime).
le matin	(in) the morning
l'après-midi (*m.* or *f.*)	(in) the afternoon
le soir	(in) the evening, at night
la nuit	(in) the night
hier soir Hier soir, je suis sorti(e) avec mes amis.	last night (evening hours) Last night, I went out with my friends.
la nuit dernière La nuit dernière, j'ai fait un mauvais rêve.	last night (after midnight) Last night, I had a bad dream.

A) Flashcards : Chapitre 10, exercice 1

Proverbes et expressions

Il ne faut pas remettre au lendemain ce qu'on peut faire le jour même.	Never put off till tomorrow what you can do today.
C'est le jour et la nuit.	It's like night and day.
La nuit porte conseil.	Sleep on it!

Les mois de l'année	**The months of the year**
janvier	January
février	February
mars	March
avril	April
mai	May
juin	June
juillet	July
août	August
septembre	September
octobre	October
novembre	November
décembre	December

Note

- In French, months are masculine.

  C'était un juillet pluvieux. It was a rainy July.

- **En** expresses **in** before a month.

  Je suis né **en** janvier. I was born **in** January.

Les saisons	**Seasons**
le printemps	spring
l'été	summer
l'automne	fall, autumn
l'hiver	winter

Note

- Seasons are masculine

  l'été prochain next summer

- **En** expresses **in** before the following seasons:

  en été in (the) summer
  en automne in (the) fall
  en hiver in (the) winter

But:

au printemps	in (the) spring

B) Flashcards : Chapitre 10, exercice 2

La date[2]	**The date**
Quelle est la date aujourd'hui ? (*fam.* On est le combien aujourd'hui ?)	What is the date today?
Aujourd'hui, c'est le trois avril. (Aujourd'hui, nous sommes le trois avril.)	Today is the third of April.

Note

- With dates, French uses cardinal numbers except for the first of each month.

  le cinq juin — the fifth of June

  But:

  le premier (1er) mai — the first of May

- **En** expresses **in** before a year.

  en 1956 [en mille neuf cent cinquante-six] in 1956

le mois	month
le mois dernier / prochain	last/next month
tous les mois, chaque mois	each month
dans un mois[3]	in a month, a month from now
il y a un mois	a month ago
début / fin mars	at the beginning/at the end of March
la saison	season
l'année (*f.*), l'an (*m.*)	year
l'année dernière / prochaine	last/next year
tous les ans, chaque année	every year
tous les deux ans	every other year
il y a un an	a year ago
jusqu'en 1999	until 1999
la décennie	decade
le siècle	century
au vingtième (XXe) siècle	in the twentieth century
le calendrier	calendar

C) Flashcards : Chapitre 10, exercice 3

D) Répondez aux questions suivantes.

1. Quel jour sommes-nous aujourd'hui ?
2. Quel jour de la semaine préférez-vous et pourquoi ?
3. En quel mois êtes-vous né(e) ?
4. En quelle année êtes-vous né(e) ?
5. Quelle est la date de votre anniversaire ?
6. Quelle est la date de la fête nationale française ?
7. Vivons-nous au vingtième siècle ?
8. En quelle saison partez-vous en vacances ?

E) Écrivez le nom du mois.

1. Noël est en ________________
2. La Saint-Valentin est en ________________
3. La fête nationale française est en ________________
4. Halloween est en ________________
5. Thanksgiving est en ________________
6. La Fête des Mères est en ________________
7. ________________ est le mois le plus chaud de l'année.
8. ________________ est le premier mois de l'année.

F) Complétez les phrases avec les mots qui conviennent.

1. En France, ________________ est le premier jour de la semaine et ________________ est le dernier jour.
2. Il y a sept jours dans une ________________ et il y a douze ________________ dans une année.
3. ________________, ________________, ________________, et ______________ sont les quatre saisons de l'année.
4. Les feuilles des arbres tombent en ________________ et le ________________ est la saison des fleurs.
5. En été, il fait ________________ très tôt le matin.
6. En hiver, il fait ________________ à cinq heures de l'après-midi.

G) Traduisez les phrases suivantes en français.

1. What is the date today?
2. It is the eighth of December.
3. on the eleventh of August
4. in April
5. next month
6. every year
7. Winter is my favorite season.
8. in 1895
9. last year
10. two months ago

L'heure	**Clock time**
Quelle heure est-il ? (*fam.* Il est quelle heure ?)	What time is it?
Il est une heure (1h00).	It is one o'clock (1:00).
Il est deux heures (2h00).	It is two o'clock (2:00).
Il est quatre heures dix (4 h10).	It is four ten (4:10).
Il est neuf heures moins vingt (8h40).	It is eight forty (8:40).
Il est dix heures et quart (10h15).	It is ten fifteen (10:15).
Il est onze heures et demie (11h30).	It is eleven thirty (11:30).
Il est neuf heures moins le quart (8h45).	It is eight forty-five (8:45).
Il est midi.	It is noon.
Il est minuit.	It is midnight.

Note

- To express **am** and **pm**, French uses
  - in informal language

du matin	for the morning hours
de l'après-midi	for the afternoon hours
du soir	for the evening hours
Il est huit heures du soir.	It is eight o'clock pm.

  - in official time indications (e.g. radio, television, cinema, theater, and train, bus and plane schedules), but also in many everyday contexts, the twenty-four hour system. In this system, one continues to count after 12:00 noon. PM hours go from 13h00 till 24h00.

13h00 = 1:00 pm	19h00 = 7:00 pm
18h00 = 6:00 pm	24h00 (or: 0 h) = 12:00 am

    In the twenty-four hour system, one does not use *et quart, et demi*(*e*) or *moins le quart*. One does not go to the next hour after passing the half hour, but one adds on any number of minutes to a given time.

Il est seize heures trente.	It is 4:30 pm.
Il est dix-sept heures quinze.	It is 5:15 pm.
Il est dix-huit heures quarante-cinq.	It is 6:45 pm.

- **At** with clock time is expressed by **à**

à quelle heure ?	**at** what time?

l'heure (*f.*)	hour, (clock)time
une demi-heure	a half hour
vingt-quatre heures sur vingt-quatre	twenty-four hours a day, round the clock
l'heure locale	local time
l'heure d'hiver	winter time
l'heure d'été	daylight savings time
Vous avez / Tu as l'heure ?	Do you have the time?
le changement d'heure	time change
À tout à l'heure ! (*fam.* À toute !)	See you in a little while!
À tout de suite ! (*fam.* À toute !)	See you in a minute!
la montre	watch
la pendule	(small) clock
l'horloge (*f.*)	(big) clock
le réveil	alarm clock
sonner	to ring

H) Flashcards : Chapitre 10, exercice 4

le temps Le temps passe vite.	time Time flies.
perdre du temps	to waste time
prendre son temps	to take one's time
de temps en temps	from time to time
en même temps	at the same time
longtemps	a long time
tout le temps	all the time
passer (du temps) Il a passé la nuit chez des amis. As-tu passé de bonnes vacances ?	to spend (time) He spent the night with friends. Did you have a good vacation?
passer (du temps à faire qch) J'ai passé trois heures à regarder la télé.	to spend (time doing sth) I spent three hours watching TV.
mettre (du temps pour faire qch) J'ai mis trente minutes pour me garer.	to take (time to do sth) It took me thirty minutes to park.

avoir le temps (de faire qch) As-tu le temps d'aller au cinéma ce soir ?	to have the time (to do sth) Do you have the time to go to the movies tonight?
tôt	early
Il est tôt.	It is early.
Je suis parti tôt pour éviter les embouteillages.	I left early to avoid traffic. (*lit.* the traffic jams)
À bientôt !	See you soon!
tard	late
Il est tard.	It is late.
Je vais rentrer tard ce soir.	I am going to come home late tonight.
À plus tard ! (*fam.* À plus !)	See you later!
être / arriver en avance	to be/to arrive early (ahead of time)
être / arriver en retard	to be/to arrive late (not on time)
être à l'heure	to be on time

I) Flashcards : Chapitre 10, exercice 5

J) Est-ce **tôt, en avance, tard** ou **en retard ?**

1. Mon professeur n'est jamais à l'heure. Il est toujours ____________________
2. Il est arrivé trop __________________ à l'aéroport. L'avion était déjà parti.
3. Quel temps fera-t-il le mois prochain ? – C'est trop _______________ pour le dire.
4. Ma sœur a l'habitude de se lever __________________, à six heures du matin.
5. Mon frère se couche très __________________, vers une heure du matin.
6. Je vais prendre un taxi car je ne veux pas être _________________ à mon rendez-vous.
7. Le concert a commencé à vingt heures. On est arrivés à 19h45. On était __________________

K) Traduisez les phrases et expressions suivantes en français.

1. I spent three hours doing my homework. ____________________
2. Take your time (*fam.*) ____________________
3. Time is money. ____________________
4. What time is it now? ____________________
5. from time to time ____________________
6. She is always on time. ____________________

L) Répondez aux questions suivantes.

1. Vous avez l'heure ?
2. À quelle heure est-ce que les Français dînent d'habitude ? À quelle heure dînez-vous ?
3. À quelle heure est-ce que vous vous levez en général ? À quelle heure est-ce que vous vous couchez ?
4. Êtes-vous toujours à l'heure ? Que faites-vous quand vous êtes en retard ?

Lecture

Le changement d'heure

En France, le changement d'heure a été mis en place en 1976 pour économiser de l'énergie en profitant plus longtemps de la lumière du jour. Selon certains experts, le changement d'heure ne permet plus de réaliser des économies d'électricité importantes aujourd'hui car nous utilisons des ampoules basse consommation. Plusieurs pays, dont la Russie, l'Argentine, la Turquie, la Chine, la Tunisie et l'Égypte ont déjà cessé de changer d'heure. Les pays de l'Union européenne vont probablement supprimer le changement d'heure dès 2019. C'est l'heure d'été qui va être tout le temps la règle.

une ampoule	a light bulb	l'objectif	goal
bas, basse	low	renoncer à	to give up
cesser	to stop	utile	useful
supprimer	to get rid of, to abolish		

M) Répondez aux questions suivantes.

1. Quel est l'objectif du changement d'heure ?
2. Est-ce qu'on gagne ou est-ce qu'on perd une heure lors du passage à l'heure d'été ?
3. Quels pays ont déjà renoncé au changement d'heure ?
4. Selon vous, est-ce que le changement d'heure est toujours utile ?

N) Conversation/Discussion.

1. Quels effets le changement d'heure peut-il avoir sur notre santé et notre moral ?
2. Faudrait-il supprimer le changement d'heure ? Justifiez votre réponse.

Notes

1 The French say ***huit jours*** when referring to a week and ***quinze jours*** when referring to two weeks.

Il a passé quinze jours en Asie. He spent two weeks in Asia.

2 In French, the day precedes the month in an abbreviated date.

le 5 décembre 2019 = 05/12/2019

3 Note that

- ***dans*** + unit of time expresses 'in', indicating the time at the end of which an action will take place.

  Rappelez-moi ***dans*** *deux semaines.* Call me back **in** two weeks.

- ***en*** + unit of time expresses 'in', indicating the time needed to complete an action.

  Il a écrit cet article ***en*** *un mois***.** He wrote this article (with)**in** a month.

11 Le temps (qu'il fait)

The weather

Vocabulaire de base

la météo *(fam.)*	weather forecast, weather
le temps	weather
Quel temps fait-il ?	What is the weather like?
Il fait beau.	The weather is nice.
Il fait mauvais.	The weather is bad.
Il fait froid.	It is cold.
Il fait chaud.	It is hot.
Il fait bon.	The weather is pleasant.
Il fait frais.	It is cool.
Il fait doux.	It is mild.
Il fait lourd.	It is muggy.
Il fait humide.	It is humid.
Il fait gris.	It is overcast.
la pluie	rain
Il pleut.	It is raining.
Il va pleuvoir.	It is going to rain.
Il a plu.	It rained.
la neige	snow
Il neige.	It is snowing.
Il a neigé.	It snowed.
la grêle	hail
Il grêle.	It is hailing.
le soleil	sun
Il y a du soleil. (Il fait soleil.)	It is sunny.

le vent	wind
Il y a du vent.	It is windy.
le brouillard	fog
Il y a du brouillard.	It is foggy.
le nuage	cloud
Il y a des nuages.	It is cloudy.
l'orage *(m.)*	thunderstorm
Il y a de l'orage.	It is stormy.
l'éclair *(m.)*	flash of lightning
Il y a des éclairs.	There is lightning.
le tonnerre	thunder
Il tonne.	It is thundering.
la tempête	storm
la tornade	tornado
l'ouragan *(m.)*	hurricane
la température	temperature
Quelle température fait-il ?	What is the temperature?
le degré	degree
Il fait (moins) . . . degrés.	It is . . . degrees (below zero).
le froid	cold
la chaleur	heat
l'humidité *(f.)*	humidity

A) Flashcards : Chapitre 11, exercice 1

B) Complétez les phrases avec les mots qui conviennent.

1. Quand il y a de l'orage, on voit les ______________________ dans le ciel et on entend le ______________________
2. Les ____________________ sont blancs, gris ou noirs.
3. On peut faire du ski quand ______________________
4. Je mets un imperméable quand ___________________
5. Quand il y a du ______________________________, la visibilité est réduite.
6. On appelle un vent très fort une _____________________

7. Il ne fait ni froid ni chaud, il ___________________
8. Quand il fait 40° C, il ___________________
9. L'hiver, c'est la saison où il ______________________ et où il _______________
10. La _______________ prévoit (*predicts*) le temps qu'il va faire.

C) Associez les phrases qui ont le même sens.

1. Il fait très froid. ____
2. Il fait très chaud. ____
3. Il fait gris. ____
4. Il pleut. ____
5. Il y a une tempête. ____

a. Il fait 40° C.
b. Le ciel est couvert.
c. Le vent souffle très fort.
d. Il fait mauvais.
e. Il fait -15° C.

D) Trouvez le nom correspondant.

Exemple : humide ⇒ l'humidité

1. pleuvoir _________ 2. neiger __________ 3. grêler __________
4. chaud ___________ 5. froid __________

E) Répondez aux questions suivantes.

1. Quel temps fait-il aujourd'hui ?
2. Quelle température fait-il ?
3. Quel temps va-t-il faire demain ?
4. Quel temps a-t-il fait hier ?
5. Comparez le temps qu'il fait dans la ville (région) où vous êtes né(e) avec le temps qu'il fait là où vous habitez maintenant (pendant toutes les saisons).

Vocabulaire supplémentaire

les prévisions météorologiques	weather forecast
Il fait un temps affreux / épouvantable.	The weather is terrible.
Il fait un temps magnifique.	The weather is superb.
Il pleut à verse / à torrents.	It is pouring down. It's raining very hard.
Il bruine.	It is drizzling.
Il gèle.	It is freezing.

Il va faire meilleur.	The weather is going to be better.
les intempéries (*f.pl.*)	bad weather
la brume	mist, light fog
l'averse *(f.)*	(rain)shower
la tempête de neige	snowstorm
la chute de neige	snowfall
la vague de chaleur	heat wave
la canicule	(extreme) heat
la foudre	lightning (coming down to strike sb or sth)
L'arbre a été frappé par la foudre.	The tree was struck by lightning.
l'éclaircie *(f.)*	patch of blue sky
Il y a des éclaircies.	It is partly sunny.
le climat	climate

F) Flashcards : Chapitre 11, exercice 2

G) Complétez les phrases avec les mots qui conviennent.

1. Quand il pleut très fort, il pleut ____________________
2. S'il y a une ______________________, on peut voir le soleil.
3. La ____________________ est un brouillard léger.
4. La ____________________ est une vague de chaleur très forte.
5. Pendant qu'il traversait une zone d'orages, l'avion a été frappé par la ______________________

H) Associez les phrases qui ont le même sens.

1. Il fait un temps magnifique. ____	a. Il pleut très fort.
2. Il pleut à verse. ____	b. une grande chaleur
3. la canicule ____	c. Il pleut légèrement.
4. Il bruine. ____	d. le mauvais temps
5. les intempéries ____	e. Il fait très beau.

Vocabulaire apparenté

le ciel	sky
Le ciel est couvert.	It is overcast.

Le ciel est clair.	The sky is clear.
Le ciel est nuageux.	It is cloudy.
l'arc-en-ciel *(m.)*	rainbow
le parapluie	umbrella
le parasol	(big) parasol
au soleil	in the sun
l'ombre *(f.)*	shade
à l'ombre	in the shade
le thermomètre	thermometer
le verglas	black ice
la boule de neige	snowball
le bonhomme de neige	snowman

I) Flashcards : Chapitre 11, exercice 3

J) Complétez les phrases avec le nom qui convient.

1. Quand il pleut et qu'il y a du soleil en même temps, on voit souvent un ____________________ dans le ciel.
2. Quand il gèle après la pluie, il y a du ________________ sur la route.
3. Quand il pleut, on a besoin d'un _______________________ pour se protéger de la pluie.
4. Quand il y a des nuages, le ______________ est nuageux.
5. Le __________________ est un instrument qui mesure la température.

s'améliorer	to improve
Le temps s'améliore.	The weather is improving.
atteindre	to reach
La température peut atteindre 35 degrés.	The temperature can reach 35 degrees.
(s')approcher	to approach
Un orage approche.	A thunderstorm is approaching.
augmenter, monter	to rise, to go up
La température va monter.	The temperature is going to rise.

baisser	to go down, to decrease
La température a baissé.	The temperature has gone down.
briller	to shine
Le soleil brille.	The sun is shining.
cesser	to stop
Il a cessé de pleuvoir.	It stopped raining.
s'éclaircir	to clear/brighten up
Le ciel s'éclaircit.	The sky is clearing up.
éclater	to break out
Un orage a éclaté.	There was a thunderstorm. (*lit.* A thunderstorm broke out.)
fondre	to melt
La neige va fondre.	The snow is going to melt.
souffler	to blow
Le vent souffle.	The wind blows.
tomber	to fall
La neige tombe.	The snow is falling.

variable	variable
rude	harsh, severe (winter)
épais, épaisse	thick (fog)
ensoleillé(e)	sunny
sec, sèche	dry
mouillé(e)	wet
glacial(e)	icy, freezing cold
pluvieux, pluvieuse	rainy
un printemps pluvieux	a rainy spring
gelé(e)	frozen

K) Flashcards : Chapitre 11, exercice 4

L) Complétez les phrases avec le verbe ou l'adjectif qui convient.

1. Quand le ciel s'________________, les nuages s'en vont.
2. Quand le temps change d'un moment à l'autre, il est très ____________
3. Une région où il ne pleut que très rarement a un climat ______________
4. Les hivers sont longs et __________________ dans les montagnes.

5. Le soleil ________________ et le vent ________________
6. Si le brouillard est très ________________, on ne voit plus rien.
7. On peut faire du patin à glace sur un lac quand il est ________________
8. Un vent très froid est un vent ________________

Proverbes et expressions

Après la pluie le beau temps.	After the rain comes sunshine.
Qu'il pleuve ou qu'il vente.	Rain or shine.
parler de la pluie et du beau temps	to make small talk
être ennuyeux comme la pluie	to be deadly boring
Mariage pluvieux, mariage heureux.	Rainy wedding day, happy marriage.
C'est le calme avant la tempête.	It's the calm before the storm.
C'est une tempête dans un verre d'eau.	It's a tempest in a teacup.
remuer ciel et terre	to move heaven and earth, leave no stone unturned
être dans les nuages	to have one's head in the clouds
être dans le brouillard	to be confused, not to be able to think clearly
être dans le vent	to be fashionable
C'est du vent.	It's just hot air. It's nonsense.
contre vents et marées	Come what may. Come hell or high water.
(avoir) le coup de foudre	(to fall in) love at first sight
faire boule de neige	to snowball, to have a snowball effect
Il gèle à pierre fendre.	It is freezing cold.
Ça me laisse froid.	That leaves me cold/indifferent.

M) Complétez les phrases avec les mots qui conviennent.

1. Quand on n'a rien d'important à dire, on parle de la ______________ et du ________________
2. Pour avoir du succès, il faut quelquefois remuer ________________ et ________________
3. Si on tombe subitement amoureux de quelqu'un, on a le ____________

4. Cet élève ne fait pas attention en classe. Il est souvent dans les ______________
5. Son discours n'était pas intéressant du tout. Il était ennuyeux comme la ______________
6. « ____________________________ » est un proverbe qui nous dit qu'on retrouve le bonheur après la tristesse.
7. Si quelque chose n'est plus à la mode, ce n'est plus dans le __________
8. Je dis « Ça ____________________________ » si quelque chose me laisse complètement indifférent(e).
9. Quand il fait un froid glacial, on dit qu'il gèle ____________________

N) Choisissez au moins quinze mots ou expressions du vocabulaire de ce chapitre et écrivez une petite histoire dans laquelle vous utilisez les mots choisis.

Lecture

Vous écoutez France Info. Il est 13h37.

Météo France

Temps variable aujourd'hui, doux et nuageux sur l'Ouest, frais sur l'Est. Il y aura des éclaircies sur les régions de la Méditerranée. En Provence, le soleil brillera, il fera chaud, les températures approcheront les 30 degrés à l'ombre. Ailleurs en revanche, la chaleur ne sera pas vraiment d'actualité cet après-midi. Il fera de 10 à 15 degrés. Ce soir, les nuages donneront quelques averses et il va beaucoup pleuvoir cette nuit. En montagne, la neige va fondre et il y a un très fort risque d'avalanches et d'inondations.

Demain, si vous habitez au Sud, il faudra sortir le parasol, au Nord par contre, vous aurez besoin d'un parapluie. En fin de journée, des orages éclateront à proximité des montagnes. En Bretagne, il y aura du brouillard, mais le temps va s'améliorer la semaine prochaine.

Samedi, le temps restera chaud et lourd dans le Sud. Dans l'Ouest et dans le Nord, les températures commenceront à baisser et dimanche, le temps tournera à la pluie. La Côte d'Azur et la Corse conserveront un temps très ensoleillé. Les températures atteindront 30 degrés.

O) Répondez aux questions suivantes.

1. Où en France fait-il beau et chaud aujourd'hui ?
2. Pourquoi y a-t-il un risque d'avalanches dans les montagnes ?

3. Quel temps fera-t-il dans le Sud demain ? Et comment sera le temps dans le Nord ?
4. Quand est-ce qu'il fera meilleur en Bretagne ?
5. Est-ce qu'il fera plus chaud ou moins chaud que précédemment dans l'Ouest et dans le Nord samedi ?
6. Dans quelles régions fera-t-il beau et chaud dimanche ?

P) Rédigez (Écrivez) les prévisions météorologiques de votre région pour demain et après-demain.

12 Les fêtes

Holidays

Vocabulaire de base

Hanoukka	Hanukkah
la veille de Noël	Christmas Eve
Noël	Christmas
la Saint-Sylvestre	New Year's Eve
le Jour de l'An	New Year's Day
la fête des Rois (l'Épiphanie)	Epiphany
la Saint-Valentin	Valentine's Day
Mardi gras (dernier jour du carnaval)[1]	Mardi Gras (day before Lent)
le Mercredi des Cendres	Ash Wednesday
le Carême[2]	Lent
Vendredi saint	Good Friday
Pâques *(f.pl.)*	Easter
la Pâque (juive)	Passover
le 1er avril	April Fool's Day
la fête du Travail (le 1er mai)	Labor Day
la Pentecôte[3]	Pentecost
la fête des Mères[4]	Mother's Day
la fête des Pères[4]	Father's Day
la fête nationale (le 14 juillet)	Bastille Day, France's national holiday
le Ramadan	Ramadan
la Toussaint (le 1er novembre)	All Saints' Day
l'anniversaire *(m.)*	birthday

A) Complétez les phrases avec les mots qui conviennent.

1. La ______________________________ est la fête des amoureux.
2. ____________________________ est une fête juive qui dure huit jours.
3. Le ___________________________ est une période d'un mois, pendant laquelle les musulmans pratiquants s'abstiennent de manger et de boire du lever au coucher du soleil.
4. À ______________________, les chrétiens célèbrent la naissance du Christ.
5. En France, la ___________________________ est célébrée le dernier dimanche du mois de mai.
6. Le 31 décembre, c'est la ______________________
7. Le premier janvier, c'est le ______________________
8. La date de la ____________________________________ française est le 14 juillet.
9. Le premier mai, c'est la ______________________
10. Anne est née le 2 octobre 2004. Elle fête donc son ________________ le 2 octobre.

Vocabulaire apparenté

un jour férié	a (public) holiday
un jour de congé	a day off
la fête	holiday, party, name day
les fêtes de fin d'année	Christmas and New Year holidays
le marché de Noël	Christmas market
le vin chaud	mulled wine
le pain d'épices	gingerbread
le réveillon (de Noël)	Christmas Eve dinner
le réveillon (de la Saint-Sylvestre)	New Year's Eve dinner
le sapin / l'arbre de Noël	Christmas tree
la décoration de Noël	Christmas ornament
la boule de Noël	Christmas (tree) ball ornament

l'étoile *(f.)*	star
l'ange *(m.)*	angel
la guirlande	tinsel, Christmas light
la bougie	candle
la crèche	nativity scene
le Père Noël	Santa Claus
la messe (de minuit)	(midnight) mass
la bûche de Noël	Yule log
le chant de Noël	Christmas carol
le cadeau	gift
l'huître *(f.)*	oyster
la dinde	turkey
les étrennes (*f.pl.*)	New Year's gifts
le gâteau	cake
un morceau de gâteau	a piece of cake
la galette des Rois	king cake
la fève	bean
le roi	king
la reine	queen
la couronne	crown
le feu d'artifice	fireworks
le défilé (militaire)	(military) parade
le lapin (en chocolat)	(chocolate) rabbit
la cloche[5]	bell
l'œuf (*m.*) de Pâques	Easter egg
la chasse aux œufs	Easter egg hunt
les bonbons (*m.pl.*)	candy
les friandises *(f.pl.)*	sweets
le muguet (offert le 1er mai)	lily of the valley (offered on May 1st)
la plaisanterie (*fam.* la blague)	joke
le poisson d'avril	April Fool's joke
le cimetière	cemetery
la tombe	tomb, grave
la veille	the day/the evening before

la soirée	party
la fête d'anniversaire	birthday party
l'invité(e)	guest
l'hôte / l'hôtesse	host/hostess
le bouquet (de fleurs)	bouquet (of flowers)

B) Flashcards : Chapitre 12, exercice 1

fêter, célébrer	to celebrate
s'amuser	to have a good time, to have fun
se déguiser	to disguise, to wear a costume
emballer	to wrap
déballer	to unwrap
manger	to eat
offrir qch à qn Ma mère m'a offert un collier pour mon anniversaire. C'est pour offrir.	to give sth as a gift to sb My mother gave me a necklace for my birthday. It's (intended to be) a gift.
recevoir	to receive
cacher	to hide
remercier	to thank
trouver	to find
tomber Cette année, Noël tombe un mardi.	to fall on (holiday) This year, Christmas falls on a Tuesday.
mettre	to put
plaisanter	to joke
souhaiter qch à qn Je te (vous) souhaite un joyeux Noël.	to wish sb sth I wish you a merry Christmas.
inviter qn	to invite sb
ouvrir	to open
allumer / souffler (les bougies)	to light/to blow (out) (the candles)
faire un vœu	to make a wish
faire le pont[6]	to extend the weekend to four days
décorer	to decorate

C) Flashcards : Chapitre 12, exercice 2

Lecture

Les fêtes

En France, il y a de nombreuses fêtes[7] religieuses et civiles qui sont fériées, comme la Toussaint et le Jour de l'An, et il y en a d'autres qui ne le sont pas, comme l'Épiphanie et la Chandeleur par exemple. Ici seront présentées cinq d'entre elles.

La Toussaint

La Toussaint est une fête catholique célébrée le 1er novembre. C'est un jour férié où les gens vont au cimetière pour déposer des fleurs, surtout des chrysanthèmes, sur les tombes de leurs proches décédés.

Noël et le Nouvel An

En décembre, il y a des marchés de Noël un peu partout en France. Le marché le plus célèbre est celui de Strasbourg en Alsace. On peut y acheter des décorations de Noël, manger du pain d'épices et boire du vin chaud.[8] Les rues des villes sont illuminées et à l'intérieur des maisons, il y a un sapin décoré de boules et de guirlandes. Il peut aussi y avoir une crèche avec le petit Jésus, Marie, Joseph et d'autres figurines, souvent des santons.[9] Le 24 décembre, les catholiques vont à la messe de minuit. Le repas de la veille de Noël s'appelle *le réveillon.* Traditionnellement, les Français mangent des huîtres, du foie gras, de la dinde et, comme dessert, *la bûche de Noël.*[10] Pendant la nuit, le Père Noël apporte des cadeaux qu'il dépose au pied du sapin.

À la Saint-Sylvestre, il y a un autre réveillon et à minuit, tout le monde s'embrasse en se souhaitant 'Bonne année'. Le Jour de l'An (le 1er janvier) est férié, c'est-à-dire qu'on ne travaille pas. Fin décembre et début janvier, beaucoup de Français offrent *des étrennes*, qui sont des cadeaux ou de l'argent, à tous ceux qui leur rendent service tout au long de l'année (facteurs, pompiers, éboueurs, femmes de ménage, concierges, etc.). Il y a aussi des enfants qui reçoivent des étrennes durant la période de fin d'année.

L'Épiphanie ou la fête des Rois

Cette fête est célébrée le premier dimanche après le Jour de l'An. Elle commémore la visite des Rois mages au Christ après sa naissance. Ce jour-là, les Français mangent une galette[11] (souvent achetée chez le pâtissier avec deux couronnes en carton doré) dans laquelle est cachée une petite figurine appelée *fève*. Celui ou celle qui trouve la fève dans son morceau de gâteau a le droit de porter une couronne et choisit sa reine ou son roi.

Pâques

À Pâques, les chrétiens célèbrent la résurrection du Christ. Le lundi de Pâques est un jour férié. Dans la majeure partie de la France, ce sont les cloches (et non pas les lapins) qui apportent les cadeaux. Selon la légende, les cloches des églises partent pour Rome le Vendredi saint, et quand elles reviennent le dimanche de Pâques, elles laissent tomber des friandises (œufs, poules, lapins et cloches en chocolat) dans le jardin des familles. Traditionnellement, les Français mangent de l'agneau à Pâques.

D) Associez les mots dans la colonne de gauche aux fêtes dans la colonne de droite.

1. la crèche ___	a. la Saint-Valentin
2. le muguet ___	b. l'Épiphanie
3. les cloches ___	c. le Jour de l'An
4. les étrennes ___	d. le premier mai
5. les amoureux ___	e. la Toussaint
6. la galette des Rois ___	f. Noël
7. les chrysanthèmes ___	g. Pâques

E) Complétez les phrases avec les mots qui conviennent.

1. À la ______________________, les Français vont au cimetière pour fleurir les tombes de leurs proches.
2. En France, les ______________________ sont des fleurs associées à la mort.
3. Avant Noël, il y a un ______________________ de ______________ dans la plupart des villes.
4. Au marché de Noël, on peut manger du ____________________, boire du ________________, et acheter des ________________________
5. Pour décorer la maison à Noël, on met un ________________________ et peut-être aussi une ______________
6. ________________ (*On Christmas Eve*), les catholiques vont à l'église pour assister à la ___________________

7. Dans la crèche, il y a le petit Jésus, Marie, Joseph, les Rois mages, des animaux et toutes sortes d'autres figurines. Celles qui sont fabriquées en Provence s'appellent des ___________________
8. À Noël, on reçoit des _______________ que le ___________________ apporte dans la nuit du 24 décembre.
9. Le repas de fête que l'on prend la nuit de Noël et à la Saint Sylvestre s'appelle le _____________________
10. Le dessert traditionnel de Noël, c'est la _________________________
11. La fête des Rois s'appelle aussi l'__________________________. C'est une fête chrétienne qui commémore la visite des Rois mages à l'enfant Jésus.
12. À l'occasion de l'Épiphanie, les Français mangent un gâteau qu'on appelle la _____________________
13. À l'intérieur de ce gâteau se trouve une figurine appelée une _______________
14. Celui ou celle qui trouve la fève dans son morceau de galette, devient ____________ ou _____________ et porte une ___________________
15. _________________________ est une fête chrétienne qui célèbre la résurrection du Christ.
16. À Pâques, ce sont les _______________________ qui apportent les œufs en chocolat.
17. Une blague faite le 1er avril s'appelle un _________________________
18. Le 1er mai, les Français s'offrent du __________________________. Ces petites fleurs blanches sont censées porter bonheur.
19. Le 14 juillet, c'est la ________________________________ française qui commémore la prise de la Bastille en 1789. Ce jour-là, il y a un défilé militaire à Paris et un ______________________________ dans toutes les villes.
20. Il y a des _________________________ sur un gâteau d'anniversaire.

F) Écrivez la définition des mots suivants.

les étrennes
le vin chaud
le réveillon

G) Faites des recherches sur Internet et racontez ce que vous avez appris à propos des fêtes suivantes en France.

le 1er mai (la fête du Travail), le 14 juillet (la fête nationale), la Chandeleur, le 1er avril

H) Conversation/Discussion.

1. Quelles sont vos fêtes préférées ? Comment est-ce qu'on les fête dans votre famille ?
2. Comment fête-t-on Noël et la Saint-Sylvestre dans votre pays ?
3. Racontez votre plus belle fête d'anniversaire.
4. Expliquez à un(e) Français(e) comment (et pourquoi) on fête Thanksgiving aux États-Unis et ce qu'on fait à Halloween.

Notes

1 ***Le carnaval*** is a period of several weeks (ending on the day of *Mardi Gras*) during which people disguise and go to costume balls.
2 ***Le Carême*** is a forty-day period of fasting, preceding Easter.
3 ***La Pentecôte*** takes place seven weeks after Easter and celebrates the descent of the Holy Ghost on the apostles. The Monday of *la Pentecôte* is a public holiday.
4 Mother's Day is celebrated on the last Sunday of May in France or on the first Sunday of June if *la Pentecôte* falls on this day. Father's Day is celebrated on the third Sunday of June.
5 In France (except in *Alsace* and *Lorraine*), the church bells, and not the Easter bunnies, bring the chocolates. According to the legend, the church bells fly to Rome on Good Friday on order to get the blessing of the Pope and come back on Easter Sunday.
6 If a holiday falls on a Tuesday or Thursday, many French do not work on Monday or Friday either. ***Ils font le pont.***
7 There are eleven public holidays in France. Most have fixed dates: New Year's Day (January 1st), Labor Day (May 1st), Armistice of 1945 (May 8th), Bastille Day (July 14th), Assumption (August 15th), All Saint's Day (November 1st), Armistice of 1918 (November 11th), Christmas (December 25th). Three do not have fixed dates: Easter Monday, Ascension Day, and Pentecost Monday.
8 ***Le vin chaud*** is a mixture of hot red wine, sugar, honey, cinnamon, orange peel, nutmeg and cloves.
9 ***Un santon*** is a small figurine of terra cotta made in Provence.
10 The ***bûche de Noël***, a cake in the shape of a tree trunk, is the traditional Christmas dessert in France.
11 In the North of France, this ***galette des rois*** is a ***galette à la frangipane*** which consists of a puffed pastry filled with almond cream.

13 Les vœux

Wishes

le vœu	wish
la carte de vœux	greeting card
Tous mes vœux de bonheur !	Best wishes for your (future) happiness!
Meilleurs vœux !	Best wishes!
(Toutes mes) félicitations !	Congratulations!
Félicitations pour votre / ton succès !	Congratulations on your success!
Joyeux / Bon anniversaire !	Happy birthday!
Bonne fête[1] !	Happy name day!
Bonne fête des Mères / des Pères !	Happy Mother's/Father's Day!
Heureux anniversaire de mariage !	Happy anniversary!
Bonne chance (pour votre / ton examen) !	Good luck (on your exam)!
Bon courage[2] !	Good luck! Hang in there!
Bravo ! (*fam.* Chapeau !)	Hats off! Well done!
Bon voyage !	Have a good trip!
Bonne route !	Have a good (road)trip!
Bon appétit !	Enjoy your meal!
Bonne nuit !	Good night!
Dormez / Dors bien !	Sleep well!
Faites / Fais de beaux rêves !	Sweet dreams!
Bon rétablissement !	I wish you a speedy recovery!
Guérissez / Guéris vite !	Get well soon!
Reposez-vous / Repose-toi bien !	Take a good rest! Get well soon!
Soignez-vous / Soigne-toi bien !	Take good care of yourself!
À vos / tes souhaits !	Bless you! (when sb sneezes)

Santé !	Cheers! (when toasting)
À votre / ta santé ! – À la vôtre / tienne !	Cheers! – Cheers!
Tchin-tchin ! (*fam.*)	Cheers!
Amusez-vous / Amuse-toi bien !	Have a good time! Enjoy yourself!
Bienvenue !	Welcome!
Soyez le (la, les) bienvenu(e)(s) !	Welcome!
Bon séjour !	Enjoy your stay!
Joyeux Noël !	Merry Christmas!
Bonne année !	Happy New Year!
Bonnes fêtes (de fin d'année) !	Happy holiday season!
Joyeuses Pâques !	Happy Easter!
Bonnes vacances !	Have a good vacation!
Bon week-end !	Have a good weekend!
Bonne journée !	Have a good day!
Bon après-midi ! (*fam.* Bon aprèm !)	Have a good afternoon!
Bonne soirée !	Have a good evening!
Merci, (à) vous / toi aussi !	Thanks, you too!

A) Flashcards : Chapitre 13, exercice 1

B) Qu'est-ce que vous dites à quelqu'un . . .

1. qui éternue (*who sneezes*) ? ________________________
2. qui part en voyage en avion ? ________________________
3. qui part en voyage en voiture ? ________________________
4. qui est malade ? ________________________
5. qui se marie ? ________________________
6. qui part en vacances ? ________________________
7. qui va passer un examen ? ________________________
8. qui commence à dîner avec vous ? ________________________
9. avec qui vous trinquez[3] ? ________________________
10. qui va passer un semestre en France ? ________________________
11. avant la fin de la semaine ? ________________________
12. à Noël ? ________________________

13. à la Saint-Sylvestre à minuit ? ______________________
14. à Pâques ? __________________
15. qui arrive chez vous de France ? _______________
16. qui vous souhaite une bonne journée ? _____________

C) Comment réagissez-vous si quelqu'un vous dit . . .

1. C'est mon anniversaire aujourd'hui. _________________
2. Notre bébé vient de naître. _________________
3. Je dois me faire opérer. _________________
4. Il est tard. Je vais me coucher. _________________
5. Nous allons au cinéma. _________________

Notes

1 Many French celebrate – in addition to their birthday – their name day, i.e. the day of the saint who has the same first name. The name of a saint is marked on each day of the French calendar.
2 ***Bon courage*** wishes a person to have the courage to face a difficult situation.
3 ***trinquer*** = to clink glasses, to toast

14 Les continents et quelques pays

Continents and a few countries

Vocabulaire de base

le continent	continent
le pays	country
Continents	
l'Afrique *(f.)*	Africa
l'Amérique *(f.)*	America
l'Amérique du Nord / du Sud	North/South America
l'Asie (*f.*)	Asia
l'Australie *(f.)*	Australia
l'Europe *(f.)*	Europe
Pays	
l'Allemagne *(f.)*	Germany
l'Angleterre *(f.)*	England
l'Argentine *(f.)*	Argentina
l'Autriche *(f.)*	Austria
la Belgique	Belgium
le Brésil	Brazil
le Canada	Canada
la Chine	China
le Danemark	Denmark
l'Écosse *(f.)*	Scotland
l'Égypte *(f.)*	Egypt
l'Espagne *(f.)*	Spain
les États-Unis (*m. pl.)*	the United States

la Finlande	Finland
la France	France
la Grande-Bretagne	Great Britain
la Grèce	Greece
la Hongrie	Hungary
l'Inde *(f.)*	India
l'Iran *(m.)*	Iran
l'Irlande *(f.)*	Ireland
l'Islande *(f.)*	Iceland
l'Italie *(f.)*	Italy
le Japon	Japan
le Maroc	Morocco
le Mexique	Mexico
la Nouvelle-Zélande	New Zealand
la Norvège	Norway
les Pays-Bas *(m. pl.)*	the Netherlands
le Pérou	Peru
la Pologne	Poland
le Portugal	Portugal
la République tchèque	the Czech Republic
la Russie	Russia
la Suède	Sweden
la Suisse	Switzerland
la Turquie	Turkey

A) Flashcards : Chapitre 14, exercice 1

Expression

bâtir des châteaux en **Espagne**	to build castles in the air (to make plans that cannot be fulfilled)

Summary of the use of prepositions (to express **in, to** and **from**) **with continents and countries**

	Continents, feminine countries and masculine singular countries beginning with a vowel	**masculine countries**	**plural countries**
in, to	**en**	**au**	**aux**
from	**de**	**du**	**des**

B) Traduisez les phrases suivantes en français.

1. I was born in the United States. ______________________
2. François Hollande lives in France. ______________________
3. I am going to Austria and Spain. ______________________
4. She comes from Germany. ______________________
5. They work in England. ______________________
6. We have a house in Brazil. ______________________
7. I have never visited Japan. ______________________
8. He is from Mexico but his wife is from the Netherlands. ____________

____

C) Écrivez la préposition appropriée et le nom du pays.

1. Le Caire est ______________
2. Genève est ______________
3. Rome est ______________
4. Amsterdam est ______________
5. Lisbonne est ______________
6. Athènes est ______________
7. Moscou est ______________
8. Hong Kong est ______________
9. Toronto est ______________

D) Jeu.

Pensez à un pays et dites à votre partenaire (qui doit deviner le pays auquel vous pensez) par quelle lettre il commence.

Exemple : A) Je pense à un pays qui commence par « A ».
B) Est-ce que c'est l'Allemagne ?
A) Non !
B) C'est l'Argentine ?

A) Non !
B) Est-ce que c'est l'Angleterre ?
A) Non !
B) Donne-moi un indice *(a clue)*, s'il te plaît.
A) Ce pays partage une frontière avec l'Allemagne.
B) Est-ce que c'est l'Autriche ?
A) Oui !

E) Conversation/Discussion.

1. De quel pays êtes-vous originaire ?
2. De quel(s) pays viennent vos ancêtres ?
3. Quels pays avez-vous déjà visités ? Combien de temps y êtes-vous resté(e) ? Quel était votre pays préféré ? Expliquez.
4. Quels pays voudriez-vous visiter et pourquoi ?
5. Dans quel pays voudriez-vous vivre ? Justifiez votre réponse.
6. Quels pays (ne) font (pas) partie de l'Union européenne ?
7. Avez-vous déjà visité la France ? Racontez vos impressions de ce pays et de ses habitants.

F) Rédaction / présentation.

Faites des recherches et puis décrivez deux pays de votre choix. Parlez de l'histoire, de la langue, de la culture et des sites principaux de ces pays.

15 Langues et nationalités

Languages and nationalities

Vocabulaire de base

la nationalité	nationality
la langue	language
la langue maternelle	native language
la langue des signes	sign language
la langue étrangère	foreign language
bilingue	bilingual
couramment	fluently

allemand(e)	German
américain(e)	American
anglais(e)	English
argentin(e)	Argentinean
autrichien, autrichienne	Austrian
brésilien, brésilienne	Brazilian
canadien, canadienne	Canadian
chinois(e)	Chinese
danois(e)	Danish
écossais(e)	Scottish
égyptien, égyptienne	Egyptian
espagnol(e)	Spanish
finlandais(e)	Finnish
français(e)	French
grec, grecque	Greek
hongrois(e)	Hungarian
indien, indienne	Indian

iranien, iranienne	Iranian
irlandais(e)	Irish
italien, italienne	Italian
japonais(e)	Japanese
marocain(e)	Moroccan
mexicain(e)	Mexican
néerlandais(e)	Dutch
norvégien, norvégienne	Norwegian
péruvien, péruvienne	Peruvian
polonais(e)	Polish
portugais(e)	Portuguese
roumain(e)	Romanian
russe	Russian
suédois(e)	Swedish
suisse[1]	Swiss
tchèque	Czech
turc, turque	Turkish

Note

1. All languages are masculine and *not* capitalized in French.

   Le français est une belle langue. French is a beautiful language.

2. The definite article (le, l') is used before the name of a language except if the language follows the verb *parler* immediately.

   Je parle anglais.

   But:

Je parle couramment **l'**anglais.	I speak English fluently.
J'étudie / J'apprends / J'aime / Je comprends **l'**anglais.	I study/I learn/I like/I understand English.

3. The nationality and the name of the language are not always the same.

   Compare:

Il est *allemand.*		Il parle *allemand.*
Il est *néerlandais.*		Il parle *néerlandais.*
Il est *finlandais.*	but:	Il parle *finnois.*
Il est *indien.*	but:	Il parle *hindi.*

Likewise, *américain, argentin, autrichien, brésilien, canadien, égyptien, iranien, marocain, mexicain, péruvien* and *suisse* are only nationalities, not languages.
Les Marocains parlent *arabe*, les Brésiliens parlent *portugais*, les Argentins parlent *espagnol*, etc.

4. When nationalities are nouns, they are capitalized. If they are adjectives, they are written with a small letter.

Les **J**aponais sont charmants.	The Japanese are charming.
Quelle est sa nationalité ? – Il est **j**aponais.	What is his nationality? – He is Japanese.
un collègue **j**aponais	a Japanese colleague

A) Flashcards : Chapitre 15, exercice 1

B) Complétez les phrases avec la langue ou la nationalité correcte.

1. Anna vit à Berlin. Elle est ___________________
2. En Espagne, on parle ___________________
3. Au Brésil, on parle ___________________
4. Vladimir habite à Moscou. Il est ___________________ et il parle ___________________
5. Yuko habite à Tokyo. Elle est ___________________ et elle parle ___________________
6. À Prague on parle ___________________
7. Les Finlandais parlent ___________________
8. À Athènes, on parle ___________________
9. En Suisse, on parle ___________________, ___________________ et ___________________
10. Les Marocains parlent ___________________
11. Elle habite en Suède depuis quelques années et elle parle couramment le ___________________
12. La langue officielle de la Hongrie est le ___________________
13. En Chine, on parle ___________________

C) Conversation/Discussion.

1. Quelle est votre nationalité ?
2. Si vous pouviez choisir une autre nationalité, laquelle choisiriez-vous ? Pourquoi ?
3. Vos parents (grands-parents) sont-ils des immigrés ? Quelle(s) langue(s) parlent-ils ?
4. Citez les personnes que vous connaissez qui viennent d'un autre pays. Dites d'où elles sont et quelle(s) langue(s) elles parlent.
5. Quelle(s) langue(s) étrangère(s) étudiez-vous ? Pourquoi ?
6. Quelle(s) langue(s) voudriez-vous apprendre ? Expliquez.
7. Qu'est-ce que la maîtrise d'une langue étrangère nous permet de faire ?
8. Pourquoi est-il important de parler la langue d'un pays qu'on visite ?
9. Quels sont les avantages d'avoir deux nationalités ?
10. Si votre pays ne vous permettait pas d'avoir une deuxième nationalité, seriez-vous prêt(e) à renoncer à (*give up*) votre première nationalité pour obtenir celle du pays où vous avez immigré ? De quoi va dépendre votre décision ?

Expressions

C'est du **chinois** (pour moi).	It's all Greek to me.
en perdre son **latin**	to be confused
J'en perds mon **latin**.	I can't figure it out at all.
Ils en perdent leur **latin**.	They can't make any sense of it.
remettre qch aux calendes **grecques**	to postpone sth indefinitely
une assiette **anglaise**	cold cuts, assorted cold meats
filer à l'**anglaise**	to take a French leave, to sneak out
parler français comme une vache **espagnole**	to speak French very badly
en file **indienne**	in single file

D) Complétez les phrases avec l'expression qui convient.

1. « ______________________________ » veut dire « Je n'y comprends plus rien, c'est trop compliqué ».
2. On dit « C'est ______________ » pour dire que c'est incompréhensible.
3. Si une personne parle très mal le français, on dit souvent qu'elle « parle français ______________________________________ ».

4. Si on remet quelque chose à une date qui n'arrivera jamais car elle n'existe pas, on le « ______________________________ ».
5. « ______________________________ » veut dire partir sans dire au revoir à personne.

Note

1 The feminine form of ***suisse*** for a Swiss person is ***Suissesse*** : *Madame Rocher est **suissesse**.*
The feminine adjective is ***suisse*** : *la banque **suisse**.*

16 Les aliments

Food

Vocabulaire de base

la nourriture	food (in general)
un aliment	a food item
La viande	**Meat**
le porc	pork
la saucisse	sausage
le saucisson	salami
le hot dog	hot dog
le jambon	ham
le bacon	bacon
le bœuf	beef
le bifteck, le steak	steak
la volaille	poultry
le poulet	chicken
le coq	rooster
le canard	duck
la dinde	turkey
l'oie (*f.*)	goose
le lapin	rabbit
le veau	veal
l'agneau (*m.*)	lamb
les escargots (*m.pl.*)	snails
le foie	liver

1) Flashcards : Chapitre 16, exercice 1

tendre	tender
coriace	tough
fin(e) une tranche de jambon très fine	thin a very thin slice of ham
épais, épaisse	thick
maigre	lean
gras, grasse	fatty, greasy
frit(e)	fried
cru(e)	raw
bien cuit(e)	well done
à point	medium
saignant(e)	rare
bleu(e)	very rare

2) Flashcards : Chapitre 16, exercice 2

Le poisson	**Fish**
le saumon	salmon
la sole	sole
le thon	tuna
la sardine	sardine
la truite	trout
le flétan	halibut
le hareng	herring
Les fruits de mer *(m.pl.)*	**Seafood**
la crevette	shrimp
le homard	lobster
le crabe	crab
l'huître *(f.)*	oyster
la moule	mussel
la palourde	clam

la coquille Saint-Jacques	scallop
le calmar	squid
le poulpe	octopus

3) Flashcards : Chapitre 16, exercice 3

Expression

être serrés comme des **sardines**	to be packed like sardines in a can (in a bus or subway)

Les produits laitiers	**Diary products**
le lait	milk
le beurre	butter
la margarine	margarine
le fromage	cheese
le yaourt le yaourt aux fruits le yaourt nature	yoghurt fruit yoghurt plain yoghurt
la crème la crème chantilly	cream whipped cream
Les œufs	**Eggs**
l'œuf (*m.*) sur le plat	fried egg
les œufs brouillés	scrambled eggs
l'œuf dur l'œuf à la coque	hard-boiled egg soft-boiled egg
l'omelette *(f.)*	omelet
l'omelette aux fines herbes	omelet with herbs
l'omelette nature	plain omelet

avoir faim	to be hungry
manger	to eat
se nourrir, s'alimenter	to eat (*lit.* to feed oneself)

acheter	to buy
servir	to serve
couper	to cut

4) Flashcards : Chapitre 16, exercice 4

Proverbes et expressions

Il ne faut pas mettre tous ses **œufs** dans le même panier.	Don't put all your eggs in the same basket.
On ne fait pas d'omelette sans casser des **œufs**.	You can't make an omelet without breaking eggs.
C'est la **crème** de la **crème**.	That's the best there is. The cream of the crop.

5) Complétez les phrases avec les mots qui conviennent.

1. En général, les saucisses et le saucisson sont faits avec de la viande de ________________
2. Pour faire un gâteau, on a besoin de farine, de beurre, de sucre et d' ________________
3. Quand on mange un bifteck, on mange de la viande de ______________
4. On mange de la ____________________ à Thanksgiving aux États-Unis et à Noël en France.
5. Le bifteck peut être servi ______________, ______________, ______________, ou ______________
6. On achète le _____________________ (cuit ou cru) à la charcuterie.
7. Le brie, le camembert et le roquefort sont des ____________________ français.
8. Les huîtres, les moules, les crabes et les crevettes sont des ____________________
9. Le saumon, la truite et le thon sont des ____________________

10. Le métro était bondé (*packed*). On était serrés comme des ___________
11. Le proverbe « ____ »
    veut dire qu'il ne faut pas tout risquer sur un seul projet.
12. Le proverbe « ____ »
    signifie qu'il y a toujours un prix à payer pour obtenir quelque chose.
13. L'expression « ____ »
    veut dire « c'est ce qu'il y a de mieux ».

Les condiments	**Condiments**
l'huile (d'olive) *(f.)*	(olive) oil
le vinaigre	vinegar
la moutarde	mustard
la mayonnaise	mayonnaise
le sel	salt
le poivre	pepper
le cornichon	pickle

assaisonner	to season
saler	to salt
poivrer	to pepper

salé(e)	salted, salty
poivré(e)	peppery
fade	tasteless
épicé(e)	spicy
fumé(e)	smoked

6) Flashcards : Chapitre 16, exercice 5

Expressions

La **moutarde** me (lui) monte au nez.	I am (He is) getting angry.
mettre de l'**huile** sur le feu	to add fuel to the fire (make a bad situation worse)
une note **salée**	an expensive bill

7) Complétez les phrases avec les mots qui conviennent.

1. Ce plat est fade. Passe-moi le ____________ et le ______________ s'il te plaît.
2. Dans une vinaigrette,[1] il y a de l' ____________ et du ____________
3. « La ________________ lui monte au nez » veut dire qu'il commence à se fâcher.
4. On appelle une facture qui est chère une ___________________
5. « ____ » veut dire « empirer (*make worse*) les choses ».

Les sucreries et les desserts	**Sweets and desserts**
la pâtisserie	pastry
l'éclair *(m.)*[2]	éclair
le gâteau[3]	cake
la tarte (aux fruits / aux pommes)	(fruit/apple) tart
le croissant[2]	croissant
le pain au chocolat	croissant type pastry filled with chocolate
le pain aux raisins	leavened butter pastry with raisins shaped in a spiral
le beignet	donut
la glace (au chocolat / à la vanille / à la fraise)	(chocolate/vanilla/strawberry) ice cream
le sorbet (au citron / à la framboise)	(lemon/raspberry) sherbet

la mousse au chocolat	chocolate mousse
la crêpe	crêpe (thin pancake)
la gaufre	waffle
le biscuit	cookie
le bonbon	candy
le chocolat noir / au lait	dark/milk chocolate

Expressions

C'est du **gâteau** !	It's a piece of cake! It's easy!
C'est la cerise sur le **gâteau** !	It's the icing on the cake ! (figurative meaning)
un papa **gâteau** (*fam.*)	a father who spoils his children
Ce n'est pas de **la tarte** !	It's difficult!

Divers produits alimentaires	**Miscellaneous food items**
la farine	flour
le sucre	sugar
les pâtes (*f.pl.*)	pasta
les nouilles (*f.pl.*)	noodles
le riz	rice
la soupe	soup
la soupe à la tomate / au poulet	tomato/chicken soup
le pain	bread
le pain grillé	toast(ed bread)
le pain perdu	French toast
le petit pain	roll
la baguette	baguette
la tartine	slice of bread [with sth (butter, honey, jam, etc.) on it]
la pâte à tartiner (au chocolat)	(chocolate) spread
le sandwich	sandwich

le sandwich au jambon	ham sandwich
la confiture	jam
le miel	honey
les céréales *(f.pl.)*	cereal
le beurre de cacahuète	peanut butter
les chips *(f. pl.)*	potato chips
les frites *(f.pl.)*	French fries
la pizza	pizza
la pizza au fromage	cheese pizza

délicieux, délicieuse	delicious
croustillant(e)	crunchy (bread)
sucré(e)	sweet

8) Flashcards : Chapitre 16, exercice 6

9) Complétez les phrases avec les mots qui conviennent.

1. La plupart des Américains mangent des ______________________ au petit déjeuner.
2. Aux États-Unis, on mange les ______________ avec du ketchup, en France, on les mange aussi avec de la mayonnaise.
3. Le sandwich au ______________________________ et à la confiture est très populaire aux États-Unis.
4. Le ________________, c'est du pain trempé dans du lait et des œufs battus, frit à la poêle et saupoudré (*sprinkled)* de sucre.
5. Le pain français est ___________________ à l'extérieur.
6. C'est très facile à faire, c'est du __________________
7. Un ______________________ est un père qui gâte ses enfants.
8. À l'occasion d'un anniversaire, on mange un ______________ sur lequel il y a des bougies.

Expressions

être bon comme le **pain**	to have a heart of gold
se vendre comme des petits **pains**	to sell like hotcakes
avoir du **pain** sur la planche	to have a lot of work to do
pour une bouchée de **pain**	at a ridiculously low price

10) Complétez les phrases avec les mots qui conviennent.

1. Quelque chose que beaucoup de gens achètent se vend comme _______ ____________________
2. Il a beaucoup de travail à faire; il a ________________________________
3. C'est un homme bien. Les gens disent qu'il est bon comme __________
4. Napoléon a vendu la Louisiane aux Américains pour _______________ _________________ c'est-à-dire à un prix très bas.

Quelques herbes et épices	**A few herbs and spices**
l'épice *(f.)*	spice
la cannelle	cinnamon
la feuille de laurier	bay leaf
la noix (de) muscade	nutmeg
les clous de girofle *(m.pl.)*	cloves
le gingembre	ginger
le persil	parsley
le safran	saffron
le thym	thyme
le basilic	basil

11) Flashcards : Chapitre 16, exercice 7

Les boissons — **Beverages**

Les boissons sans alcool	**Non-alcoholic beverages**
la boisson	drink, beverage
l'eau *(f.)*[4]	water

l'eau minérale	mineral water
l'eau gazeuse / pétillante	carbonated/sparkling water
l'eau plate	still water
l'eau du robinet	tap water
le jus	juice
le jus de fruits	fruit juice
le jus d'orange	orange juice
le lait	milk
le thé	tea
le thé glacé	iced tea
la tisane	herbal tea
le café[5]	coffee
le chocolat chaud	hot chocolate
le coca	Coke
le coca light	Diet Coke
le smoothie	smoothie
le soda	soda
la citronnade	lemonade
la limonade	lemon flavored soda (similar to 7UP)
Les boissons alcoolisées	**Alcoholic beverages**
l'alcool *(m.)*	alcohol
l'apéritif (*m.*) (*fam.* l'apéro)	aperitif, before-dinner drink
le cidre	cider
le vin (rouge, blanc, rosé)	(red, white, rosé) wine
le champagne	champagne
la bière	beer
l'eau-de-vie *(f.)*	brandy
le cognac	brandy made of grapes
le calvados[6]	apple brandy
le rhum	rum
le digestif	after-dinner drink

12) Flashcards : Chapitre 16, exercice 8

alcoolisé(e)	alcoholic (drink)
amer, amère	bitter
sec, sèche	dry (wine, champagne)
doux, douce	sweet (wine)
chambré(e)	at room temperature (wine)
chaud(e)	hot
froid(e)	cold
frais, fraîche	cool, fresh
rafraîchissant(e)	refreshing
potable	drinkable
soûl (soûle), saoul (saoule)	drunk
ivre [*fam.* bourré(e), noir(e)]	drunk

avoir soif	to be thirsty
boire	to drink
prendre un verre	to have a drink
verser	to pour
trinquer	to clink glasses, to toast

13) Flashcards : Chapitre 16, exercice 9

14) Complétez les phrases avec les mots qui conviennent.

1. La citronnade est une ____________________ composée de jus de citron sucré et d'eau plate.
2. Le ______________________ est une eau-de-vie à base de pommes fabriquée en Normandie.
3. On sert le vin rouge ____________________, c'est-à-dire à la température de la pièce.
4. L' _______________ est une boisson alcoolisée servie avant le repas.
5. Je préfère l'eau pétillante à l'eau ___________________

Vocabulaire de base

Les fruits	**Fruit**
l'abricot (*m.*)	apricot
l'amande *(f.)*	almond
l'ananas *(m.)*	pineapple
l'avocat (*m.*)	avocado
la banane	banana
la cerise	cherry
le citron	lemon
la fraise	strawberry
la framboise	raspberry
la mandarine	tangerine
le melon	melon
la mûre	blackberry
la myrtille	blueberry
la nectarine	nectarine
la noix	walnut
l'olive *(f.)*	olive
l'orange (*f.*)	orange
le pamplemousse	grapefruit
la pastèque	watermelon
la pêche	peach
la poire	pear
la pomme	apple
la prune	plum
du raisin	grapes
les raisins secs	raisins
la tomate	tomato

15) Flashcards : Chapitre 16, exercice 10

Vocabulaire supplémentaire

l'agrume *(m.)*	citrus fruit
la clémentine	clementine

la mangue	mango
le pruneau	prune
le potiron, la citrouille[7]	pumpkin
la papaye	papaya
le kiwi	kiwi
le cassis[8]	black currant
la groseille	red currant
la datte	date
la figue	fig
le citron vert	lime
la pistache	pistachio nut
la cacahuète	peanut
la noix de coco	coconut
la noisette	hazelnut

16) Flashcards : Chapitre 16, exercice 11
17) Complétez les phrases avec le nom d'un fruit.

1. Le ______________ est un fruit qui sert à faire le vin.
2. Les ___________, les ___________ et les ___________________ sont des agrumes.
3. La __________________ et le ______________ sont des fruits jaunes.
4. La ___________________ est verte à l'extérieur et rouge ou jaune à l'intérieur.
5. Aux États-Unis, le dessert traditionnel de Thanksgiving est la tarte à la ________________________

Expressions

tomber dans les **pommes** (*fam.*)	to faint
être haut comme trois **pommes** (*fam.*)	to be very short (person)
avoir la **pêche** (*fam.*)	to have a lot of energy, to be in great shape
garder une **poire** pour la soif (*fam.*)	to save something for a rainy day
travailler pour des **prunes** (*fam.*)	to work for nothing

18) Que dit-on familièrement ? Complétez les phrases avec le nom d'un fruit.

1. Elle est très petite pour son âge, elle est haute comme trois __________
2. Il gagne très peu d'argent. Il a l'impression de travailler pour des __________
3. Si on est en grande forme, c'est-à-dire si on est très dynamique, on a la __________
4. « Elle s'est évanouie » se dit « elle est tombée dans les __________ ».
5. « Il faut toujours garder une ______________ pour la soif » veut dire qu'il faut économiser pour avoir quelque chose en réserve en cas de besoin.

Vocabulaire de base

Les légumes	**Vegetables**
le légume	vegetable
l'ail *(m.)*	garlic
l'artichaut *(m.)*	artichoke
les asperges *(f.pl.)*	asparagus
l'aubergine *(f.)*	eggplant
le brocoli	broccoli
la carotte	carrot
le céleri	celery
le champignon	mushroom
le chou	cabbage
le chou-fleur	cauliflower
les choux de Bruxelles *(m.pl.)*	Brussels sprouts
le concombre	cucumber
la courge	squash
la courgette	zucchini
les épinards *(m.pl.)*	spinach
les haricots verts (*m.pl.*)	green beans
la laitue	lettuce
le maïs	corn

l'oignon *(m.)*	onion
les petits pois *(m.pl.)*	peas
le poivron (rouge, vert, jaune)	bell pepper (red, green, yellow)
la pomme de terre	potato
la truffe	truffle

19) Flashcards : Chapitre 16, exercice 12

20) Complétez les phrases avec le nom d'un légume.

1. Les ____________________ sont des champignons qui poussent sous la terre.
2. On peut acheter des _________________ verts, jaunes ou rouges.
3. La _________________ est un fruit rouge qui est considérée comme un légume.
4. Le _______________ est un légume jaune ou blanc qui se mange en grains dans la salade en France.
5. L' _______________ est censé repousser les vampires.
6. Au XVIIIe siècle en France, Parmentier a fait la promotion de la ______________________, découverte en Amérique du Sud par un explorateur espagnol deux cents ans plus tôt.

Vocabulaire supplémentaire

la betterave	beet
la ciboulette	chives
la fève	bean (broad)
les lentilles *(f.pl.)*	lentils
le navet	turnip
la patate douce	sweet potato
le panais	parsnip
le piment	(hot) pepper
le poireau	leek

le radis	radish
la rhubarbe	rhubarb
le soja	soy, soybean
la choucroute	sauerkraut
les crudités (*f.pl.*)	raw vegetables

21) Flashcards : Chapitre 16, exercice 13

Expressions

C'est la fin des **haricots** !	That's the end of it all! There is no more hope.
Les **carottes** sont cuites. *(fam.)*	It's all over now. We've had it!
avoir un cœur d'**artichaut**	to fall in love easily
être un **légume**	to be in a vegetative state
être une grosse **légume**	to be a big shot
raconter des **salades** *(fam.)*	to tell lies, to talk nonsense
ménager la chèvre et le **chou**	to keep both parties content
mon (petit) **chou**	honey, my sweetheart
s'occuper de ses **oignons** *(fam.)*	to mind one's own business
Occupe-toi de tes **oignons** !	Mind your own business!
C'est pas tes **oignons**. *(fam.)*	That's none of your business.
pousser comme des **champignons**	to sprout up like mushrooms
appuyer sur le **champignon** *(fam.)*	to step on the gas pedal, to accelerate
ne pas avoir un **radis** *(fam.)*	to have no money, to be broke
Ce film est un **navet**. *(fam.)*	This movie is a flop.

22) Complétez les phrases avec les mots qui conviennent.

1. On appelle une personne importante et influente une ________________
2. Si quelqu'un n'a plus les capacités physiques ou mentales pour réagir, on dit que c'est un ________________
3. Il ne dit jamais la vérité. Il raconte toujours des __________________
4. « C'est pas tes ________________________ » veut dire « ça ne te regarde pas ».

5. Pour accélérer, on appuie sur le ________________________
6. On appelle familièrement un mauvais film un ___________________
7. D'une personne qui est fauchée, c'est-à-dire qui n'a plus d'argent, on dit qu'elle n'a plus un _______________
8. Quand on pense que tout est perdu, qu'il n'y a plus d'espoir, on dit familièrement que les ______________ sont cuites.
9. On dit qu'une personne a un cœur d' __________________ si elle tombe amoureuse facilement et souvent.

biologique (*fam.* bio *inv.*)	organic
acide	sour, tart
sucré(e)	sweet
juteux, juteuse	juicy
sec, sèche	dry
mûr(e)	ripe
cru(e)	raw
cuit(e)	cooked
sain(e)	healthy (food), wholesome
malsain(e)	unhealthy
surgelé(e)	frozen

23) Flashcards : Chapitre 16, exercice 14

24) Complétez les phrases avec l'adjectif qui convient.

1. Quand les bananes sont ____________________, elles sont jaunes.
2. Les produits biologiques sont plus ________________ que les autres.
3. Les citrons et les pamplemousses sont des fruits ____________________ Ils ne sont pas sucrés.
4. Un fruit qui contient beaucoup de jus est ___________________
5. On peut manger quelques légumes cuits ou _____________
6. Les fruits et légumes ___________________ ne contiennent pas de pesticides.

Vocabulaire de base

Les repas et les plats	**Meals and dishes**
le repas	meal
le petit déjeuner (*fam.* le p'tit déj)	breakfast
le déjeuner	lunch
le dîner	dinner
le souper	late night meal
le goûter	afternoon snack
les amuse-gueules (*m.pl.*), les amuse-bouches *(m.pl.)*	snacks served with the aperitif
le hors-d'œuvre	appetizer
l'entrée *(f.)*	light dish served before the main course
le plat	dish, course (of a meal)
le plat principal, le plat de résistance	main dish, entree
le dessert	dessert

Expression

mettre les petits **plats** dans les grands	to put on a wonderful meal

25) Flashcards : Chapitre 16, exercice 15
26) Écrivez les mots qui correspondent à la définition.

1. C'est ce que l'on mange avec l'apéritif. Les ________________________
2. C'est un repas que l'on prend à midi. Le ________________________
3. C'est un repas qu'on prend tard le soir, à la sortie d'un spectacle par exemple. Le __________________
4. C'est un plat qui précède le plat principal. L' ______________________
5. Quand on prépare un repas élaboré pour ses invités, on met __________ _________________________

prendre le petit déjeuner	to have/eat breakfast
déjeuner, prendre le déjeuner	to have/eat lunch
dîner, prendre le dîner	to have/eat dinner
mettre la table	to set the table

débarrasser la table	to clear the table
cuisiner Elle cuisine bien.	to cook She cooks well.
préparer (un repas, un plat)	to cook / to prepare (a meal, a dish)
grignoter	to snack, to eat between meals
être au régime	to be on a diet
être allergique à	to be allergic to
goûter	to taste
choisir	to choose
se régaler	to have a delicious meal, to have a wonderful time
On va se régaler.	We are going to have a feast. We are in for a treat.
sauter un repas	to skip a meal

27) Flashcards : Chapitre 16, exercice 16

28) Complétez les phrases avec les mots qui conviennent.

1. Le matin, on prend le ______________________
2. On est ________________________ quand on veut maigrir.
3. Avant de servir le repas, il faut ________________________ la table.
4. Quand on ne prend pas un repas, on dit qu'on le ________________
5. Si on ne veut pas grossir, il ne faut pas __________________ entre les repas.
6. Elle ne mange pas de pain car elle est ___________________ au gluten.
7. Quand on prend du plaisir à manger un plat, on ______________________

Vocabulaire supplémentaire et apparenté

la bonne chère	good food
la bouffe (*fam.*)	food
la malbouffe (*fam.*)	junk food
un repas à la bonne franquette	a simple meal (prepared without fuss)
le casse-croûte	snack

la collation	light meal
le pique-nique	picnic
le gourmand	person who loves good food
le gourmet	gourmet, person who knows and loves fine, sophisticated food
le végétarien / la végétarienne	vegetarian
le végétalien / la végétalienne	vegan
le convive	guest
le cordon-bleu	excellent cook
le livre de cuisine	cookbook
la recette	recipe
l'ingrédient *(m.)*	ingredient
la sauce	gravy
le conservateur	preservative
la pâte	dough
la farce	stuffing
le bol	bowl
le verre un verre de vin	glass a glass of wine
la tasse une tasse de café	cup a cup of coffee
la bouteille	bottle
la carafe	carafe (glass bottle with a wide mouth)
le pichet	pitcher
le glaçon	ice cube
le couvert	cutlery (knife, fork and spoon)
la fourchette	fork
le couteau	knife
la cuillère, la cuiller	spoon
l'assiette *(f.)*	plate
la serviette	napkin
le pot	jar
un pot de confiture	a jar of jam
le tire-bouchon	corkscrew

la balance	scale
la poêle	frying pan
le plateau	tray
la paille	straw
la boîte (de conserve)	can (of food)
la nappe	tablecloth
la corbeille (à pain)	(bread) basket

29) Flashcards : Chapitre 16, exercice 17

Expressions

ne pas être dans son **assiette**	to feel ill, to be under the weather
mettre la main à la **pâte**	to pitch in, to help out, to get down to work
prendre un **pot** (*fam.*)	to have a drink
avoir du **pot** *(fam.)*	to be lucky
tourner autour du **pot**	to beat about (around) the bush
un **pot**-de-vin	a bribe
donner un **pot**-de-vin à qn	to bribe sb

30) Complétez les phrases avec les mots qui conviennent.

1. Le vin se vend en ______________________
2. Les petits pois se vendent souvent en __________________ de conserve.
3. Les _____________________ ne mangent pas de viande.
4. Dans le pain français, il n'y a pas de ____________________, ni de colorants.
5. On mange la soupe avec une ___________________
6. On boit le vin dans un _________________ et le café dans une __________________
7. On coupe la viande avec un ________________
8. Après avoir mangé, on s'essuie (*wipes*) la bouche avec une _________

9. L' __________________ est une pièce de vaisselle ronde dans laquelle on mange.
10. Un repas à la ____________________ est un repas simple où l'hôtesse se débrouille avec ce qu'elle a en cuisine.
11. Un ____________________, c'est un repas en plein air à la campagne.
12. Les fourchettes, les couteaux et les cuillères sont des ______________
13. Un ____________________ est une personne qui fait très bien la cuisine.
14. Il ne se sent pas bien aujourd'hui. Il n'est pas dans son ______________

31) Quel objet utilise-t-on pour . . .

1. servir le fromage __________________
2. mettre le pain sur la table __________________
3. faire frire des œufs ou de la viande __________________
4. peser (*to weigh*) la farine __________________
5. chercher une recette __________________
6. ouvrir une bouteille de vin __________________

appétissant(e)	appetizing
piquant(e)	hot, spicy
lourd(e)	heavy
léger, légère	light
comestible	edible
immangeable	inedible
gourmand(e)	fond of food/of eating
difficile	picky (eater)
C'est bon / mauvais.	It tastes good/bad.
plein(e)	full
vide	empty
copieux, copieuse	plentiful, copious
frugal(e)	frugal, simple

32) Flashcards : Chapitre 16, exercice 18

33) Complétez les phrases avec l'adjectif qui convient.

1. Un repas simple et peu abondant est un repas ____________________
2. Quand on est ____________________, on adore manger.
3. Ce plat est très mauvais; il est ____________________
4. Pour les optimistes, le verre est à moitié ____________________, pour les pessimistes, le verre est à moitié ____________________
5. Le piment est ____________________. Il nous brûle la langue.

34) Conversation/Discussion.

1. Racontez ce que vous mangez et ce que vous buvez au petit déjeuner, au déjeuner et au dîner.
   Ensuite, dites ce que vous ne mangez (buvez) jamais le matin, à midi et le soir.
2. Combien de temps passez-vous à table quand vous déjeunez et quand vous dînez ? Déjeunez-vous quelquefois sur le pouce ?
3. Quels fruits et quels légumes aimez-vous beaucoup et lesquels n'aimez-vous pas ?
4. Quels poissons et quels fruits de mer mangez-vous souvent ? Lesquels ne mangez-vous jamais ? Lesquels n'avez-vous jamais goûtés ?
5. Quelles viandes préférez-vous ? Lesquelles n'aimez-vous pas et lesquelles n'avez-vous pas encore goûtées ?
6. Quel est votre plat préféré ? Donnez-en les ingrédients.
7. Sautez-vous parfois un repas ? Si oui, pourquoi ?
8. Quel est le repas le plus important de la journée dans votre pays ?
9. À quelle heure est-ce qu'on prend le dîner chez vous ?
10. Dites à votre partenaire si on mange les aliments suivants (dans votre pays) au petit déjeuner, au déjeuner ou au dîner. Pour le déjeuner et le dîner, dites aussi si on les mange comme hors-d'œuvre, comme plat principal ou comme dessert.

    les céréales, les pâtes, le miel, les frites, la glace, le poulet, le gâteau, les œufs, le riz, les asperges, les pommes de terre, le bacon, les pancakes, le rosbif, le porc, la salade, le fromage

    Exemple:

    La confiture ? On la mange au petit déjeuner avec du pain grillé.
    Le pâté ? On le mange au déjeuner ou au dîner comme hors-d'œuvre.

35) Un pique-nique.

Votre ami(e) et vous décidez de faire un pique-nique. Faites une liste de la nourriture et des choses qu'il faudra apporter.

Lecture

Les repas en France

Les Français sont gourmands. Ils aiment la bonne chère et ils adorent en parler. La cuisine est un art en France. Malgré le fait que les Français mangent beaucoup de beurre, de fromages caloriques et de plats riches en matières grasses, ils vivent plus vieux, ont un taux de cholestérol plus bas et moins de problèmes cardiaques que bien d'autres peuples. Les anglophones appellent cette contradiction « le paradoxe français ».

En France, le **petit-déjeuner** est un repas léger. Le matin, la plupart des Français mangent des tartines, c'est-à-dire du pain avec du beurre et de la confiture, et ils boivent du café noir ou un bol de café au lait.[5] Les enfants mangent parfois des céréales et boivent du chocolat chaud. De nos jours, beaucoup de gens sautent le petit-déjeuner en semaine. Mais le week-end, quand ils n'ont pas besoin de se dépêcher pour aller au travail, les Français prennent leur temps et mangent souvent des croissants ou d'autres viennoiseries.[2]

Autrefois, le **déjeuner** était le repas le plus important de la journée et les Français rentraient chez eux pour manger. C'est toujours le cas dans les petites villes et les villages où tous les commerces ferment entre midi et quatorze heures. Mais dans les grandes villes, où les gens travaillent et vont à l'école loin de chez eux, ils mangent à la cantine ou au restaurant. Le dimanche, quand les Français déjeunent à la maison, ils prennent en général une entrée suivie du plat principal, puis du fromage et un dessert. Ils boivent du vin ou de l'eau pendant, et du café à la fin du repas. On mange aussi du pain (sans beurre) tout au long du déjeuner et du dîner.

Puisque les Français dînent tard, les enfants prennent un **goûter** après l'école (vers seize heures). Ils mangent des biscuits ou une tartine, éventuellement avec du Nutella ou une autre pâte à tartiner.

Le **dîner** est comparable dans sa composition au déjeuner. On le prend en général entre dix-neuf heures et vingt-et-une heures. C'est l'occasion pour les membres de la famille de se retrouver et de se raconter la journée. Les dîners français peuvent facilement durer plus de deux heures le week-end et pendant les vacances. Ils permettent d'avoir de longues conversations à table.

Toutefois, nombre de Français ont changé leur façon de s'alimenter ces dernières années. Certains privilégient une alimentation bio et excluent le beurre et le gluten de leur régime alimentaire. En plus, le végétarisme et le végétalisme sont très à la mode ces jours-ci. La vie moderne dans les grandes villes a aussi modifié les habitudes alimentaires des Français. Par manque de temps, ils ne font plus la cuisine aussi souvent qu'avant mais se nourrissent fréquemment de plats préparés qu'ils achètent surgelés au supermarché.

Les bonnes manières à table

Quand on boit du vin, il est de coutume de trinquer. On lève son verre et on le choque légèrement contre celui des autres personnes à table en disant : *À votre (ta) santé* ou *Santé*. On peut aussi dire *À la vôtre (tienne)*, ou *Tchin-tchin*. Au déjeuner et au dîner, on se souhaite *Bon appétit* avant de commencer à manger. Pendant ces repas, on tient le couteau dans la main droite pour couper et la fourchette dans la main gauche pour manger. Les mains sont toujours sur la table mais on n'y pose jamais les coudes.

Le vin

Le vin rouge doit être servi chambré, c'est-à-dire à la température de la pièce. Le vin blanc et le rosé doivent être servis frais. En général, le vin blanc se boit avec du poisson et le vin rouge avec les viandes et le fromage. Aujourd'hui, les Français boivent beaucoup moins de vin qu'avant. La consommation de vin a diminué considérablement à cause des campagnes anti-alcool et des contrôles fréquents d'alcoolémie (*blood alcohol level*) au volant.

Les plats d'un repas de fête traditionnel (lors d'un baptême ou d'un mariage par exemple)
En France, un repas de réception se compose en général des plats suivants :

L'apéritif
L'apéritif est une boisson alcoolisée servie avant le repas pour stimuler l'appétit. Le *Kir* est un apéritif français populaire qui est composé de crème de cassis et de vin blanc sec. Pour faire un *Kir royal*, on remplace le vin blanc par du champagne. Avec l'apéritif, on sert des **amuse-gueules**, aussi appelés amuse-bouches (des olives, des amandes, des noix, des biscuits salés ou des canapés, par exemple).
Le hors-d'œuvre (peut-être du pâté ou des crudités)
L'entrée (éventuellement de la soupe ou des escargots)
Le plat principal
Le plat principal s'appelle aussi le plat de résistance. On mange de la viande, du poisson ou des fruits de mer et comme accompagnement, du riz, des pommes de terre, des haricots verts ou des petits pois.
La salade
Une salade verte avec de la vinaigrette[1] peut être servie après le plat principal.
Le fromage
Après la salade, les convives peuvent choisir plusieurs fromages sur un plateau, du brie, du camembert, du chèvre (*goat's cheese*), du cantal, du roquefort, du reblochon, du livarot, ou d'autres sortes des centaines de fromages qui existent en France.
Le dessert
Comme dessert, on mange du gâteau, de la tarte ou de la mousse au chocolat, par exemple.

Pour le repas de mariage, le dessert le plus prisé est la pièce montée.

Le café

Après le dessert, on boit un expresso, un café fort, servi dans une petite tasse.

Le digestif (*fam.* le pousse-café)

Pour finir, on prend un digestif (une liqueur ou un alcool) pour faciliter la digestion.

Le trou normand

Traditionnellement, la pratique du trou normand consiste à servir un verre de calvados (une eau-de-vie à base de pommes fabriquée en Normandie) au milieu d'un long repas copieux. En buvant cet alcool fort, les convives *font le trou normand* pour retrouver l'appétit.

A) Reliez les propositions et les réponses.

1. Bon appétit ! ______	a. À la vôtre !
2. Tchin-tchin ! ______	b. À la tienne !
3. À ta santé ! ______	c. Merci, (à) vous / toi aussi.
4. Encore du pain ? ______	d. Tchin-tchin !
5. À votre santé ! ______	e. Non merci, je n'ai plus faim.

B) Citez deux viennoiseries, trois pâtisseries et trois fromages français.

C) Citez deux expressions que l'on peut dire en trinquant.

D) Répondez aux questions suivantes.

1. Combien de repas (par jour) peut-on prendre en France ? Comment s'appellent ces repas ?
2. À quelle heure les Français dînent-ils en général ?
3. Comment est-ce qu'on sert le vin rouge ? Et le vin blanc ?
4. Qu'est-ce qu'un apéritif ?
5. Qu'est-ce qu'on sert avec l'apéritif ?
6. Quels sont les ingrédients du *Kir* ?
7. Que veut dire « faire le trou normand » ?
8. Qu'est-ce que le « paradoxe français » ?
9. Que signifie un « cordon-bleu » ?

La cuisine régionale

Chaque région de France a ses spécialités culinaires. Voilà quelques exemples :

La Bretagne est connue pour ses poissons et ses fruits de mer ainsi que pour ses crêpes (sucrées ou salées) et son cidre. La Normandie est réputée pour ses fromages, son beurre, sa crème fraîche et son calvados. En Alsace, on mange de la choucroute garnie de charcuterie,[9] et on boit le plus souvent de la bière, bien qu'il y ait aussi de très bons vins en Alsace, tels que le sylvaner, le riesling et le gewurztraminer. La spécialité culinaire de la Lorraine est la quiche lorraine.[10] La Bourgogne est réputée pour ses escargots, le bœuf bourguignon[11] et le coq au vin,[12] la Dordogne pour son foie gras aux truffes.[13] Le Limousin nous offre un dessert délicieux, le clafoutis, un gâteau composé de cerises qui sont recouvertes d'un flan. Au Pays basque, on mange la pipérade, une omelette aux tomates, aux poivrons et au jambon. La région de Toulouse est célèbre pour son cassoulet.[14] En Provence, il y a la ratatouille,[15] la salade niçoise[16] et la bouillabaisse[17] qui est la spécialité de Marseille. En Savoie, on mange la raclette,[18] la fondue savoyarde[19] et la tartiflette.[20]

D'autres spécialités françaises	**Other French specialties**
le croque-monsieur	grilled ham and cheese sandwich
le croque-madame	grilled ham and cheese sandwich topped with a fried egg
le foie gras	goose liver
les cuisses de grenouille	frogs' legs
la soupe à l'oignon	onion soup
le steak tartare	raw ground beef with onions and spices
l'escalope (*f.*) de veau	boneless veal cutlet
le magret de canard	duck breast filet
le couscous	a dish (of African origin) consisting of vegetables and various meats in a spicy sauce served with semolina
la crème brûlée	custard with a caramelized sugar topping
les crêpes Suzette	thin pancakes in a sauce that contains sugar, butter, orange juice and orange liqueur (Grand Marnier), served flamed
la tarte Tatin	upside down caramelized apple tart

E) Devinez de quel plat il s'agit.

1. C'est une salade avec de la laitue, des olives, des tomates, du thon et des oignons.
2. C'est la spécialité de Marseille. C'est une soupe avec des poissons et des légumes.
3. C'est la spécialité de Toulouse. C'est un plat de haricots blancs, de charcuterie et de confit d'oie ou de canard.

4. C'est la spécialité de la Lorraine. C'est une tarte salée dont la pâte est recouverte d'œufs, de crème fraîche et de lardons (*cubes of bacon*).
5. C'est un sandwich chaud, fait de pain grillé avec du fromage et du jambon.
6. C'est la spécialité de la Bretagne. On peut les manger salées ou sucrées.
7. C'est une spécialité provençale. C'est un mélange de tomates, de courgettes, de poivrons, d'aubergines, et d'oignons, cuits à l'huile d'olive.
8. C'est une spécialité de la Savoie. On la sert avec des pommes de terre.

F) Est-ce vrai ou faux ? Justifiez votre réponse.

1. Le soir, les membres d'une famille française se retrouvent autour de la table pour dîner ensemble.
2. En France, chaque région a ses spécialités culinaires.
3. Les Français boivent du café pendant le repas.
4. L'entrée est le plat principal.
5. Le petit déjeuner français est un repas copieux.
6. Le calvados est un vin blanc.
7. Le fromage se mange au début du repas.
8. Les tartes et les éclairs sont des viennoiseries.
9. Un « café au lait » est un café qui contient la même quantité de café que de lait.

G) Conversation/Discussion.

1. Y a-t-il des restaurants français dans votre ville ? Si vous y avez déjà mangé, décrivez ce repas.
2. Quels plats français connaissez-vous ? À quelle ville ou région les associez-vous ?
3. Quel est votre plat français préféré ? Décrivez-le.
4. Citez quelques spécialités régionales françaises et donnez-en les ingrédients.
5. Quelles sont les spécialités culinaires régionales dans votre pays ? Décrivez-les.
6. Est-ce que vous pensez que la présence des restaurants américains en France (comme McDonald's et Burger King) est une bonne chose ? Justifiez votre réponse.
7. Selon vous, quels sont les avantages et les inconvénients du fast-food ?
8. Comparez les habitudes alimentaires de vos compatriotes avec celles des Français. Qu'est-ce que les habitants de votre pays et les Français mangent (boivent) le matin, à midi et le soir ? Combien de temps passent-ils à table ?
9. Comparez les bonnes manières à table en France et chez vous.

Au restaurant

le restaurant (*fam.* le resto)	restaurant
le fast-food	fast-food restaurant
le menu, la formule[21]	fixed-price meal
prendre le menu / la formule	to take the proposed meal of the day
la carte	menu
commander les plats à la carte[22]	to order each dish separately from the menu
le plat du jour	special of the day
le serveur / la serveuse	waiter/waitress
le sommelier / la sommelière	wine waiter/waitress
le chef (cuisinier)	chef
le cuisinier / la cuisinière	cook
l'addition (*f.*)	check, bill (in a restaurant)
le pourboire	tip
le service	service
Est-ce que le service est compris ?	Is the service included?

commander	to order
recommander	to recommend
réserver une table	to reserve a table
proposer	to suggest
conseiller	to advise
servir qn / qch	to serve sb/sth
prendre	to have (to eat)
Qu'est-ce que vous prenez comme dessert ?	What are you going to have for dessert?
Comme dessert, je vais prendre la crème brûlée.	For dessert, I am going to have the *crème brûlée*.

Expression

Qu'est-ce que vous avez comme . . . ?	What kind of . . . do you have?
Qu'est-ce que vous avez comme hors-d'œuvre ?	What kind of hors d'oeuvres do you have ?

H) Flashcards : Chapitre 16, exercice 19

I) Jeu de rôle.

Imaginez un dialogue entre un client (une cliente) et le serveur (la serveuse) en utilisant les mots de la liste précédente. Ensuite, jouez la scène.

Notes

1 One calls the mixture of oil, vinegar, salt, pepper (and other seasonings) une ***vinaigrette,*** the only French salad dressing.
2 *Les gâteaux, les tartes, les éclairs*, etc. are ***pâtisseries***. One buys them at the *pâtisserie*. *Les croissants, les pains aux raisins, les pains au chocolat*, etc. are ***viennoiseries***. One buys them at the *boulangerie*.
3 There is no equivalent in French for 'to bake'. 'To bake a cake' = ***faire un gâteau***.
4 French restaurants do not automatically serve water. If you want tap water (*l'eau du robinet*), ask for ***une carafe d'eau***, which is free. If you say ***de l'eau***, you will receive a bottle of mineral water.
5 In a French restaurant, you can order ***un express*** (an espresso), ***une noisette*** (an espresso with a drop of milk) and ***un café crème*** (an espresso with a larger amount of milk). At home for breakfast, the French also drink ***café au lait*** (half coffee, half hot milk) in a bowl.
6 ***Le calvados*** (*fam.* ***le calva***) is a strong apple brandy taking its name from Calvados, a French department in Normandy, where it is produced.
7 ***Le potiron*** and ***la citrouille*** are two different kinds of pumpkins. The French use *le potiron* to make pumpkin soup (*la soupe au potiron*). Americans use *la citrouille* to make pumpkin pie (*la tarte à la citrouille*). One also carves *la citrouille* on Halloween.
8 This berry is used to make a liqueur called *crème de cassis*, which is part of the aperitif called ***le Kir***.
9 This dish consists of sauerkraut with pork, sausages and thick strips of bacon served with potatoes.
10 ***La quiche lorraine*** is a pie filled with eggs, cream, ham or bacon.
11 ***Le bœuf bourguignon*** is beef in Burgundy wine sauce with carrots and onions.
12 ***Le coq au vin*** is a dish consisting of chicken in red wine sauce with mushrooms and bacon.
13 Truffles are underground mushrooms that are considered a culinary delicacy and found with the aid of trained pigs.
14 ***Le cassoulet*** consists of white beans and a variety of meats, such as pork, sausages and duck or goose *confit*. *Confit* is a meat that has been cooked in its own fat and then preserved in this fat in a covered container.
15 ***La ratatouille*** is a mixture of *courgettes, tomates, aubergines, oignons, poivrons, ail,* sautéed in olive oil.
16 ***La salade niçoise*** is a salad with lettuce, tuna, anchovies, olives, onions, tomatoes and hard-boiled eggs.
17 ***La bouillabaisse*** is a fish and seafood soup.

18 ***La raclette*** is cheese melted with an electrical device and then scraped onto boiled potatoes.
19 ***La fondue savoyarde*** is local cheese (*comté, gruyère*, etc.) melted in white wine in a dish in which one dips pieces of bread.
20 ***La tartiflette*** consists of potatoes, reblochon cheese, onions and bacon.
21 Most restaurants offer a fixed-price meal (called ***menu*** or ***formule***) which usually includes an appetizer, a main course and a dessert.
22 Ordering ***à la carte*** is generally more expensive than taking the fixed-price meal.

17 L'argent et la banque

Money and the bank

I) L'argent, les chèques et les cartes bancaires

Vocabulaire de base

l'argent (*m.*) (*fam.* le fric)	money
l'argent de poche	allowance, pocket money
la monnaie Est-ce que vous auriez la monnaie de dix euros ? L'euro est la monnaie de la plupart des pays européens.	(small) change, currency Would you have change for a ten euro bill? The euro is the currency of most European countries.
la pièce (de monnaie)	coin
un euro	a euro
un centime (d'euro)	a euro cent
le billet de banque	bill (money)
un billet de 20 euros	a 20 euro bill
le porte-monnaie	coin purse
le portefeuille	wallet
la carte de crédit	credit card
la carte bancaire, la carte bleue[1]	debit card
le chèque	check
le chèque sans provision (*fam.* le chèque en bois)	check with no funds, rubber check
le chéquier, le carnet de chèques	checkbook
le montant	amount
le paiement	payment
la facture, la note	bill
la tirelire	piggy bank

le coût le coût de la vie	cost cost of living
la dette	debt
la signature	signature

A) Flashcards : Chapitre 17, exercice 1

(ne pas) avoir les moyens de + inf. Il n'a pas les moyens de s'acheter une voiture.	(not) to be able to afford + inf. He cannot afford to buy himself a car.
compter	to count
dépenser	to spend (money)
économiser / faire des économies[2]/ épargner[2]	to save (money)
devoir qch à qn Tu me dois 50 euros.	to owe sb sth You owe me 50 euros.
encaisser un chèque	to cash a check
gagner de l'argent	to earn money
gaspiller	to waste
faire un chèque (à l'ordre de qn)	to write a check (made out to sb)
payer, régler payer en espèces / par chèque	to pay (for) to pay cash/by check
remplir	to fill in
rendre	to give back, to return
rendre la monnaie Je n'avais qu'un billet de 20 euros, mais le boulanger m'a rendu la monnaie.	to give back change I only had a 20 euro bill, but the baker gave me back change.
signer	to sign

B) Flashcards : Chapitre 17, exercice 2

fauché(e) (*fam.*)	broke
riche	rich
pauvre	poor

aisé(e)	well-to-do
économe	thrifty, economical
dépensier, dépensière	spendthrift

C) Flashcards : Chapitre 17, exercice 3

Proverbes et expressions

jeter l'**argent** par les fenêtres	to pour the money down the drain, to waste money
L'**argent** ne fait pas le bonheur.	Money can't buy happiness.
C'est **monnaie** courante.	It's common practice. Everyone does it.
en avoir pour son **argent** On en a eu pour notre **argent**.	to get one's money's worth We got our money's worth.
Les bons comptes font les bons amis.	A debt paid is a friend kept.

D) Complétez les phrases avec les mots qui conviennent.

1. Quand on gaspille l'argent, on jette ________________________________
2. Sur un chèque, on écrit le _________________________ en chiffres et en lettres.
3. On doit _____________________ le chèque après avoir écrit le montant.
4. *Je règle la note* signifie « Je _____________________ la facture ».
5. Si on règle avec des ____________________ et des pièces, on paie en espèces.
6. On met les pièces dans un __________________________ et les billets dans un _________________________
7. L'euro est la ________________________ de la plupart des pays de l'Union européenne.
8. Si on emprunte de l'argent à quelqu'un, on lui __________________ de l'argent et il faut le lui ____________
9. Quand on va à l'étranger, il faut souvent __________________ de l'argent.

10. Il gagne peu d'argent et par conséquent, il n'a pas les ____________ de s'acheter une maison.
11. Si on fait un chèque et qu'il n'y a pas assez d'argent sur le compte, on fait un chèque sans ________________
12. Elle dépense beaucoup d'argent. Elle est très _______________
13. Je n'ai pas d'argent, je suis ________________
14. Nous avons beaucoup emprunté. Nous avons donc beaucoup de _______________
15. J'utilise ma ___________________ pour payer mes achats si je n'ai pas d'argent sur moi.

II) La banque

la banque	bank
le guichet	(teller) window
le prêt	loan (lending)
l'emprunt (*m.*)	loan (borrowing)
le compte en banque	bank account
le compte d'épargne	savings account
le compte courant	checking account
le numéro de compte	account number
le relevé de compte	bank statement
les intérêts (*m.pl.*)	interest
le taux d'intérêt	interest rate
le distributeur (automatique de billets)	ATM
le code secret	PIN number
le reçu	receipt
le versement	deposit
le retrait	withdrawal
le virement	bank transfer
le remboursement	reimbursement
l'investissement *(m.)*	investment

l'hypothèque *(f.)*	mortgage
le mot de passe	password
le coffre(-fort)	safe
les économies *(f.pl.)*	savings
les frais *(m.pl.)*	fee
la valeur	value

E) Flashcards : Chapitre 17, exercice 4

ouvrir (un compte)	to open (an account)
fermer (un compte)	to close (an account)
rembourser	to pay back
prêter	to lend, to loan
emprunter	to borrow
demander un prêt	to apply for a loan
changer de l'argent	to change money
investir	to invest
déposer de l'argent (sur son compte)	to deposit money (into one's account)
retirer de l'argent (de son compte / au distributeur)	to withdraw money (from one's account/from the ATM)
taper (le code secret)	to enter (the PIN number)
transférer (de l'argent d'un compte à un autre)	to transfer (money from one account to the other)
toucher des intérêts	to earn interest
virer (de l'argent)	to pay by bank transfer
être à découvert	to be overdrawn (bank account)

F) Flashcards : Chapitre 17, exercice 5

G) Donnez le contraire.

1. un prêt ____________________
2. le versement ________________
3. fermer ____________________
4. déposer____________________
5. économiser ________________

H) Complétez les phrases avec le mot qui convient.

1. Si j'ai besoin de liquide (*cash*) et que la banque est fermée, je vais au ______________ pour retirer de l'argent.
2. Si on fait un emprunt à la banque, il faut ______________________ l'argent et payer des intérêts.
3. Quand elle a reçu son ______________________, elle a vu que son compte était à découvert.
4. Elle a mis ses bijoux dans le __________________ à la banque pour les protéger d'un vol.
5. Quand nous sommes arrivés en France, nous avons _______________ un compte en banque.
6. Pour retirer de l'argent au distributeur de billets, il faut taper son ____________________
7. Si j'ai besoin d'argent, je ______________________ de l'argent de mon compte.
8. J'ai ouvert un __________________________ pour y déposer mon argent.

I) Trouvez le nom correspondant.

Exemple : acheter ⇒ *l'achat*

1. virer ________________ 2. verser ________________
3. retirer ________________ 4. rembourser ________________
5. payer ________________ 6. investir ________________
7. emprunter ________________ 8. prêter ________________

J) Conversation/Discussion.

1. Combien (et quelles sortes) de cartes bancaires avez-vous ? Quand est-ce que vous les utilisez ?
2. À quoi dépensez-vous la plupart de votre argent ?
3. À quoi renoncez-vous si vous voulez dépenser moins ?
4. Préférez-vous économiser votre argent ou êtes-vous plutôt dépensier (dépensière) ? Expliquez.
5. Quand est-ce que vous faites des économies ?
6. Quelle est votre attitude envers l'argent ? Expliquez.

7. Combien d'argent de poche vos parents vous donnaient-ils quand vous habitiez encore chez eux ? Avez-vous mis cet argent dans une tirelire ou l'avez-vous dépensé tout de suite ? Qu'est-ce que vous avez acheté ?
8. Avez-vous déjà emprunté de l'argent à la banque ? Si oui, pourquoi ?
9. Que pensez-vous des distributeurs de billets ?
10. Avez-vous des dettes ? Expliquez.
11. Que feriez-vous si vous étiez très riche ? Comment dépenseriez-vous votre argent ?
12. Prêtez-vous facilement de l'argent à vos amis et aux membres de votre famille ? Expliquez.
13. Un proverbe français dit que l'argent ne fait pas le bonheur. Êtes-vous d'accord ?
14. En France, il existe une méfiance envers la richesse et il est mal vu de parler d'argent. Dire combien on gagne ne se fait pas. Est-ce que l'argent est un sujet tabou dans votre pays ?
15. La plupart des Américains paient leurs achats par carte de crédit. Quels sont les avantages et les inconvénients de ces cartes ?
16. Qu'est-ce qu'on ne peut pas acheter avec de l'argent ?
17. Comment sait-on que quelqu'un est riche dans votre pays ? Quels en sont les signes extérieurs ?

Notes

1 Most French credit cards (***les cartes bancaires*** or ***les cartes bleues***) are in reality debit cards, taking the money out of a checking account. French people often (falsely) call these cards *cartes de crédit.*

2 The verb ***épargner*** means 'to save' in the sense of putting money aside. The expressions ***économiser*** and ***faire des économies*** have the same meaning as *épargner* but also mean 'to save by spending less'.

18 Le shopping
Shopping

Vocabulaire de base

le magasin	store, shop
le magasin de chaussures	shoe store
le magasin de jouets	toy store
le magasin en ligne	online store
le grand magasin	department store
la boutique	(smaller) store, boutique
le centre commercial	shopping center, mall
le marché (en plein air)	(open air) market
le supermarché	supermarket
l'hypermarché (*m.*)[1]	hypermarket, superstore
Les (petits) commerces	**(Individual) businesses**
la boulangerie[2]	bakery
la pâtisserie[2]	pastry shop
la charcuterie[3]	pork butcher's, delicatessen
la boucherie[3]	butcher's, butcher shop
l'épicerie (*f.*)	grocery store
le (bureau de) tabac	tobacco shop
la pharmacie	pharmacy
la papeterie	stationery store
la librairie	bookstore
la bijouterie	jewelry store
la quincaillerie	hardware store

Les petits commerçants[4]	**Merchants, shopkeepers**
le (la) fleuriste	florist
le fromager / la fromagère	cheese maker
le boulanger / la boulangère	baker
le chocolatier / la chocolatière	chocolate maker, chocolatier
le bijoutier / la bijoutière	jeweler
le (la) marchand(e)	merchant
le marchand de journaux	newspaper seller

A) Flashcards : Chapitre 18, exercice 1

B) Complétez les phrases avec le nom d'un magasin.

1. On achète le saucisson, le jambon et le pâté à la ____________________
2. On achète les tartes, les gâteaux et les glaces à la __________________
3. On achète les livres à la ____________________
4. On achète les céréales, les pâtes, le sucre, le café, le riz et les boîtes de conserve à l' ________________ ou au ______________________
5. On achète les médicaments à la ______________________
6. On achète le pain à la ___________________________
7. Pour acheter des fruits et des légumes, les Français vont souvent au ________________ car ces produits y sont plus frais et moins chers.
8. On achète des cigarettes au ______________________
9. On peut acheter des vêtements, des chaussures, des valises et du maquillage au ______________________
10. On achète des cartes de vœux, des stylos, du papier à lettres et des cahiers à la ___________________

C) Complétez les phrases avec le nom du commerçant.

1. On achète les plantes, les roses et les bouquets chez le ______________
2. Le ______________________ vend des colliers, des bagues, des boucles d'oreille et des bracelets.
3. On achète le brie, le camembert et le roquefort chez le ______________
4. On achète les revues et les magazines chez le ____________________

Au grand magasin

le rayon	department
le rayon (des) chaussures	shoe department
le rayon parfumerie	cosmetics department
le rayon lingerie	lingerie department

Au supermarché

le rayon	section, counter
le rayon boucherie	meat section
le rayon charcuterie	deli section
le rayon boulangerie / pâtisserie	bakery/pastry section
le rayon poissonnerie	seafood counter
le rayon fruits et légumes	fruit and vegetable section

D) Dites dans quel rayon on achète les choses suivantes.

Exemple : On achète le jambon *au rayon charcuterie.*

Au grand magasin

1. on achète le maquillage ________________________
2. les femmes achètent leurs sous-vêtements ________________________
3. on achète des bottes ________________________

Au supermarché

4. on achète les baguettes et les croissants ___________________________
5. on achète les saucisses et le bacon ____________________
6. on achète du bœuf haché _______________________
7. on achète les fraises et les haricots __________________________
8. on achète du saumon, des sardines, des crevettes et des huîtres _______

Vocabulaire supplémentaire

l'achat (*m.*)	purchase
les soldes (*m. pl.*)	sale (at reduced price)
la vente	sale
le vendeur / la vendeuse	salesman/saleslady

la caisse	cash register
le ticket de caisse	receipt
le caissier / la caissière	cashier
le caddie, le chariot	shopping cart
le panier	(shopping) basket
le client / la cliente	customer
le (la) gérant(e)	manager
la vitrine	display window
l'étagère *(f.)*	shelf
le prix	price
le choix	choice
la liste de courses	shopping list
la réduction	discount
les promotions (*f.pl.*)	specials
une bonne affaire	a bargain, a good deal
la dépense	expenditure, spending
la facture	bill
la file d'attente	(waiting) line
le service client	customer service
l'article *(m.)*	item, article
l'étiquette (*f.*)	price tag
la cabine d'essayage	dressing room
l'escalator *(m.)*	escalator
le sac	bag
la TVA (taxe sur la valeur ajoutée)	sales tax, VAT (value-added tax)

E) Flashcards : Chapitre 18, exercice 2

F) Complétez les phrases avec les mots qui conviennent.

1. Au supermarché, on met ses achats dans un ________________
2. Dans un grand magasin ou au supermarché, on paie à la _____________
3. On essaie les vêtements dans une __________________________
4. Je voudrais savoir combien coûte ce manteau. Je vais demander le _____________ au vendeur.

5. Pendant la période des ________________________, on peut acheter les marchandises à prix réduit.
6. Après avoir payé ce qu'on a acheté, on reçoit un ____________________
7. La personne qui aide le client à trouver ou à choisir quelque chose dans un magasin, c'est le ______________ ou la ________________________
8. Pour ne pas oublier les choses que je veux acheter, je fais une ___________________________ avant d'aller au supermarché.

ouvert(e)	open
fermé(e)	closed
cher, chère	expensive
C'est cher / Ça coûte cher.	That is expensive.
plus / moins cher	more/less expensive
pas cher (pas chère)	inexpensive, cheap
gratuit(e)	free (of charge)

accepter	to accept
acheter	to buy
acheter qch en solde/en ligne	to buy sth on sale/online
avoir besoin de qch	to need sth
chercher	to look for
commander	to order
comparer	to compare
coûter	to cost
Combien coûtent ces bottes ?	How much are these boots?
choisir	to choose
dépenser	to spend (money)
J'ai dépensé 30 euros pour ce pull.	I spent 30 euros on this sweater.
devoir	to owe
Combien je vous dois ?	How much do I owe you?
échanger (contre)	to exchange (for)
essayer	to try, to try on
être en promotion	to be on special

être en solde Ces chaussures sont en solde à 50 euros.	(to be) on sale These shoes are on sale for 50 euros.
faire les courses[5]	to go shopping (for groceries)
faire du shopping / les magasins / des achats	to go shopping (for clothes, shoes, etc.)
faire du lèche-vitrines	to window-shop
faire la queue	to stand in line
flâner	to stroll
marchander	to bargain
payer (régler) en espèces / par chèque / par carte bancaire	to pay cash/with a check/with a credit card
rapporter	to return (a purchased item) to the store
regarder Je regarde seulement.	to look I am only looking.
rembourser Je voudrais être remboursé(e).	to reimburse, to refund I would like to get a refund.
vendre	to sell

G) Flashcards : Chapitre 18, exercice 3

H) Est-ce vrai ou faux ? Justifiez votre réponse.

1. « C'est une bonne affaire » veut dire « c'est très cher ».
2. La taxe sur la valeur ajoutée (TVA) est un impôt sur les produits qu'on achète.
3. Il y a beaucoup de magasins dans un centre commercial.
4. Les hypermarchés sont plus chers que les petits commerces.

I) Complétez les phrases avec les mots qui conviennent.

1. S'il y a beaucoup de monde dans un magasin, il faut quelquefois faire la ______________ devant la caisse.
2. On peut payer en ______________, par ______________ ou par ______________
3. La robe que j'ai achetée hier ne me plaît plus. Je vais la ______________ au magasin pour être remboursée.
4. Si je veux connaître le prix d'un article, je demande : « ______________ ______________ cet article ».

5. En général, on _________________ un vêtement avant de l'acheter.
6. Flâner en regardant les vitrines des magasins, c'est faire du _________
7. _________________ est un synonyme de *payer*.

Expressions

Ça coûte trois fois rien.	That is very cheap. That costs next to nothing.
Ça coûte une fortune.	That costs a fortune.
C'est donné ! *(fam.)*	It's a bargain! It's very cheap.
Ce n'est pas donné ! *(fam.)*	It's expensive!
Ça n'a pas de prix.	It is priceless.
à aucun prix	under no circumstances
à tout prix	at all costs
être un panier percé (*fam.*)	to be a big spender (*lit.* to be a pierced basket)

J) Complétez les phrases avec le mot ou l'expression qui convient.

1. Si ça coûte beaucoup d'argent, ça _____________________________
2. On dit qu'une personne qui aime dépenser de l'argent et qui en dépense beaucoup est __________________
3. Si ça ne coûte rien, c'est ____________________
4. Si ça coûte très peu, ça coûte _________________________
5. Si je veux absolument faire quelque chose, je veux le faire __________

K) Jeu de rôle

À deux, imaginez un dialogue entre le vendeur (la vendeuse) et le (la) client(e)

a) dans un magasin de chaussures.
b) dans une pâtisserie [Utilisez entre autres les expressions suivantes : *Vous désirez ?* (Can I help you?), *Je voudrais . . .* (I would like . . .), *Je vais prendre . . .* (I am going to take . . .), *Et avec ceci ?* (Anything else?), *C'est tout.* (That's all.), *Ça fait combien ?* (How much is it?), *Ça fait . . . euros.* (It's . . . euros.)].

L) Conversation/Discussion.

1. Aimez-vous faire du shopping ? Pourquoi ? Combien de fois par mois faites-vous des achats ?

2. Payez-vous vos achats en espèces, par carte bancaire ou par chèque ? Pourquoi ?
3. Achetez-vous vos vêtements dans une friperie (*thrift store)* ou préférez-vous les acheter neufs dans un grand magasin ? Expliquez votre choix.
4. Quels articles achetez-vous souvent ? Où les achetez-vous ? Pourquoi ?
5. Qu'est-ce que vous avez acheté récemment ?
6. Si vous voulez acheter quelque chose, attendez-vous les soldes ? Expliquez.
7. Est-ce qu'on trouve de bonnes affaires sur internet ? Donnez des exemples.
8. Aimez-vous faire vos achats dans un centre commercial ? Dites pourquoi.
9. Combien d'argent dépensez-vous par mois pour les vêtements, les chaussures et la nourriture ?
10. Si vous visitiez la France, qu'est-ce que vous achèteriez ?
11. Est-ce qu'il y a des marchés en plein air là où vous habitez ? Y êtes-vous déjà allé(e) ? Qu'est-ce qu'on peut y acheter ?
12. Aux États-Unis, la plupart des magasins sont ouverts le dimanche et les jours fériés. Il y en a même qui sont ouverts vingt-quatre heures sur vingt-quatre, sept jours sur sept. Quels sont les avantages et les inconvénients de ces heures d'ouverture pour les clients et les employés ?

Lecture

Les jours d'ouverture des magasins en France

Traditionnellement, en France, les magasins[6] étaient fermés le dimanche pour respecter le repos dominical des salariés. Depuis 2015 cependant, une nouvelle loi permet aux commerces situés dans des zones très fréquentées par les touristes (appelées zones touristiques internationales) d'ouvrir leurs portes tous les dimanches et le soir jusqu'à minuit. À Paris, les centres commerciaux, les grands magasins, les boutiques sur les Champs-Elysées ainsi que les sept gares sont concernés par l'ouverture. En province, six gares et certaines rues de Deauville, Cannes et Nice sont également devenues des zones touristiques internationales en 2016. À ce jour, il y a vingt-et-une ZTI en France, douze à Paris et neuf en province. Pour accepter ce nouveau règlement, les syndicats, qui se sont longtemps opposés à l'ouverture dominicale des magasins, ont exigé que le volontariat des salariés soit respecté,[7] qu'il y ait un repos compensateur pour les heures travaillées le dimanche et que ce travail soit mieux rémunéré. En août 2018, un groupe de députés de la majorité a proposé le droit d'ouverture dominicale pour les magasins partout en France.

M) Répondez aux questions suivantes.

1. Combien de zones touristiques internationales ont été créées en France ?
2. Quels magasins peuvent rester ouverts sept jours sur sept ?

3. Dans quelles villes y a-t-il des zones touristiques internationales ?
4. À votre avis, pourquoi le gouvernement a-t-il créé ces zones ?
5. À quoi ont droit les salariés qui se portent volontaires pour travailler le dimanche ?
6. Êtes-vous pour ou contre l'ouverture des magasins le dimanche ? Pourquoi ?

N) Est-ce vrai ou faux ? Justifiez votre réponse.

1. Un employeur peut obliger un salarié à travailler le dimanche.
2. Les employés qui travaillent le dimanche ont un meilleur salaire.
3. Aujourd'hui, tous les magasins en France peuvent ouvrir leurs portes le dimanche.
4. Les syndicats ont toujours été pour l'ouverture dominicale des magasins.
5. ZTI veut dire «zone touristique internationale».

Notes

1 A ***hypermarché*** is bigger than a *supermarché* and sells food and other items (clothing, shoes, appliances, tableware, computers, etc.).
2 At the ***boulangerie***, one buys bread (*baguettes, croissants, brioches*, etc.).
At the ***pâtisserie***, one buys pastries (*gâteaux, éclairs, tartes*, etc.).
Often, the bakery and the pastry store are in the same location, called *boulangerie-pâtisserie*.
3 The ***boucherie*** sells beef and other raw meats (*du veau, de l'agneau, du lapin, de la volaille*) whereas the ***charcuterie*** sells mostly prepared pork products (*jambon, saucisson, pâté, saucisses*). It is the equivalent of a delicatessen. Often, the butcher's and the deli are in the same location, called *boucherie-charcuterie*.
When one orders ***une assiette de charcuterie*** in a French restaurant, one gets a plate with assorted cold cuts.
4 One uses **à** + definite article (**à la, au, à l'**) to translate 'to' with a store: *Je vais **à la** librairie*.
One uses **chez** + definite article (**chez le, chez la**) to translate 'to' with a person: *Je vais **chez** le fleuriste*.
5 ***Faire les courses*** is used mainly but not exclusively for shopping for groceries and other supermarket items.
6 With the exception of some bakeries and small supermarkets, which have been open on Sunday mornings.
7 No employee can be forced to work on Sundays.

19 Les moyens de transport

Means of transportation

I) La voiture

Vocabulaire de base

la voiture (*fam.* la bagnole)	car
la boîte à gants	glove box
la ceinture de sécurité	seatbelt
le capot	hood
le chauffage	heating
la climatisation (*fam.* la clim)	air conditioning
le clignotant	blinker
le coffre	trunk
l'essuie-glace (*m.*)	windshield wiper
le frein	brake
le klaxon	horn
le moteur	engine, motor
le pare-brise	windshield
le pare-chocs	bumper
le phare	headlight
la plaque d'immatriculation	license plate
la portière	(car) door
le pneu	tire
la roue	wheel
la roue de secours	spare tire
le rétroviseur (*fam.* le rétro)	rearview mirror
le siège	seat
la vitre	(car) window

le volant	steering wheel
au volant	at the steering wheel

A) Flashcards : Chapitre 19, exercice 1

B) Complétez les phrases avec les mots qui conviennent.

1. On met les valises dans le ____________________
2. Quand il pleut, les ____________________ nettoient le pare-brise de la voiture.
3. Si je veux voir s'il y a quelqu'un derrière moi, je regarde dans le ______________
4. Si on veut ralentir ou arrêter la voiture, il faut appuyer sur le __________
5. Chaque voiture a deux ____________________ une à l'arrière et une à l'avant.
6. Si on veut voir le moteur, il faut ouvrir le ____________________
7. Tous les passagers doivent attacher leur ____________________
8. Lorsque je conduis, je dois avoir les deux mains sur le ______________
9. La nuit, on allume les ____________________ pour voir et être vu.
10. Avant de tourner à droite ou à gauche en voiture, il faut mettre le ______________
11. Quand on a un pneu crevé (*flat*), il faut sortir la ____________________

Vocabulaire supplémentaire

le véhicule	vehicle
une voiture neuve	a new car
une voiture d'occasion	a used car
une voiture de location	a rental car
une voiture de sport	a sports car
une voiture électrique	an electric car
une voiture hybride	a hybrid car

la décapotable, le cabriolet	convertible
le monospace	minivan
le 4X4 (le quatre-quatre)	SUV, four-wheel drive
le camping-car	RV
le camion	truck
la camionnette	pickup, small truck
le poids-lourd	heavy truck

C) Flashcards : Chapitre 19, exercice 2

Vocabulaire apparenté

l'automobiliste (*m.f.*)	(car) driver, motorist
le conducteur, la conductrice	driver
le chauffeur (de taxi)	(taxi) driver
le permis de conduire	driver's license
l'examen *(m.)* du permis de conduire	driver's test
l'épreuve (*f.*)	test
l'auto-école *(f.)*	driving school
l'accident (*m.)* (de voiture)	(car) accident
la collision	collision, crash
l'amende (*f.*)	fine
la contravention, le PV (procès-verbal)	(traffic) ticket
le papillon (*fam.*)	parking ticket
l'infraction *(f.)*	offense, violation (of the law)
l'assurance (*f.*) (automobile)	(car) insurance
la carte (routière)	(road) map
la station service	gas station
l'essence (*f.*)	gasoline
la circulation	traffic
la déviation	detour
l'embouteillage (*m.*), le bouchon	traffic jam
l'heure de pointe (*f.*)	rush hour
aux heures de pointe	during rush hour

le GPS	GPS
la police	police
le policier, la policière	police officer
le flic (*arg.*)	cop
le parking sur le parking	parking lot in the parking lot
le stationnement	parking
le parcmètre	parking meter
l'horodateur (*m.*)	parking ticket machine
le panneau (de signalisation)	road sign
le stop Au stop, tournez à gauche.	stop sign Turn left at the stop sign.
le feu	traffic light
la rue	street
le sens unique	one-way street
la route	road
l'autoroute *(f.)*	expressway
la voie	lane
le péage	toll, tollbooth
l'autoroute à péage[1]	toll highway
le rond-point	roundabout, traffic circle
le carrefour	intersection
la priorité	right of way
le trajet	trip, (car/bus) ride
la victime	victim
le virage	curve
la vitesse la limitation de vitesse[2] l'excès de vitesse *(m.)*	speed speed limit speeding

D) Flashcards : Chapitre 19, exercice 3

E) Complétez les phrases avec les mots qui conviennent.

1. En France, la ______________________________ est de 130 km/h sur les autoroutes.

2. Si on ne respecte pas la limitation de vitesse, on risque d'avoir une ________________
3. Les voitures doivent s'arrêter aux stops et aux ________________ rouges.
4. Est-ce une voiture neuve ? – Non, c'est une voiture ________________
5. Est-ce que ton père conduit bien ? – Oui, c'est un excellent __________
6. Aux heures de pointe, il y a souvent des ________________________ sur les routes.
7. Quand on a beaucoup d'accidents, le prix de l'___________________ augmente.
8. Il faut avoir un ____ pour pouvoir conduire.
9. Les autoroutes de France sont payantes; il faut payer au _____________
10. Il n'y a pas de ____________________ dans ce quartier. Le stationnement est difficile.
11. Le _____________________ (il y en a un pour chaque voiture garée) indique les minutes restantes du stationnement. L'_________________ (il y en a un pour plusieurs places de parking) imprime un ticket qu'il faut placer derrière le pare-brise.
12. Les automobilistes à l'intérieur d'un rond-point ont la ______________
13. Cette autoroute est assez large. Elle est à six ______________________

accélérer	to accelerate, to speed up
ralentir	to slow down
s'arrêter	to stop
conduire[3] Il conduit une Mercedes. Elle conduit vite.	to drive He drives a Mercedes. She drives fast.
rouler,[3] circuler	to drive
aller en voiture	to drive (if a destination is mentioned)
Ils vont à Paris en voiture.	They are driving to Paris.

allumer les phares	to turn on the (head)lights
attacher (la ceinture de sécurité)	to fasten (the seatbelt)
avoir une contravention	to get a traffic ticket
avancer	to go forward
reculer	to back up
brûler un feu rouge	to run a red light
monter dans la voiture	to get in(to) the car
descendre de la voiture	to get out of the car
se déplacer	to get/move around, to travel
doubler, dépasser	to pass, to overtake
être assuré(e)	to be insured
faire attention	to pay attention
faire du covoiturage	to carpool
faire demi-tour	to turn around, to make a U-turn
faire le plein (d'essence)	to fill up (gas tank)
freiner	to brake
garer / stationner (un véhicule) Il a garé / stationné sa voiture sur le trottoir.	to park (a vehicle) He parked his car on the sidewalk.
se garer Où est-ce que vous vous êtes garé(e) ?	to park Where did you park?
klaxonner	to honk
louer (une voiture)	to rent (a car)
marcher La climatisation ne marche pas.	to work, to function The air conditioning does not work.
percuter Il a percuté un camion.	to crash into He crashed into a truck.
rentrer dans Je suis rentré dans un arbre.	to run into I ran into a tree.
réparer	to repair
tenter	to try
tomber / être en panne	to break/to be broken down
tourner	to turn

F) Flashcards : Chapitre 19, exercice 4

G) Complétez les phrases avec les mots qui conviennent.

1. Si on ne s'arrête pas à un feu rouge, on ________________ le feu rouge.
2. Nous allons ____________________ la voiture sur le parking.
3. On ______________________ pour prévenir quelqu'un d'un danger immédiat.
4. Accélérez-vous quand le feu passe à l'orange ? – Non, je ___________ et je ________________
5. Si la voiture devant moi roule trop lentement, je la ________________
6. Si ma voiture ______________________________, je la fais réparer par un garagiste.
7. Il est obligatoire d'________________ sa ceinture de sécurité.
8. Avant de partir, on ___________________ dans la voiture et après être arrivé à destination, on ________________ de la voiture.
9. Le chauffard a perdu le contrôle de sa voiture et il ______________ ______________ dans un camion.
10. Mes collègues et moi, nous allons au travail ensemble dans la voiture de Paul. On ___________________________

dangereux, dangereuse	dangerous
prudent(e)	careful
lent(e)	slow
rapide	fast
interdit(e) Le stationnement est interdit.	prohibited, forbidden Parking is prohibited.
bon, bonne	good
mauvais(e)	bad
payant(e)	must be paid
gratuit(e)	free (of charge)
fluide	fluid (traffic), moving smoothly
dense	heavy (traffic)
mortel, mortelle	fatal, deadly

prudemment	carefully
vite, rapidement	quickly, fast
lentement	slowly
bien	well
mal	badly
gratuitement	free (of charge)

H) Flashcards : Chapitre 19, exercice 5

Expressions

être sur la bonne **voie**	to be on the right track
La **voie** est libre.	The coast is clear.

I) Donnez le contraire.

1. vite ____________________
2. payant ____________________
3. monter dans la voiture __________
4. bon ____________________
5. bien ____________________
6. une voiture neuve __________
7. avancer ____________________
8. accélérer ____________________

J) Donnez un synonyme.

1. doubler ____________________
2. vite ____________________
3. fonctionner ____________________
4. garer (la voiture) __________
5. un PV ____________________

K) Complétez les phrases avec les adjectifs et les adverbes qui conviennent.

1. Il est ________________ de téléphoner au volant.
2. Est-ce qu'il y a eu des embouteillages ? Non, la circulation a été ______
3. Si le stationnement ne coûte rien, on peut se garer ________________
4. Les gens qui conduisent ____________________ ont moins d'accidents.
5. Dans les embouteillages, on avance ____________________

L) Écrivez la définition des mots et expressions suivants.

Exemple : les heures de pointe ⇒ *C'est la période de la journée pendant laquelle la circulation est très dense.*
le permis de conduire
brûler un feu rouge
une voiture d'occasion
le coffre
faire du covoiturage

M) Conversation.

1. Qu'est-ce que vous avez comme voiture ?
2. Pourquoi avez-vous choisi cette voiture ?
3. Depuis quand avez-vous votre permis de conduire ?
4. Aimez-vous vous déplacer en voiture ? Pourquoi (pas) ?
5. Comment conduisez-vous ? Comment conduisent vos parents ?
6. Avez-vous déjà été témoin d'un accident ? Si oui, racontez en détail ce qui s'est passé.
7. Avez-vous déjà eu une contravention ? Pourquoi ?
8. Racontez un voyage que vous avez fait en voiture.

N) Inventez une petite histoire en utilisant le vocabulaire des listes précédentes.

O) Jeu de rôle.

Un automobiliste percute une voiture après avoir brûlé le feu rouge. Le conducteur de la deuxième voiture voulait freiner, mais c'était trop tard. Avec un(e) camarade, jouez les rôles des deux conducteurs.

Lecture I

La France au volant

Il faut se méfier des Français en général, mais sur la route en particulier. Pour un Anglais qui arrive en France, il est indispensable de savoir qu'il existe deux sortes de Français : les à-pied et les en-voiture. Les à-pied détestent les en-voiture, et les en-voiture terrorisent les à-pied, les premiers passant instantanément dans le camp des seconds si on leur met un volant entre les mains. . . . Les Anglais conduisent plutôt mal, mais prudemment. Les Français conduisent plutôt bien, mais follement. La proportion des accidents est à peu près la même dans les deux pays. Mais je me sens plus tranquille avec des gens qui font mal des choses bien qu'avec ceux qui font bien de mauvaises choses. Les Anglais (et les Américains) sont depuis longtemps convaincus que la voiture va moins vite que l'avion. Les Français (et la plupart des Latins) semblent encore vouloir prouver le contraire.

Pierre Daninos
Les carnets du Major Thompson (1954)

P) Vrai ou faux ? Dites si les phrases suivantes sont vraies ou fausses.

	Vrai	Faux
1. Les Français sont dangereux sur la route.	☐	☐
2. Les piétons aiment les automobilistes.	☐	☐
3. Les automobilistes font peur aux piétons.	☐	☐
4. Les Français conduisent lentement.	☐	☐
5. Les Français ont moins d'accidents que les Anglais.	☐	☐
6. Les Français pensent que la voiture est plus rapide que l'avion.	☐	☐

Lecture II

Conduire en France

En France, comme aux États-Unis, il faut un permis de conduire si on veut prendre le volant. Pour l'obtenir, il est obligatoire de prendre au moins vingt heures de cours de conduite dans une auto-école. Mais si on veut réussir l'examen pratique, on a besoin en moyenne de trente-cinq heures. Le prix du permis de conduire varie selon la ville où se trouve l'auto-école. Il peut coûter plus de 2 000 euros. Les examens théorique et pratique (le code et la conduite) sont difficiles et seulement environ 57% des candidats réussissent à obtenir le permis du premier coup. Ceux qui ne l'obtiennent pas vont payer davantage pour tenter le test une deuxième fois. Certains doivent revenir à plusieurs reprises. Il faut avoir 18 ans pour pouvoir passer l'examen.

Depuis 1992, le permis de conduire est un permis comportant douze points. Le permis des nouveaux conducteurs compte uniquement six points et cela pendant trois ans. Toute infraction de la route entraîne une amende ainsi qu'un retrait de points. Par exemple, on perd huit points pour conduite en état d'ivresse (si le taux d'alcool dans le sang dépasse 0,5 gramme par litre), quatre points en cas de non-respect d'un stop ou d'un feu rouge et trois points si on n'a pas mis sa ceinture de sécurité ou si on utilise le téléphone portable en conduisant. Quand on a perdu tous ses points, le permis est suspendu pour six mois ou un an. Avant de le récupérer, il faut repasser l'examen théorique. Les conducteurs qui ont le permis depuis moins de trois ans doivent également repasser l'épreuve pratique.

Q) Répondez aux questions suivantes.

1. Que doit-on faire pour avoir son permis de conduire en France ?
2. Pourquoi est-ce que le permis coûte cher ?
3. À quel âge peut-on passer l'examen du permis de conduire ?
4. Combien de points comprend un permis de conduire ?
5. Que se passe-t-il quand on a perdu tous les points de son permis ?
6. Est-ce que la plupart des candidats réussissent l'examen du permis de conduire du premier coup ?

II) L'avion

Vocabulaire de base

l'aéroport (*m.*)	airport
l'avion (*m.*)	airplane
le billet d'avion	plane ticket
un aller simple	a one-way ticket
un aller-retour	a round-trip ticket
l'atterrissage (*m.*)	landing
le décollage	take off
l'arrivée *(f.)*	arrival
le départ	departure
les bagages (*m.pl.)*	luggage
le bagage à main	hand luggage, carry-on luggage
le chariot	baggage cart
la valise	suitcase
la compagnie aérienne	airline
l'embarquement (*m.*)	boarding
la carte d'embarquement	boarding pass
la porte d'embarquement	boarding gate
l'équipage (*m.*)	crew
l'escale *(f.)*	stopover
l'hôtesse de l'air (*f.)*	(female) flight attendant
le steward	(male) flight attendant
le pilote	pilot
le passager / la passagère	passenger (plane, train, bus)
les renseignements *(m.pl.)*	information
la sortie (de secours)	(emergency) exit
la place	seat
une place côté fenêtre	a window seat
une place côté couloir	an aisle seat
le terminal	terminal
le vol	flight
un vol direct / sans escale	a nonstop flight

A) Flashcards : Chapitre 19, exercice 6

B) Complétez les phrases avec les mots qui conviennent.

1. On va à l'____________________ pour prendre l'avion.
2. Les personnes qui voyagent en avion sont les ____________________
3. L'ensemble du personnel d'un avion s'appelle l' ____________________
4. Les ____________________ et les ____________________ servent les repas dans l'avion.
5. Un vol sans __________________ est un vol direct.
6. Voulez-vous une place ______________ fenêtre ou ______________ couloir ?
7. Au ____________________, à l' ____________________ et en cas de turbulence, il faut attacher sa ceinture de sécurité.
8. Air France est la principale ____________________________ française.
9. Avant de pouvoir faire un voyage en avion, il faut s'acheter un ______________________
10. Avant de monter à bord de l'avion, il faut montrer sa __________ ______________________ au personnel au sol (*ground staff*).
11. En général, on peut emporter gratuitement un ____________________ à main en cabine.
12. Les passagers doivent se présenter à la ____________________________ au moins trente minutes avant le départ de l'avion.
13. Un billet qui permet au voyageur de partir et ensuite revenir au lieu de départ, c'est un _________________
14. L'_______________ A 380 peut transporter 555 passagers.

Vocabulaire supplémentaire

le comptoir	counter
le décalage horaire Il y a un décalage horaire de neuf heures entre Seattle et Paris.	time difference There is a time difference of nine hours between Seattle and Paris.

l'accident *(m.)* d'avion, le crash	plane crash
la boîte noire	flight recorder
les écouteurs *(m.pl.)*	headphones
la correspondance	connecting flight
le rang au premier / deuxième / dernier rang	row in the first/second/last row
la réservation	reservation, booking
le tarif Quel est le tarif pour un vol Paris-NewYork ?	fare, price What is the fare for a flight from Paris to New York?
le sol	ground

C) Flashcards : Chapitre 19, exercice 7

D) Complétez les phrases avec les mots qui conviennent.

1. Quand on part très loin de chez soi, on est fatigué à cause du ______________________ horaire.
2. En général, les mères avec leurs bébés sont assises au premier _______________ dans l'avion.
3. Si on veut écouter de la musique dans l'avion, il faut avoir des _________________________
4. On va au ________________________ de la compagnie aérienne pour enregistrer ses bagages.
5. Après un crash, les enquêteurs cherchent la _______________________ de l'avion pour comprendre les causes de l'accident.

annuler Le vol est annulé.	to cancel The flight is canceled.
être (arriver) en avance / à l'heure / en retard	to be (to arrive) early/on time/late
atterrir	to land
décoller	to take off
prendre l'avion	to take the plane

changer d'avion	to change planes
choisir (une place)	to choose (a seat)
confirmer	to confirm
monter dans / à bord de l'avion	to get on the plane
descendre de l'avion	to get off the plane
dormir	to sleep
écouter (la musique)	to listen to (music)
s'écraser	to crash
embarquer (dans l'avion)	to board (the plane)
enregistrer ses bagages	to check in one's luggage
faire escale	to make a stopover
manquer (*fam.* rater) l'avion	to miss the plane
payer un supplément	to pay extra (an additional charge)
peser	to weigh
regarder (un film)	to watch (a movie)
se renseigner (sur qch)	to inquire (about sth), to get information (about sth)
rester assis(e)	to remain seated
souffrir du décalage horaire	to have jet-lag
voler[4] L'avion vole à une altitude de 10 000 mètres.	to fly The plane flies at an altitude of 10,000 meters.
voyager (en avion)	to travel (by plane)

annulé(e)	canceled
complet, complète	full, fully booked
léger, légère	light (weight)
lourd(e)	heavy
retardé(e)	delayed
sûr(e)	safe
direct(e)	nonstop

E) Flashcards : Chapitre 19, exercice 8

F) Complétez les phrases avec les mots qui conviennent.

1. Quand l'avion quitte le sol, il ________________
2. Quand l'avion touche le sol, il ________________
3. Quand l'avion est en l'air, il __________________
4. Quand je monte dans l'avion, j' _________________ dans l'avion.
5. Quand il n'y a plus de place dans l'avion, le vol est________________
6. Si les pilotes sont en grève ou si l'aéroport est fermé, les vols sont __________________
7. Avant d'embarquer, on ____________________ ses bagages.
8. Au décollage et à l'atterrissage, il faut ___________________ sa ceinture.
9. Quand on arrive en retard à l'aéroport, on risque de ______________ son avion.
10. Selon les statistiques, l'avion est le moyen de transport le plus __________ qui existe, c'est-à-dire qu'il y a peu d'accidents.
11. Est-ce que le vol est retardé ? – Je n'en ai aucune idée, je vais me ____________________
12. Ce n'est pas un vol direct. L'avion __________ _______________ à San Francisco.
13. En principe, les passagers ont droit à 20 kilos de bagages. Si la valise est plus lourde, il faut payer un _____________

G) Trouvez le nom correspondant. Indiquez « un » ou « une ».

Exemple : choisir ⇒ *un choix*

1. partir _____________
2. arriver _____________
3. décoller _____________
4. atterrir _____________
5. embarquer _____________
6. voler _____________

7. se renseigner ___________________
8. sortir _________________

H) Conversation/Discussion.

1. Avez-vous déjà pris l'avion ? Où êtes-vous allé(e) ?
2. Décrivez en détail un voyage en avion que vous avez fait. Racontez tout ce qui s'est passé en utilisant le maximum du vocabulaire donné précédemment. Commencez par votre arrivée à l'aéroport et continuez jusqu'à votre arrivée à destination.
3. Le premier avion totalement automatique pourrait décoller dès 2025. Seriez-vous prêt(e) à embarquer à bord d'un avion sans pilote ? Expliquez.
4. Bien que l'avion soit le moyen de transport le plus sûr, certaines personnes ont peur de prendre l'avion. À votre avis, comment peuvent-elles surmonter cette peur ?

I) Jeu de rôle.

À votre arrivée à l'aéroport Charles de Gaulle, vous vous rendez compte que vos valises ne se trouvent pas sur le tapis à bagages. Vous vous présentez au comptoir de la compagnie aérienne pour les réclamer.

III) Le train (la SNCF)[5]

le train	train
le TGV (train à grande vitesse)	high-speed train
la voiture, le wagon	car (of the train)
le wagon-restaurant	dining car
le wagon-lit	sleeping car
le compartiment	compartment
la gare	train station
le guichet	ticket window
le billet (de train)	(train) ticket
la salle d'attente	waiting room
les horaires (*m.pl.*) (de train)	(train) schedule
le quai	platform
la voie	(railroad) track
la consigne laisser ses bagages à la consigne	baggage lockers to leave one's luggage in the lockers
les objets trouvés (*m.pl.*)	lost and found

la première / deuxième classe	first/second class
le contrôleur / la contrôleuse	ticket inspector
la correspondance	connection

J) Flashcards : Chapitre 19, exercice 9

arriver	to arrive
partir	to leave
attendre (le bus, le train)	to wait for (the bus, the train)
circuler	to run (bus, subway, train)
composter, valider (le billet)	to validate (the ticket)
prendre le train	to take the train
monter dans le train	to get on the train
descendre du train	to get off the train
changer de train	to change trains
durer	to last, to take (time)
faire la navette	to commute
réserver une place	to reserve a seat
manquer le train	to miss the train
vérifier	to check

obligatoire	required
facultatif, facultative	optional
libre	free
occupé(e) Est-ce que cette place est libre ? – Non, elle est occupée.	taken (seat) Is this seat free? – No, it is taken.
prochain(e)	next
dernier, dernière	last
bondé(e)	packed (full of people)

K) Flashcards : Chapitre 19, exercice 10

L) Complétez les phrases avec les mots qui conviennent.

1. On prend le train à la ________________
2. À la gare, on achète les billets de train au ________________________
3. Avant de monter dans le train, il faut ___________________________ son billet.
4. Le ________________________ vérifie les billets dans le train.
5. Quand il y a une grève, les trains ne ________________________ pas.
6. Quand on arrive en retard à la gare, on ______________________ le train.
7. On attend le train sur le ________________
8. Si on arrive en avance à la gare, on peut attendre dans la ___________
9. Cette place n'est pas libre, elle est ___________________
10. La ____________________ est l'endroit où on peut déposer ses bagages dans une gare ou dans un aéroport.
11. Si vous ne compostez pas votre billet avant de monter dans le train, vous devez payer une ______________
12. La première ______________ du train est plus confortable et plus chère que la deuxième.
13. C'est un train _______________. Il ne s'arrête pas avant son arrivée à Paris.
14. Dans certains trains, il faut réserver une place. La réservation est alors ______________________
15. Beaucoup de gens ____________________________ entre leur domicile et leur lieu de travail.
16. Quand il y a trop de monde dans le train, le train est ________________

M) Donnez le contraire.

1. obligatoire ________________
2. prochain ________________
3. occupé _________________
4. arriver _________________
5. être en retard _________________

N) Associez un mot dans la colonne de gauche avec sa définition dans la colonne de droite.

1. le billet ___	a. ce qu'il faut prendre si on change de train ou d'avion
2. les bagages ___	b. l'endroit où on vend les billets à la gare
3. le contrôleur ___	c. où on dort dans un train
4. le wagon-lit ___	d. la personne qui vérifie les billets
5. le guichet ___	e. les valises et les sacs d'un voyageur
6. une correspondance ___	f. ce qu'on doit acheter pour pouvoir voyager en train

O) Conversation/Discussion.

1. Prenez-vous souvent le train ? Pour aller où ?
2. Avez-vous déjà pris le train en France ? Où êtes-vous allé(e) ? Racontez.
3. Où peut-on aller en train en partant de votre ville ?
4. Connaissez-vous le TGV ? Comment est-il ? Est-ce qu'il y a un TGV dans votre pays ?
5. Faites des recherches sur Internet et comparez les trains chez vous avec les trains français. Quelles sont les différences ?

IV) D'autres moyens de transport Other means of transportation

Vocabulaire de base

les transports en commun (*m.pl.*)	public transportation
l'autobus (*m.*), le bus	city bus
l'autocar (*m.*), le car	(long distance) bus
le tramway (*fam.* le tram)	streetcar
le métro	subway
le bateau	ship
le vélo	bike
la motocyclette, la moto	motorcycle
la mobylette	moped

Vocabulaire apparenté

la croisière	cruise
le port	port
le trajet	trip, (bus/train) ride
l'arrêt (*m.*) d'autobus / de bus	bus stop
la station de métro	subway station
le ticket un carnet de tickets	(subway, bus) ticket a book of tickets
la piste cyclable	bike path

prendre le bus / le métro	to take the bus/the subway
monter dans le bus / le car / le métro	to get on the bus/the subway
descendre du bus / du car / du métro	to get off the bus/the subway
voyager en train / en bus / en car	to travel by train/by bus
traverser	to cross
avoir le mal de mer	to be seasick

P) Flashcards : Chapitre 19, exercice 11

Expressions

mener qn en **bateau**	to take sb for a ride (fig.), to deceive sb
On est tous dans le même **bateau**.	We are all in the same boat.

Q) Complétez les phrases avec les mots qui conviennent.

1. Le train, l'autobus, le métro et le tramway sont des ________________
2. Pour pouvoir prendre le métro, il faut acheter un ________________
3. Les autobus circulent en ville et les ________________ circulent entre les villes.
4. On appelle un voyage touristique sur un grand bateau une ___________
5. Le ______________ est presque toujours souterrain.
6. On attend le bus à l'__________________

7. Pour aller de Bordeaux à New York, le bateau ____________________ l'océan Atlantique.

R) Traduisez les phrases suivantes en français.

1. She took the streetcar to get home. ______________________________
2. We got on the bus in Paris and we got off the bus in Nice. __________ ____
3. Do you want a one-way ticket or a round-trip ticket? _______________
4. Where do I have to change trains? ______________________________
5. The workers commute between the suburbs and the city center. _______ ____
6. Each time I am on a ship, I am seasick. __________________________

S) Conversation/Discussion.

1. Quels transports en commun y a-t-il dans votre ville ?
2. Comment est-ce que la plupart des habitants de votre ville vont au travail ?
3. Avez-vous déjà pris le métro à Paris ? Racontez.
4. Si vous connaissez le métro de New York (ou de Londres) et celui de Paris, comparez-les.
5. Quand vous faites un voyage, quel est votre moyen de transport préféré ? Pourquoi ?
6. Que pensez-vous des croisières ? Rêvez-vous d'en faire une ? Dites pourquoi (pas).

Notes

1 French expressways (*les autoroutes*) are toll highways. They cost about one euro for every ten miles.

2 The speed limit on French expressways is 130 km/h (80 m/ph), on most secondary roads 80 km/h (50m/ph), and inside towns 50 km/h (31m/ph).

3 Both ***conduire*** and ***rouler*** mean to drive.
When 'to drive' refers to the driver(s), these two verbs are often interchangeable.
*Il n'aime pas **conduire/rouler** sur l'autoroute.*
*Je **conduis/roule** prudemment/vite/lentement.*
*En Angleterre, on **conduit/roule** à gauche.*
But if a direct object follows, only ***conduire*** can be used:
*Mon père **conduit** une Renault.*
*Je **conduis** mes enfants à l'école.*
Note that ***conduire*** can only be used when a destination is mentioned if a direct object precedes that destination.
Incorrect : ~~*Je conduis*~~ *à Paris.*
Correct : *Je vais à Paris en voiture.* = I drive to Paris.
Rouler (never *conduire*) is used when a vehicle does the driving.
*Cette voiture **roule** trop vite.*

The verb **circuler** is often used for public transportation.

Quand les cheminots font la grève, les trains ne ***circulent*** *pas.*

4 The verb ***voler*** is not used when a destination is mentioned and when a person is flying.

Incorrect : ~~*J'ai volé*~~ *en France.*

Correct : *Je suis allé(e) en France en avion.* = I flew to France.

I am afraid of flying. = *J'ai peur de prendre l'avion.*

5 La SNCF (*Société nationale des chemins de fer français*) is the French National Railroad Company.

20 Les vacances et les voyages

Holidays and travel

Vocabulaire de base

les vacances[1] (*f.pl.*)	vacation
les grandes vacances	summer vacation
le vacancier, la vacancière	vacationer
le congé Les salariés français ont cinq semaines de congés payés.	vacation French employees have five weeks of paid vacation.
le voyage	trip
l'agence (*f.*) de voyages	travel agency
l'agent (*m.*) de voyage	travel agent
le voyageur / la voyageuse	traveler
la colonie de vacances (*fam.* la colo)	summer camp
la valise	suitcase
le sac de voyage	travel bag
la sac à dos	backpack
le séjour	stay
le site	site
les sites touristiques	tourist attractions
la frontière	border
la douane	customs
le douanier, la douanière	customs agent
la pièce d'identité	ID
le passeport	passport
le visa	visa
le contrôle des passeports	passport control

le guide touristique	travel guide, guide book
le (la) guide	guide (person)
le tourisme	tourism
le (la) touriste	tourist
l'office de tourisme (*m.*)	tourist information center
le projet	plan
les préparatifs (*m.pl.*)	preparations
les renseignements (*m.pl.)*	information
le dépliant, la brochure touristique	travel brochure
l'itinéraire (*m.*)	itinerary
la visite guidée	guided tour
le billet	(plane, train) ticket
le billet électronique	e-ticket
la monnaie	currency
le bureau de change	currency exchange (office)
le taux de change	exchange rate
la carte	map
le circuit	tour
la résidence secondaire	vacation home, second home
le mobile home	mobile home
l'appareil photo (*m.*)	camera
le souvenir	souvenir, memory
la fermeture (annuelle)	(annual) closing

A) Flashcards : Chapitre 20, exercice 1

B) Complétez les phrases avec les mots qui conviennent.

1. Pour savoir où se trouve une ville, j'ai besoin d'une ________________
2. Avant de partir en voyage, je mets mes vêtements dans une __________
3. Les Pyrénées forment une ________________________ naturelle entre la France et l'Espagne.
4. On peut changer de l'argent au __________________________ ou à la banque.
5. Pour avoir des renseignements sur un pays, on va à l' _______________ ___________________________

6. En France, les grandes ______________________________ durent deux mois.
7. Pour un voyage à l'étranger, on a besoin d'un ____________________ et quelquefois aussi d'un ________

aller quelque part	to go somewhere
en voiture	by car
en avion	by plane
en (auto)bus	by bus
en (auto)car	by intercity bus
en bateau	by ship
en train, par le train	by train
en métro	by subway
en tram(way)	by streetcar
en taxi	by taxi
en (auto-)stop	by hitchhiking
à vélo, en vélo	by bike
à pied	on foot
aller à la mer / à la campagne / à la montagne	to go to the ocean/the country/the mountains
s'amuser	to enjoy oneself, to have fun
acheter	to buy
apporter (qch)	to bring (sth)
rapporter / ramener (qch)	to bring (sth) back
emporter (qch) Qu'est-ce que tu emportes dans ta valise ?	to take (sth) (along) What are you taking (along) in your suitcase?
avoir le mal du pays	to be homesick
changer de l'argent	to change money
confirmer (la réservation)	to confirm (the reservation)
déclarer Avez-vous quelque chose à déclarer ?	to declare Do you have anything to declare (at customs)?
découvrir	to discover
explorer	to explore

faire un voyage	to take a trip
faire de l'auto-stop, faire du stop	to hitchhike
faire du caravaning	to go on a vacation in a RV or camper
faire une croisière	to go on a cruise
faire des économies	to save money
faire des projets	to make plans
faire des préparatifs de voyage	to prepare/to get ready for a trip
faire du tourisme	to go sightseeing
faire une visite guidée	to go on a guided tour
faire le tour du monde	to travel around the world, to go on a world tour
(dé)faire les valises	to (un)pack (the suitcases)
se détendre, se relaxer	to relax
écrire (des cartes postales)	to write (postcards)
jouer	to play
lire	to read
louer (une voiture / une maison)	to rent (a car/a house)
montrer (son passeport)	to show (one's passport)
partir	to leave
partir en vacances	to go on a vacation
passer ses vacances (en France)	to spend one's vacation (in France)
passer le contrôle de sécurité	to go through security
passer la douane	to go through customs
passer la frontière	to cross the border
planifier	to plan
prendre des photos	to take pictures
prendre des vacances	to take a vacation
recommander qch à qn	to recommend sth to sb
remercier qn	to thank sb
rendre visite à qn, aller voir qn Je vais voir / Je rends visite à mes parents.	to visit sb I visit my parents.
visiter qch Je visite le musée.	to visit sth I visit the museum.

récupérer (ses bagages)	to get back (one's luggage)
se rendre	to go
se reposer	to rest
réserver (une chambre)	to reserve, to book (a room)
revenir	to come back
rêver (de)	to dream (about)
voir	to see
voyager	to travel

valable	valid
un passeport / un billet valable	a valid passport/ticket
périmé(e)	expired, out of date
étranger, étrangère	foreign
un pays étranger	a foreign country
à l'étranger Ils vont à l'étranger.	abroad They are going abroad.

C) Flashcards : Chapitre 20, exercice 2

D) Complétez les phrases avec les mots qui conviennent.

1. Si votre passeport est _______________, vous ne pouvez pas partir à l'étranger.
2. Il faut passer à la ____________________ avant de pouvoir entrer sur le territoire d'un pays étranger.
3. S'il s'agit d'un train sans réservation, votre billet est _______________ dans les deux mois qui suivent l'achat.
4. Quand on quitte son pays ou sa région d'origine pour vivre ailleurs, on a quelquefois le __________________
5. Si on veut voyager gratuitement, on fait _____________________
6. Pour les voir, je ____________________ mes parents deux fois par mois.

À la plage

la plage	beach
le sable	sand
le château de sable	sand castle
le coup de soleil	sunburn
la station balnéaire	seaside resort
la mer	ocean
la vague	wave
la côte	coast
la crème solaire	sunscreen
le maillot de bain	swimsuit
le parasol	beach umbrella, parasol
la serviette de plage	beach towel

prendre un bain de soleil	to sunbathe
bronzer	to tan, to get a tan
attraper un coup de soleil	to get a sunburn
faire du bateau	to go boating
faire de la voile	to go sailing
faire de la planche à voile	to go windsurfing
éviter	to avoid
nager	to swim
se baigner	to go swimming
plonger	to dive
ramasser des coquillages	to collect seashells
se reposer	to rest

bronzé(e)	(sun)tanned
détendu(e)	relaxed

E) Flashcards : Chapitre 20, exercice 3

À la montagne

la montagne	mountain
la colline	hill
la pente	slope
la piste de ski	ski run
la station de ski, la station de sports d'hiver	ski resort
le téléski (*fam.* le tire-fesses)	ski tow
le remonte-pente	ski lift
le télésiège	chairlift
le téléphérique	cable car
les sports (*m.pl.*) de glisse, les sports d'hiver	winter sports

monter au sommet	to climb up to the top
prendre le télésiège	to take the chairlift
faire de l'alpinisme	to go mountain climbing
faire de l'escalade	to go rock climbing
faire de la luge	to go sledding
faire du ski (alpin)	to go (downhill) skiing
faire du ski de fond	to go cross country skiing
faire du snowboard	to go snowboarding

À la campagne

la campagne	country(side)
le terrain de camping	campground
la tente	tent
la caravane	(camping) trailer
le sac de couchage	sleeping bag
le matelas pneumatique	air mattress

aller à la pêche	to go fishing
faire du cheval	to go horseback riding
faire de la randonnée	to go hiking
faire une promenade	to go for a walk
faire du vélo	to go cycling, to ride a bike
faire du camping	to camp, to go camping
faire un pique-nique	to have a picnic

F) Flashcards : Chapitre 20, exercice 4

G) Dites si c'est vrai ou faux.

1. Les salariés français ont cinq semaines de congés payés. ___________
2. On met de la crème solaire pour éviter les coups de soleil. ___________
3. On fait des châteaux de sable à la montagne. ___________
4. On peut faire de l'alpinisme à la plage. _________
5. Pour faire du camping, on a besoin d'un sac de couchage. ___________

H) Faites une liste des activités qu'on peut faire à la plage, à la montagne et à la campagne.

À l'hôtel

l'hôtel (*m.*)	hotel
un hôtel trois / quatre / cinq étoiles	a three/four/five star hotel
une chambre (simple / double)	(a single/double) room
une chambre avec douche	a room with a shower
la chambre d'hôtes	bed and breakfast
la réception	reception (desk)
le (la) réceptionniste	receptionist
le hall d'entrée	lobby
le restaurant	restaurant
le bar	bar
la piscine (couverte)	(indoor) swimming pool
le jacuzzi	Jacuzzi, hot tub
le sauna	sauna
le parking	parking garage

l'ascenseur (*m.)*	elevator
la climatisation (*fam.* la clim)	air conditioning
la clé	key
la femme de chambre	maid
le gérant / la gérante	manager
le client / la cliente	(hotel) guest
la note, la facture	bill
le prix	price
le pourboire	tip

I) Flashcards : Chapitre 20, exercice 5

loger / descendre / séjourner (à l'hôtel)[2]	to stay (in a hotel)
remplir (un formulaire)	to fill in (a form)
réserver une chambre (pour deux nuits / pour trois personnes)	to reserve a room (for two nights/for three people)
annuler	to cancel
donner sur Cette chambre donne sur le lac.	to go out on, to overlook This room overlooks the lake.
prendre (la chambre / l'ascenseur)	to take (the room/the elevator)
coûter Combien coûte la chambre par nuit ?	to cost How much is the room per night?
régler (la note)	to pay (the bill)

complet, complète L'hôtel est complet.	fully booked The hotel is full.
compris(e) Est-ce que le petit déjeuner est compris ?	included Is breakfast included (in the price of the room)?
cher, chère	expensive
climatisé(e)	air-conditioned
calme	quiet
bruyant(e)	noisy

confortable	comfortable
luxueux, luxueuse	luxurious

J) Flashcards : Chapitre 20, exercice 6

K) Associez les phrases suivantes.

1. Il règle la note. ____	a. Il veut se baigner.
2. Il prend la chambre. ____	b. Il paie la facture.
3. Il a pris l'ascenseur. ____	c. Il fait chaud dans cette chambre.
4. Il fait de la luge. ____	d. Il est à l'hôtel.
5. Il va à la mer. ____	e. Il n'a pas monté l'escalier.
6. La climatisation ne marche pas. ____	f. Il est à la montagne.

L) Complétez les phrases avec les mots qui conviennent.

1. Si on reste trop longtemps au soleil, on risque d'avoir un ____________
2. Pour ouvrir une porte, on a besoin d'une ___________________
3. Le ____________________, appelé familièrement « tire-fesses », hisse (*pulls*) les skieurs en haut d'une pente.
4. L'hôtel est ___________________ s'il n'y a plus de chambres.
5. Parfois, le petit déjeuner est _________________ dans le prix de la chambre.

M) Inventez une petite histoire en utilisant le vocabulaire des listes précédentes.

N) Conversation/Discussion.

1. Parlez des vacances inoubliables que vous avez passées.
2. Décrivez un voyage que vous avez fait.
3. Passiez-vous l'été en colonie de vacances quand vous étiez enfant ? Racontez.
4. Décrivez un séjour dans un hôtel.
   Où se trouvait l'hôtel ? Pourquoi avez-vous choisi cet hôtel ? Comment était l'hôtel et comment était votre chambre ? À quel étage étiez-vous ? Y avait-il un ascenseur ? Sur quoi donnait la fenêtre de votre chambre ? Qu'est-ce qu'il y avait près de l'hôtel ?, etc.
5. Imaginez les vacances de vos rêves.

Où allez-vous ? Quels sites touristiques avez-vous l'intention de visiter ? Quand partez-vous ? Qu'est-ce que vous emportez ? Comment et avec qui voyagez-vous ? Où logez-vous ? Combien de temps restez-vous ? Que faites-vous ? Que voyez-vous ? Qui rencontrez-vous ? Qu'est-ce que vous achetez ? Qu'est-ce que vous rapportez ?, etc.

6. Dites ce qu'il faut faire pour préparer un long voyage à l'étranger.

O) Jeux de rôle.

1. Un jeune homme se rend dans une agence de voyage pour se renseigner au sujet d'un voyage en Afrique. Il n'a jamais quitté sa ville natale et pose beaucoup de questions à l'agent de voyage qui répond patiemment. Avec votre partenaire, créez un dialogue entre les deux personnes.
2. Imaginez un dialogue entre un(e) touriste et le (la) réceptionniste d'un hôtel en vous servant du vocabulaire et des expressions des listes précédentes. Ensuite jouez la scène.

Lecture

Les vacances

Pour les Français, les vacances sont sacrées. Tout comme la nourriture et la politique, le temps libre est un de leurs sujets de conversation préférés. On dit (en plaisantant) qu'après un séjour touristique, les vacanciers en parlent pendant plusieurs mois et qu'ils passent le reste de l'année à planifier leur prochain voyage.

Depuis 1982, tous les salariés ont droit à cinq semaines de congés payés par an. En général, on étale ces vacances en prenant trois semaines en été et deux semaines en hiver pour pratiquer des sports de glisse à la montagne. Plus de 65% des Français partent en vacances chaque année. Quand ils voyagent, ils restent le plus souvent dans leur pays dont ils apprécient la cuisine, la richesse culturelle et la variété des paysages. La plage (surtout celle de la Méditerranée) est la destination préférée de la plupart des vacanciers en été, suivie de la montagne et de la campagne. Ils se baignent, ils font des sports nautiques, de la randonnée et ils visitent des monuments historiques ainsi que des parcs d'attractions tels que le Futuroscope, Disneyland Paris et le Parc Astérix. Quand ils font du tourisme, les Français prennent leur temps et préfèrent profiter d'un seul endroit plutôt que de visiter beaucoup de sites culturels. Seulement 15% des Français passent leurs vacances à l'étranger, principalement en Europe.

En juillet et en août, les villes se vident et, puisque les Français se déplacent en voiture ou en train plutôt qu'en avion, il y a des embouteillages importants sur les autoroutes et les gares sont bondées. On appelle les vacanciers qui partent en juillet *les juilletistes* et ceux qui quittent leur domicile en août, *les aoûtiens*. Durant la période d'été, 40% des entreprises françaises suspendent leur activité (souvent pendant un mois) pour la *fermeture annuelle*.

En plus de leurs cinq semaines de congés, les Français profitent de plusieurs « ponts » qui leur accordent un week-end prolongé. Si un jour férié tombe un mardi ou un jeudi, on « fait le pont », c'est-à-dire qu'on ne travaille pas le lundi ou le vendredi non plus. Si on compare le nombre de jours de congé en France avec celui d'autres pays, on comprend pourquoi les Français sont appelés par certains les champions du monde des vacances.

P) Répondez aux questions suivantes.

1. À combien de semaines de congés payés ont droit les salariés français ?
2. Durant quels mois les Français prennent-ils leurs vacances en été ?
3. Quelles activités les Français pratiquent-ils pendant ces vacances ?
4. Que signifient les mots *juilletistes* et *aoûtiens* ?
5. Que font beaucoup de Français si un jour férié a lieu un mardi ou un jeudi ?
6. Quel est le pourcentage des entreprises qui ferment leurs portes au cours du mois d'août ?

Notes

1 Note that the word ***vacances*** is always plural. French students have the following vacations:
les vacances d'été, ***les vacances de la Toussaint*** (fall break), ***les vacances de Noël***, ***les vacances d'hiver***, and ***les vacances de printemps*** (spring break).

2 Do not use the verb ***rester*** when translating 'to stay' at a hotel or another place where you live temporarily.

21 La ville et la campagne

Town and country

I) La ville

Vocabulaire de base

la ville	city, town
le centre-ville	city center, downtown
la banlieue	suburbs
le quartier	neighborhood, section of town
le gratte-ciel	skyscraper
le bâtiment	building (general term)
l'édifice (*m.*)	(big) building
l'immeuble (*m.*)	(apartment or office) building
la tour	tower, high-rise building
l'hôtel (*m.*) de ville, la mairie	town hall
la banque	bank
la poste, le bureau de poste	post office
l'église *(f.)*	church
la cathédrale	cathedral
la mosquée	mosque
la synagogue	synagogue
le temple	temple, Protestant church
la chapelle	chapel
le cimetière	cemetery
le commissariat (de police)	police station
la bibliothèque	library
l'hôpital (*m.*)	hospital
l'hôtel (*m.*)	hotel

l'auberge de jeunesse *(f.)*	youth hostel
le musée	museum
le cinéma	movie theater
le théâtre	theater
l'opéra (*m.*)	opera
le château	castle
le monument	monument
le parc	park
la place	(public) square
l'endroit (*m.*)	place
la piscine (municipale)	(public) swimming pool
la station-service	gas station, service station
la station de métro	subway station
la gare	train station
la rue	street
l'avenue (*f.*)	avenue
le boulevard	boulevard
le carrefour	intersection
le pont	bridge
le fleuve, la rivière	river
le trottoir	sidewalk
le piéton / la piétonne	pedestrian
le passage piéton	crosswalk

A) Flashcards : Chapitre 21, exercice 1

B) Citez au moins dix endroits dans une ville que vous voudriez voir.

C) Complétez les phrases avec les mots qui conviennent.

1. On achète les timbres (*stamps)* ____________________
2. On va ____________________ pour ouvrir un compte d'épargne.
3. Pour se faire opérer, on va ____________________
4. Si on veut assister à la messe, on va ____________________
5. Les tombes se trouvent ____________________
6. Les piétons marchent sur ____________________ et ils traversent la rue sur ____________________

7. On appelle un bâtiment très haut ______________________
8. L'endroit où deux rues se croisent s'appelle ____________________
9. Le ______________ nous permet de traverser un fleuve ou une rivière.
10. On va ___________________ pour voir un film.
11. Si on ne connaît personne dans la ville que l'on visite, on passe probablement la nuit _________________
12. Pour nager, on va ________________________
13. Si on a besoin d'essence, on s'arrête à une ____________________
14. Pour voir une pièce de Molière, on va _________________
15. Pour regarder des sculptures et des peintures, on va ________________
16. Si on veut prendre le métro, on va ________________________
17. Pour écouter *La Traviata*, on va _________________

D) Écrivez la définition des mots suivants.

Exemple : le cimetière ⇒ C'est un endroit où l'on enterre les morts.
le trottoir
la gare
la bibliothèque
la piscine
la mosquée

Vocabulaire supplémentaire et apparenté

la capitale	capital
la laverie (automatique)	laundromat
le tribunal	court house
le marché aux puces	flea market
la rue piétonne	pedestrian street
la maison de retraite	retirement home
la fontaine	fountain
les gens (*m.pl.*)	people
le maire	mayor
le (la) mendiant(e)	beggar
le (la) SDF (sans domicile fixe), le (la) sans-abri	homeless person

l'étranger / l'étrangère	foreigner, stranger
l'habitant / l'habitante	inhabitant, resident
le plan (de la ville)	city map
le plan de métro	subway map
le bruit	noise
la foule	crowd
le divertissement, la distraction	entertainment

E) Flashcards : Chapitre 21, exercice 2

F) Complétez les phrases avec les mots qui conviennent.

1. Paris est la ______________________ de la France.
2. Si on n'a pas de machine à laver chez soi, il faut aller à la ___________ pour laver son linge.
3. Après la mort de son mari, ma grand-mère a décidé d'habiter dans une ________________________
4. Les __________________ sont des personnes qui n'ont pas de domicile et qui vivent dans la rue.
5. La personne qui dirige une ville ou un village s'appelle le __________
6. Le maire travaille à l'________________________
7. Pour trouver une rue dans une ville, il me faut un ___________________
8. Je n'arrive pas à dormir car la clim fait trop de _____________

G) Choisissez des mots parmi les listes de vocabulaire précédentes (sans le dire à personne) et décrivez-les. Vos camarades de classe vont deviner ce que c'est.

Exemple : C'est un endroit où les avions arrivent et d'où ils partent.
⇒ C'est l'aéroport.

aller (en ville)	to go (downtown)
aller à pied	to walk, to go on foot
agresser	to mug
arriver	to arrive
améliorer (qch)	to improve (sth)

s'amuser	to have a good time
construire	to build
faire des achats	to go shopping
flâner	to stroll
marcher	to walk
prier	to pray
se perdre	to get lost
être perdu	to be lost
prendre (le bus, le métro)	to take (the bus, the subway)
se promener (*fam.* se balader)	to go for a walk
restaurer	to restore
vivre, habiter[1]	to live
voir	to see

H) Flashcards : Chapitre 21, exercice 3

I) Que peut-on faire dans une ville ? Utilisez beaucoup de verbes de la liste précédente.

bruyant(e)	noisy
animé(e)	busy (street), lively
calme	calm, quiet
célèbre	famous
sûr(e)	safe
plein(e)	full
vide	empty
pollué(e)	polluted
pur(e)	pure, clean

J) Flashcards : Chapitre 21, exercice 4

K) Écrivez une petite histoire en utilisant au moins vingt mots des listes précédentes.

II) La campagne

la campagne	country[2]
à la campagne	in the country
la nature	nature
le paysage	landscape, scenery
l'animal (*m.*) (les animaux)	animal (animals)
la forêt	forest
l'arbre (*m.*)	tree
la feuille	leaf
la fleur	flower
l'oiseau *(m.)* (les oiseaux)	bird (birds)
l'agriculteur / l'agricultrice	farmer
la ferme	farm
le champ	field
le village	village
l'air (*m.*)	air
l'auberge (*f.*)	(country) inn, hostel
le chemin	path, way
le sentier	trail, path

L) Flashcards : Chapitre 21, exercice 5

Expression

On n'est pas sorti de **l'auberge**.	The difficulties are not yet over. We are not (yet) out of the woods.

M) Complétez les phrases avec les mots qui conviennent.

1. La vache, le cheval, le cochon et le coq sont des animaux de la ________________
2. L' ___________ est plus pur à la campagne.
3. Le ______________ est une parcelle de terre où les agriculteurs cultivent du blé, du maïs, etc.
4. Le _______________ est un chemin étroit à la campagne.
5. Quand on a des difficultés qui subsistent, on dit souvent : « ____________ ____ ».

élever (un animal)	to raise (an animal)
cultiver, faire pousser[3] (qch)	to grow (sth)
jardiner	to garden, to do gardening
respirer	to breathe
voir	to see
se promener, faire une promenade	to go for a walk
faire de la randonnée	to go hiking

N) Flashcards : Chapitre 21, exercice 6

O) Choisissez au moins vingt mots de la liste de vocabulaire précédente (la campagne) et utilisez-les dans une histoire que vous inventerez.

P) Conversation/Discussion.

1. Décrivez en détail la ville (le village) où vous avez grandi (les monuments, les magasins, les musées, les restaurants, les parcs, etc.). Quelles sont les distractions dans votre ville (village) ?
2. Qu'est-ce que vous montrez à un(e) ami(e) français(e) qui vous rend visite dans la ville où vous habitez maintenant ? Dites ce qu'on peut y voir et faire.
3. Qu'est-ce que vous aimez faire quand vous êtes en ville ?
4. Si vous aviez le choix, préféreriez-vous vivre au centre-ville ou en banlieue ? Dites pourquoi.
5. Aimeriez-vous vivre dans une grande ville, à New York ou à Tokyo par exemple ? Pourquoi (pas) ?
6. Préféreriez-vous habiter dans une ville française ou dans une ville de votre pays ? Expliquez.
7. Qu'est-ce que vous feriez si vous habitiez à Paris ?
8. Quelles villes voudriez-vous visiter dans le monde ? Pourquoi ?
9. Quelles villes européennes avez-vous déjà visitées ? Laquelle de ces villes préférez-vous ? Expliquez.
10. Si vous aviez le choix, préféreriez-vous vivre en ville ou à la campagne ? Pourquoi ?
    À votre avis, quels sont les avantages et les inconvénients respectifs de la vie en ville et à la campagne ?

Demander son chemin	**To ask for directions**
Pourriez-vous me dire . . .	Could you tell me . . .
Pardon, monsieur, pour aller à . . .	Excuse me, Sir, how do I get to . . .
chercher	to look for
trouver	to find

se trouver Où est . . . / Où se trouve . . . ?	to be located Where is . . .?
suivre	to follow
tourner	to turn
à droite	on (to) the right
à gauche	on (to) the left
continuer	to continue
tout droit	straight ahead
monter	to go up
descendre	to go down
faire demi-tour	to turn around, to make a U-turn
traverser	to cross
prendre	to take
il y a . . .	there is . . ., there are . . .
proche Où est la station de métro la plus proche ?	close Where is the closest subway station?
près (d'ici) C'est tout près.	nearby It's very close by.
loin de	far from
devant	in front of
derrière	behind
entre	between
à côté de	next to
de l'autre côté de	on the other side of
en face de	across from
au bout de	at the end of
au coin de	at the corner of
au prochain feu / carrefour	at the next traffic light/intersection
être / se trouver **à** (+ temps ou distance) de Le resto-U est à dix minutes de ma résidence. Versailles se trouve à 20 km de Paris.	to be (+ time or distance) from The campus restaurant is ten minutes from my dorm. Versailles is 20 kilometers from Paris.
jusqu'à jusqu'au feu	as far as, to to / as far as the traffic light
à pied	on foot

Q) Flashcards : Chapitre 21, exercice 7

R) Donnez le contraire.

1. trouver ____________________ 2. à droite ____________________

3. devant ____________________ 4. monter ____________________

5. près d'ici ____________________

S) Lisez les dialogues suivants.

A) Pardon, madame, je cherche une banque. Est-ce qu'il y a une banque près d'ici ?
B) Oui, madame (monsieur), il y a une banque au coin de la rue Voltaire et de l'Avenue de l'Indépendance. Continuez tout droit jusqu'au feu, tournez à gauche et prenez la deuxième rue à droite. La banque est au prochain carrefour.
A) C'est loin d'ici ?
B) C'est à dix minutes à pied.
A) Merci beaucoup, madame. Au revoir.

A) Bonjour, monsieur, pourriez-vous me dire où se trouve la pharmacie la plus proche ?
B) Descendez la rue Bonaparte. Allez jusqu'au bout de la rue et la pharmacie est sur votre droite.
A) Merci bien, monsieur. Bonne journée.

A) Pardon, madame, pour aller au centre commercial, s'il vous plaît ?
B) Il est de l'autre côté du fleuve. Faites demi-tour. Tournez à gauche au prochain feu. Au rond point tournez à droite. Suivez le fleuve, traversez le pont et vous allez voir le centre commercial sur votre gauche.
A) Merci infiniment, madame. Au revoir.

T) Imaginez des dialogues similaires en vous servant d'un plan de la ville de Paris sur Internet. Choisissez un point de départ et une destination.

Notes

1 ***Habiter*** means 'to live' (to have one's residence) somewhere.

J'habite *dans un appartement.*
Elle ***habite*** *à Paris.*

Vivre means 'to live' in all other contexts but can also be used to indicate a place of residence.

Nous ***vivons*** *au vingt-et-unième siècle.*	We live in the twentieth century.
Elle ***vit*** *au-dessus de ses moyens.*	She lives beyond her means.
Il ***vit*** *sous le seuil de pauvreté.*	He lives under the poverty line.
Ils ***vivent*** *en banlieue.*	They live in the suburbs.

2 The *country* as opposed to the *city*.
But: France is a beautiful **country**. = *La France est un beau* ***pays***.

3 The verb ***cultiver*** is generally used when a farmer grows something (professionally).
Il *cultive* le blé. = He grows wheat.
Faire pousser is used when someone grows something in the garden.
Mon père ***fait pousser*** *des tomates*.

22 L'école et l'université

School and university

I) L'école

Vocabulaire de base

l'école (*f.*)	school
l'école maternelle	preschool
l'école élémentaire / primaire	elementary/primary school
l'école publique / privée	public/private school
l'internat (*m.)*	boarding school
le collège	middle school
le lycée	high school
le (la) lycéen(ne)	high school student
l'élève (*m. f.*)	elementary and secondary school student
l'enseignant(e)	teacher (general term for all teachers)
l'instituteur / l'institutrice,[1] le maître / la maîtresse	elementary school teacher
le (la) professeur(e)[*fam.* le (la) prof]	high school teacher, university professor
l'enseignement (*m.*)	instruction, education, teaching
l'enseignement à domicile	homeschooling
la formation	education, training
la note[2]	grade
le bulletin (de notes)	report card
la moyenne (générale)	(overall) grade average
la classe	class
la salle de classe	classroom
le (la) camarade de classe	classmate

la cantine	cafeteria
le gymnase	gymnasium
la récréation (*fam.* la récré)	recess
la cour de récréation	schoolyard
les devoirs (*m. pl.*)	homework
la rédaction	composition
l'interrogation (*f.*) (*fam.* l'interro), le contrôle	quiz, test
l'examen (*m.*)	exam
le baccalauréat (*fam.* le bac)	end of high school exam
le bachelier / la bachelière	student who has passed the baccalaureate exam
l'emploi du temps (*m.*) un emploi du temps chargé	(course) schedule a heavy schedule
la matière	(school) subject
le prix	award
la rentrée (scolaire) à la rentrée	beginning of the school year at the start of the school year
le harcèlement	bullying
l'orthographe (*f.*)	spelling
la faute la faute d'orthographe la faute de frappe la faute d'inattention, l'étourderie (*f.*)	mistake spelling mistake typing error, typo careless mistake

A) Flashcards : Chapitre 22, exercice 1

La salle de classe	**The classroom**
le bureau	desk
la carte	map
la table	table
la chaise	chair
la craie	chalk
la fenêtre	window
la porte	door

l'horloge (*f.*)	clock
l'ordinateur (*m.*)	computer
l'écran (*m.*)	screen
le tableau noir / blanc	black-/whiteboard
le tableau d'affichage	bulletin board

B) Flashcards : Chapitre 22, exercice 2

Le cartable et le sac à dos	**The schoolbag and the backpack**
les fournitures scolaires (*f.pl.*)	school supplies
la serviette	briefcase
l'agrafeuse (*f.*)	stapler
l'agenda (*m.*)	(daily) planner
le blanco, le Tipp-Ex	white-out
le bloc-notes	notepad
le cahier	notebook
la calculatrice (*fam.* la calculette)	calculator
la chemise	folder
le classeur	binder
les ciseaux (*m.pl.*)	scissors
le crayon	pencil
le taille-crayon	pencil sharpener
le dictionnaire (*fam.* le dico)	dictionary
la gomme	eraser
le livre (*fam.* le bouquin)	book
le surligneur	highlighter
la tablette	tablet (computer)
le portable	laptop
le portable	cell phone
la règle	ruler
le stylo	pen
le stylo-bille	ballpoint pen
la trousse	pencil case
le scotch	Scotch tape

C) Flashcards : Chapitre 22, exercice 3

D) Complétez les phrases avec les mots qui conviennent.

1. Le premier jour de l'école après les grandes vacances s'appelle la ____________________
2. On met les stylos, la gomme et le taille-crayon dans une ____________
3. Après l'école, les élèves doivent travailler à la maison; ils doivent faire leurs __________________
4. Les élèves font du sport au ____________________
5. Les élèves qui ne peuvent pas rentrer chez eux à midi déjeunent à la __________________
6. Le professeur écrit les explications au _________________________ avec de la ______________
7. Cet élève a fait beaucoup de ________________ dans la dictée.
8. À l'école, ma _________________ préférée était la biologie.
9. Les élèves mettent leurs livres et leurs cahiers dans un ____________
10. Elle écrit les mots correctement. Elle est bonne en ______________
11. J'ai eu une bonne note à mon dernier __________________ de français.
12. Les élèves qui ont beaucoup de classes chaque jour ont un ___________ ____________ chargé.
13. Les meilleurs élèves reçoivent souvent un _______________ à la fin de l'année scolaire.
14. Le ____________________ est l'examen que les lycéens passent à la fin du lycée.

E) Répondez aux questions suivantes.

1. Qu'est-ce qui se trouve dans votre sac à dos et dans votre trousse ?
2. Qu'est-ce qu'il y a dans une salle de classe ?

aller à / fréquenter une école	to attend[7] a school
(s')améliorer	to improve
Il veut améliorer son français.	He wants to improve his French.

apprendre[3]	to learn
apprendre[3] qch à qn	to teach sb sth
enseigner qch à qn Elle enseigne le français. Elle enseigne les mathématiques aux élèves.	to teach sb sth She teaches French. She teaches the students mathematics.
comprendre	to understand
avoir une bonne / mauvaise note (à l'examen) J'ai eu 18/20 à mon dernier examen.	to get a good/bad grade (on the test) I got an "A" on my last test.
se débrouiller	to manage, to get along
barrer	to cross out
gommer	to erase
copier sur qn	to copy from sb
encourager (qn à faire qch)	to encourage (sb to do sth)
décourager (qn de faire qch)	to discourage (sb from doing sth)
dessiner	to draw
écrire	to write
lire	to read
compter	to count
calculer	to calculate
passer un examen	to take a test
réussir un examen	to pass a test
échouer à un examen	to fail a test
rater un examen	to flunk a test
effacer (le tableau)	to wipe (the blackboard)
être en sixième / cinquième	to be in sixth/seventh grade
être en première	to be in eleventh grade (a junior)
être en terminale	to be in twelfth grade (a senior)
expliquer	to explain
faire attention	to pay attention
faire ses devoirs	to do one's homework
ouvrir	to open
fermer	to close
harceler	to bully

manquer l'école	to miss school
mériter	to deserve
punir	to punish
redoubler	to repeat a school year
rendre (un devoir) Quand doit-on rendre les devoirs ? Les devoirs sont à rendre mardi.	to turn/hand in (an assignment) When is the homework due? The homework is due on Tuesday.
demander	to ask
poser une question à qn	to ask sb a question
répondre (à)	to answer
retenir qch	to remember sth, to retain (what one has learned)
oublier	to forget
surligner	to highlight
souligner	to underline
supprimer Le cours de chinois a été supprimé.	to do away with, to eliminate, to drop The Chinese course was dropped.
traduire	to translate
travailler dur	to study/work hard
tricher (à un examen)	to cheat (on an exam)

F) Flashcards : Chapitre 22, exercice 4

G) Traduisez les phrases suivantes en français.

1. She always passes the exams. ______________________________
2. We must hand in our homework on Monday. ____________________
3. At primary school, students learn how to read, write and count. _______
   ____
4. My son failed the first quiz. ____________________________
5. You are going to manage. ______________________________
6. Some students bully their classmates. _______________________

absent(e)	absent
présent(e)	present
correct(e)	correct, right

faux, fausse	wrong
facile	easy
difficile	difficult, hard
compliqué(e)	complicated
ennuyeux, ennuyeuse	boring
intéressant(e)	interesting
faible	weak
fort(e) Elle est forte en anglais.	strong She is good at English.
privé(e)	private
public, publique	public
gratuit(e)	free of charge
payant(e)	must be paid for
paresseux, paresseuse	lazy
travailleur, travailleuse	hardworking, industrious
strict(e), sévère	strict, severe
compréhensif, compréhensive	understanding
exigeant(e)	demanding
indulgent(e)	lenient
attentif, attentive	attentive
distrait(e)	distracted, inattentive
consciencieux, consciencieuse	conscientious
bon(ne)	good
mauvais(e) Il est mauvais en physique.	bad He is bad at physics.
nul, nulle (en) Elle est nulle en chimie.	very bad (at sth) She is very bad at chemistry.
doué(e) [pour] Elle est très douée pour les langues.	gifted, talented [in] She is very gifted in languages.
mûr(e)	mature
immature	immature
écrit(e) un examen écrit	written a written exam
oral(e) un examen oral	oral an oral exam

obligatoire un cours obligatoire	mandatory, required a required course
facultatif, facultative	optional, elective
requis(e)	required

H) Flashcards : Chapitre 22, exercice 5

I) Donnez le contraire.

1. fort ____________________
2. présent ________________
3. gratuit __________________
4. facile___________________
5. strict ___________________
6. privé ___________________
7. travailleur _______________
8. intéressant ______________
9. correct __________________
10. immature ______________
11. bon ____________________
12. attentif_________________
13. obligatoire ______________
14. oral ____________________
15. réussir un examen ___________
16. fermer__________________
17. enseigner ________________
18. décourager ______________
19. demander ________________

J) Complétez les phrases avec les mots qui conviennent.

1. Ce professeur _________________________ la biologie.
2. Si on a une très mauvaise note, on ___________________ à l'examen.
3. Quand l'enseignant pose une question, les élèves __________________ à la question.
4. Les lycéens passent le baccalauréat quand ils sont en ______________
5. En France, les écoles publiques sont _______________________, les écoles privées sont payantes.
6. Cet élève ne veut pas travailler. Il est __________________________
7. Une personne ___________________________ fait bien son travail.
8. Ce professeur demande de gros efforts à ses étudiants, il est __________
9. Il apprend facilement les langues étrangères. Il est très _____________ pour les langues.

10. Les cours qu'un élève doit suivre sont des cours __________________
11. Si, pendant un examen, un élève copie sur son voisin, il ____________
12. Une fois que les élèves ont fini leurs devoirs, ils les ______________ au professeur.

Matières au lycée	**High school subjects**
l'anglais *(m.)*	English
les langues *(f.pl.)* (vivantes)	(modern) languages (*see list chapter 15*)
le latin	Latin
le grec ancien	ancient Greek
la géographie (*fam.* la géo)	geography
l'histoire *(f.)*	history
les sciences *(f.pl.)*	science
l'histoire-géographie *(f.)* (*fam.* l'histoire-géo)	social studies
les mathématiques *(f.pl.)* (*fam.* les maths)	mathematics
l'arithmétique *(f.)*	arithmetic
l'algèbre *(f.)*	algebra
la géométrie	geometry
la physique	physics
la chimie	chemistry
la biologie	biology
le théâtre	acting, theater
les arts plastiques (*m.pl.*)	fine arts
l'éducation *(f.)* physique	physical education

K) Flashcards : Chapitre 22, exercice 6

L) Conversation/Discussion.

1. Aimiez-vous aller à l'école ? Pourquoi (pas) ?
2. Décrivez une journée typique au lycée. Que faisiez-vous chaque jour ?
3. Quelles matières aimiez-vous quand vous étiez au lycée ? Lesquelles détestiez-vous ? Expliquez.
4. Quelles langues pouvait-on étudier dans votre lycée ? En avez-vous appris une ?

5. Est-ce que vous vous souvenez de vos instituteurs / institutrices à l'école primaire ? Comment étaient- ils / elles ? Comment étaient vos professeurs et vos camarades de classe au lycée ? Racontez.
6. Est-ce que les notes que vous avez eues à l'école étaient importantes pour vos parents ? Comment réagissaient-ils quand vous aviez de bonnes / mauvaises notes ?
7. Que pensez-vous des devoirs ? Sont-ils utiles ou faudrait-il les supprimer ? Aimez-vous les faire ? Pourquoi (pas) ?
8. Certains disent qu'il faudrait supprimer les notes sur les bulletins des élèves. Qu'en pensez-vous ?
9. Tandis qu'en France, l'enseignement à domicile reste extrêmement marginal, aux États-Unis, beaucoup de parents préfèrent s'occuper eux-mêmes de l'instruction de leurs enfants. Selon vous, pourquoi font-ils ce choix ? Que pensez-vous de l'école à la maison ? Quels sont les avantages et les inconvénients du « home schooling » ? Êtes-vous pour ou contre cette forme d'enseignement ? Argumentez.

II) L'université

l'université *(f.)*	university, college
la faculté[4] (*fam.* la fac)	school within a university, university
l'école (*f.*) de commerce	business school
le campus	campus
le restaurant universitaire (*fam.* le resto U)	university cafeteria, commons
la résidence universitaire	(college) dorm
la librairie	bookstore
la bibliothèque	library
l'amphithéâtre (*m.*) (*fam.* l'amphi)	lecture hall, auditorium
l'étudiant(e)	(university) student
la carte d'étudiant	student ID card
le (la) colocataire [*fam.* le (la) coloc]	housemate
le (la) camarade de chambre	roommate
le bureau	office
les heures de permanence (*f.pl.)*	office hours (of a professor)
le conseiller / la conseillère	adviser
le semestre	semester
la demande	application

les frais *(m.pl.)* de scolarité	tuition
la conférence	lecture
le cours	course
le cours magistral (les cours magistraux)	lecture course(s)
le concours	competitive exam
le diplôme	diploma
la remise des diplômes	graduation
le (la) diplômé(e)	graduate
la licence (bac + 3)[5]	three-year college degree
le master (bac + 5)	five-year college degree
le doctorat (bac + 8)	Ph.D. degree, doctorate
la bourse	scholarship
le prêt	loan
la dissertation (*fam.* la dissert)	paper (written for class)
le laboratoire (*fam.* le labo)	laboratory
le stage	internship
la spécialité	major
la réunion	meeting
la réussite	success
le taux de réussite	success rate
l'échec *(m.)*	failure
le taux d'échec	dropout rate
le relevé de notes	transcript
la capacité	ability
les connaissances *(f.pl.)*	knowledge
la date limite Quelle est la date limite pour rendre la dissertation ?	deadline What is the deadline for handing in the paper? (When is the paper due ?)

M) Flashcards : Chapitre 22, exercice 7

Matières à l'université	**University subjects**
la biochimie	biochemistry
le commerce	business
la communication	communications

la comptabilité	accounting
le droit	law
les études *(f.pl.)* de l'environnement	environmental studies
l'économie *(f.)*	economics
l'ingénierie[6] *(f.)* Je suis étudiant(e) en ingénierie. J'étudie l'ingénierie.	engineering I study engineering.
le génie[6] civil / mécanique / électrique Je suis étudiant(e) en génie civil / mécanique / électrique.	civil/mechanical/electrical engineering I study civil/mechanical/electrical engineering.
l'informatique *(f.)*	computer science
le journalisme	journalism
la linguistique	linguistics
la littérature	literature
la musique	music
la pédagogie	education
la philosophie (*fam.* la philo)	philosophy
la psychologie (*fam.* la psycho)	psychology
les sciences *(f.pl.)* politiques	political science
la sociologie	sociology
la statistique	statistics
la théologie	theology

N) Flashcards : Chapitre 22, exercice 8

O) Complétez les phrases avec les mots qui conviennent.

1. La plupart des étudiants américains logent dans des ________________
2. On emprunte des livres à la ________________________, on les achète à la ________________
3. Sur le campus, les étudiants mangent au __________________________
4. On paie les ____________________________ au moment de s'inscrire.
5. Les étudiants qui n'ont pas assez d'argent pour faire des études peuvent recevoir une ______________
6. La cérémonie qui a lieu (aux États-Unis) quand les étudiants ont fini leurs études s'appelle la __________________________

7. Si on a les notes suffisantes, on obtient son ________________ à la fin de ses études.
8. La grande salle où les professeurs d'université font les cours s'appelle l' ________________.
9. Une année universitaire est composée de deux ________________
10. La personne avec laquelle je partage un appartement ou une maison et mon (ma) ________________

P) Traduisez les phrases suivantes en français.

1. Graduation will take place on Sunday afternoon. ________________
2. Did you listen to his lecture? ________________
3. The students have to write many papers. ________________
4. He studies computer science. ________________
5. What is your major? – It's history. ________________
6. Some students receive a scholarship. ________________

aller à l'université	to attend[7] a university/college
assister à (un cours, une réunion, une conférence)	to attend[7] (a course, a meeting, a lecture)
abandonner	to give up, to withdraw from
aller en cours	to go to class
annuler	to cancel
argumenter	to present one's arguments
atteindre	to reach
choisir	to choose
conseiller	to advise
discuter de qch	to discuss sth
étudier	to study
étudier à l'étranger	to study abroad
faire ses études J'ai fait mes études à Paris.	to study I studied in Paris.
faire des études d'infirmier(ère)	to study (major in) nursing
faire des études d'ingénieur / de médecine / de commerce	to study (major in) engineering/ medicine/business

être en première / deuxième / troisième / quatrième année	to be a freshman/sophomore/ junior/senior
faire une demande (de) Il a fait une demande de bourse / de prêt.	to apply (for) He applied for a scholarship/a loan.
faire une demande d'admission	to apply to a university
faire des progrès, progresser	to make progress
faire de la recherche	to do research
faire un stage	to do an internship
finir ses études, obtenir son diplôme Je finirai mes études l'année prochaine.	to graduate I will graduate next year.
s'inscrire (à) Ma fille s'est inscrite au cours de français.	to enroll (in) My daughter enrolled in the French course.
obtenir	to get
partager	to share
prendre des notes	to take notes
rédiger	to write
remplir (un formulaire)	fill out (a form)
réviser	to review
(re)tenter	to try (again)
manquer un cours	to miss a class
sécher un cours *(fam.)*	to skip a class, to cut class
se spécialiser en En quoi est-ce que tu te spécialises ? Je me spécialise en psychologie.	to major in What are you majoring in? I am majoring in psychology.
suivre un cours Je suis un cours de philosophie.	to take a class I am taking a philosophy course.
traduire	to translate

Q) Flashcards : Chapitre 22, exercice 9
R) Complétez les phrases avec les mots de la liste suivante.

rédiger, s'inscrire, suis, réviser, sécher les cours, partagent, obtient, faire un stage, échouer, prennent des notes, réussissent

1. Avant de suivre un cours, les étudiants américains doivent _____________ à ce cours.

2. Quand il fait beau, les étudiants ont tendance à ____________________ car ils veulent profiter du soleil.
3. Avant de passer un examen, il faut ____________________ les notes que l'on a prises en cours.
4. Les étudiants qui se sont bien préparés pour leur examen ____________
5. Si on a réussi les examens, on ____________________ son diplôme à la fin de ses études.
6. Ce semestre, je ____________________ un cours de chimie et un cours de psychologie.
7. Quand on est en quatrième année à l'université aux États-Unis, il faut ____________________ une thèse.
8. Dans une résidence universitaire, les étudiants américains ____________ souvent leur chambre avec un(e) camarade de chambre.
9. *Rater* un examen veut dire ____________________ à un examen.
10. Pour acquérir des connaissances pratiques dans sa discipline, il va ______________________________
11. Pendant que le professeur parle, les étudiants ____________________

S) Traduisez les phrases suivantes en français.

1. Is he a sophomore, a junior or a senior? ____________________
2. I got a good grade on the exam. ____________________
3. She is going to graduate in June. ____________________
4. He hopes to study nursing. ____________________
5. We are taking a history course. ____________________
6. What are you majoring in? ____________________
7. I am majoring in chemistry. ____________________
8. Did you already register for classes? ____________________
9. My friend wants to do an internship. ____________________
10. When it snows a lot, classes are canceled. ____________________
11. Last semester, we studied abroad. ____________________
12. My nephew attends the university of Denver. ____________________
13. Did they attend the lecture? ____________________

T) Conversation/Discussion.

1. Quelle est votre spécialité ? Pourquoi l'avez-vous choisie ?
2. Quels cours suivez-vous ce semestre ?
3. Quelle est votre matière préférée à l'université ? Pourquoi ?
4. En quelle année êtes-vous à l'université ?
5. Réussissez-vous toujours les examens ? Pourquoi (pas) ?
6. Habitez-vous sur le campus, dans une maison ou dans un appartement ? Décrivez votre logement.
7. Partagez-vous la maison (votre chambre) avec quelqu'un ? Si oui, décrivez vos colocataires (votre camarade de chambre).
8. Séchez-vous quelquefois vos cours ? Pourquoi (pas) ?
9. Si vous décidiez un jour de sécher les cours, comment passeriez-vous votre journée ?
10. Avez-vous déjà fait un stage ? Qu'est-ce que vous avez fait ? Racontez comment cela s'est passé.
11. Quand allez-vous finir vos études ?
12. Qu'est-ce que vous allez faire après avoir obtenu votre diplôme ?
13. Que pensez-vous de votre université ? Pourquoi l'avez-vous choisie ?
14. À votre avis, comment pourrait-on améliorer cette université ? (programmes, activités, etc.)
15. Est-ce que les frais de scolarité sont élevés à votre université ? Combien coûtent l'enseignement, le logement et la nourriture par semestre ?
16. Quels conseils donneriez-vous à un(e) nouvel(le) étudiant(e) ?
17. Parlez des avantages et des inconvénients de vivre dans des résidences universitaires.

Lecture

Le système scolaire français

En France, l'école est obligatoire de 6 à 16 ans.[8] La plupart des élèves fréquentent les écoles publiques gratuites, mais il existe aussi des établissements privés qui sont payants. Le système scolaire étant extrêmement centralisé (dirigé par le ministère de l'Éducation nationale), les programmes sont les mêmes dans toutes les écoles du pays.

L'enseignement primaire

a) L'école maternelle

Cette école accueille les enfants de 3 à 6 ans. Ils y dessinent, chantent, écoutent des histoires et jouent à des jeux éducatifs.

b) L'école élémentaire

L'école élémentaire comprend les classes suivantes : le cours préparatoire (CP), le cours élémentaire 1 (CE1), le cours élémentaire 2 (CE2), le cours moyen 1 (CM1) et le cours moyen 2 (CM2).[9] À l'école élémentaire, où ils vont pendant cinq ans, les élèves apprennent à lire, à écrire, à calculer et sont le plus souvent initiés à une langue étrangère dès le CP. Par ailleurs, ils font des mathématiques, du français, des sciences, de l'histoire et de la géographie. Ils ont un(e) seul(e) enseignant(e) pour toutes les matières. Avec six heures de cours par jour, l'emploi du temps des écoliers est chargé. Ils ont cependant une pause de deux heures pour le déjeuner. Aujourd'hui, la plupart des élèves ne vont plus à l'école le mercredi, car plus de 85% des communes françaises ont une semaine scolaire de quatre jours depuis la rentrée 2018.

L'enseignement secondaire

L'enseignement secondaire est divisé en deux cycles, le collège et le lycée.

a) Le collège

À l'âge de 11 ans, les élèves entrent au collège qui comprend les classes de sixième, cinquième, quatrième et troisième.[10] Contrairement à l'école élémentaire, où ils avaient un seul instituteur ou une seule institutrice, ils ont maintenant un(e) enseignant(e) différent(e) pour chaque discipline. En classe de sixième, les élèves apprennent une langue étrangère et en classe de quatrième, ils choisissent une deuxième langue étrangère ou régionale (telle que le breton, le basque, le corse ou l'occitan). Si leurs notes ne sont pas satisfaisantes à la fin d'une année scolaire, les élèves peuvent être invités à redoubler, c'est-à-dire à recommencer l'année au lieu de passer dans la classe suivante. En France, les notes scolaires sont des nombres sur une échelle de 0 à 20. *Insuffisant* (0–9); *passable* (10–12); *assez bien* (12–14); *bien* (14–16); *très bien* (16–18); *excellent* (18–20). À la fin de la dernière année du collège, les élèves passent un examen qui confère le diplôme du **brevet**.

b) Le lycée

1. **Le lycée d'enseignement général**[11] comprend trois classes : la seconde, la première et la terminale.[12] Tous les lycéens suivent les mêmes cours en classe de seconde, sauf pour les options. Mais dès qu'ils passent en première, ils choisissent une filière[13] en fonction du baccalauréat qu'ils comptent passer. Depuis 1992, le baccalauréat général a trois filières : le bac S (scientifique), le bac L (littéraire) et le bac ES (économique et sociale). La filière scientifique met l'accent sur les mathématiques, la physique et la chimie, la filière littéraire sur la philosophie, les langues et la littérature, et la filière ES sur l'économie et les sciences sociales. À la fin du lycée, les élèves se présentent au **baccalauréat général**, un examen (familièrement appelé «le bac») qui a été créé par Napoléon Ier en 1808. Après avoir passé l'épreuve[14] de français en fin de première, ils passent le reste des épreuves (il y en a huit ou neuf selon la filière choisie) à la fin de la terminale. Mais des changements sont en cours car une réforme du baccalauréat est prévue pour 2021. À partir de cette année-là, les épreuves du bac (il y en aura seulement quatre) ne représenteront plus que 60% de la note finale. Les 40% restant seront déterminés

par le contrôle continu[15] et les notes du bulletin de première et de terminale. Le baccalauréat est un diplôme important car il donne accès à l'université.

En 2018, plus de 750 000 élèves se sont présentés au baccalauréat général et le taux de réussite était de 91%. Chaque année, tous les lycéens passent le même examen par filière. En juillet, ils peuvent voir les résultats du bac affichés dans leurs lycées ou en ligne. Pour réussir le bac, il faut avoir au moins 10/20 comme moyenne générale de toutes les matières. Les élèves ayant obtenu une moyenne inférieure à 10/20 (mais au moins égale à 8/20) sont invités à passer des épreuves de rattrapage qui leur permettront éventuellement de récupérer les points manquants et d'obtenir leur diplôme. Si à l'issue de ces oraux la moyenne requise n'avait pu être atteinte, les candidats au bac auront la possibilité de retenter l'examen l'année d'après.

L'enseignement supérieur

L'enseignement supérieur comprend les universités et les grandes écoles. Les jeunes qui fréquentent un de ces établissements ne sont plus appelés *élèves*, mais *étudiants*.

a) L'université

Puisqu'il n'y a pas de sélection à l'entrée des universités, le taux d'échec à la fin de la première année est impressionnant. Seulement quatre étudiants sur dix réussissent les examens de fin d'année et un étudiant sur deux abandonne la faculté.[4] Récemment, de nouvelles mesures ont été prises pour tenter de faire baisser ce pourcentage. Désormais, les universités proposent des cours de soutien qui sont obligatoires pour ceux qui paraissent insuffisamment préparés aux études supérieures.

L'université prépare essentiellement à trois diplômes : **la licence** qui s'obtient après trois années d'études, **le master** qui requiert cinq années d'études, et **le doctorat** qui en exige huit après le bac. Les frais de scolarité sont très bas car l'État prend en charge la plus grande partie du coût des études. À l'automne 2018, il fallait payer 170 € pour une année en cycle licence et 243 € en cycle master. L'État subventionne aussi les repas dans les restaurants universitaires. En 2018, un repas complet avec une entrée, un plat principal, du fromage ou un dessert coûtait 3,25 €. De plus, les étudiants peuvent bénéficier d'une bourse d'études s'ils réunissent les conditions pour l'obtenir, telles que les critères sociaux ou le mérite.

Avant 1968, l'université comprenait cinq facultés.[4] Après les événements de mai 68,[16] ces facultés, très indépendantes les unes des autres, ont été supprimées et remplacées par les Unités de formation et de recherche (UFR) qui permettent aux étudiants de choisir plusieurs disciplines dans le premier cycle de leurs études. Jusqu'en1968, les professeurs ne donnaient que des cours magistraux[17] devant des centaines d'étudiants sans aucune interaction avec eux. Pour établir un contact plus proche entre les étudiants et les professeurs, des séminaires par petits groupes, les TP (travaux pratiques) et les TD (travaux dirigés) ont été créés qui coexistent aujourd'hui avec les cours magistraux.

b) Les grandes écoles

Tandis qu'il suffit d'avoir réussi le bac pour accéder à l'université, il faut passer un **concours**[18] très difficile pour être admis à une grande école. (Les meilleurs bacheliers s'y préparent pendant deux ans après le bac dans des classes préparatoires appelées «prépas».) Ces écoles prestigieuses, telles que l'École Nationale d'Administration (l'ÉNA) dont les diplômés s'appellent «les énarques», l'École Polytechnique (l'X) et l'École Normale Supérieure (l'ENS) forment l'élite de la nation. Les étudiants qui ont fini leurs études dans une des grandes écoles ont accès à des postes prestigieux dans l'enseignement, la recherche, l'entreprise et la haute fonction publique. Quatre présidents de la République (Valéry Giscard d'Estaing, Jacques Chirac, François Hollande et Emmanuel Macron) ainsi que de nombreux hommes et femmes politiques sont des énarques.

U) Est-ce vrai ou faux ? Justifiez votre réponse.

1. La scolarité est obligatoire de 6 à 16 ans.
2. L'école maternelle est facultative.
3. L'école primaire dure quatre ans.
4. À l'âge de 11 ans, les élèves entrent au collège.
5. Les élèves français apprennent une première langue étrangère dès l'âge de 13 ans.
6. Les écoliers passent trois ans au collège.
7. Quand les élèves entrent en sixième, ils ont un professeur différent pour chaque matière.
8. Les élèves français vont à l'école tous les jours sauf le dimanche.
9. Le système scolaire français est extrêmement centralisé car le ministère de l'Éducation nationale définit les programmes de tous les cours.
10. À la fin du lycée, tous les élèves passent le baccalauréat.
11. Le bac permet l'accès aux grandes écoles.
12. En France, les universités sont très chères.
13. Le master requiert cinq ans d'études après le bac.
14. La plupart des étudiants réussissent les examens en fin de première année de fac.
15. On appelle «élèves» les écoliers qui fréquentent l'école primaire, le collège et le lycée. On appelle «étudiants» ceux qui fréquentent un établissement d'enseignement supérieur.

V) Répondez aux questions suivantes.

1. Comment s'appellent les deux cycles de l'enseignement secondaire ?
2. Que veut dire « redoubler » ?
3. Quel est le diplôme que l'on peut obtenir à la fin du collège ?
4. Quel diplôme peut-on obtenir à la fin du lycée ?
5. Comment s'appellent les trois sortes de baccalauréat ?
6. Quelles filières propose le baccalauréat général ?
7. Citez trois grandes écoles.

8. Quelle est la meilleure note dans le système français ?
9. Comment s'appellent les trois classes du lycée d'enseignement général ?
10. Qui a créé le baccalauréat ?
11. Que peut-on faire après avoir obtenu le diplôme du bac ?
12. Comment s'appellent les trois principaux diplômes qu'on peut obtenir dans une université française ?

W) Discussion / Rédaction.

Comparez le système éducatif français avec celui de votre pays. Lequel préférez-vous ? Expliquez pourquoi.

Notes

1 Today, the official title of primary school teachers is ***professeur des écoles***. But in everyday language, one continues to call them ***instituteur (institutrice)*** and ***maître (maîtresse)***.

2 The grading system in French schools and universities uses a twenty-point scale. The grades 19 and 20 are rarely awarded.

3 *Apprendre* means both 'to learn' and 'to teach'.
Il apprend le vocabulaire. = He learns the vocabulary.
Il apprend à parler français. = He learns to speak French.
Le professeur apprend la grammaire aux élèves. = The teacher teaches the students the grammar.
La maîtresse apprend à lire aux enfants. = The teacher teaches the children to read.

4 Although the traditional ***facultés***, such as *la faculté de droit* (law school), *la faculté de médecine* (medical school), *la faculté des lettres* (school of arts and humanities), etc. were abolished after 1968, many French still use the word ***faculté*** and its abbreviated familiar form ***la fac*** as a synonym for 'university'.

5 Bac + 3 means that this degree (*la licence*) requires three years of university study after the *baccalauréat*.

6 To translate 'engineering', one uses ***ingénierie***. But with a following adjective, ***génie*** is used.

7 'To attend' (regularly) = ***aller à*** (une école)
'To attend' (a specific event) = ***assister à*** (un mariage)

8 Beginning in the fall 2019, school will be mandatory from 3 to 16 years.

9 Corresponding to the American first, second, third, fourth and fifth grades.

10 Corresponding to the American sixth, seventh, eight and ninth grades. Note that the French system counts down whereas the American system counts up.

11 Besides the *lycée d'enseignement général* (where the students take the ***baccalauréat général***), there is also a *lycée professionnel* (where the students take the ***baccalauréat professionnel*** to become a carpenter, baker or cook for example) and a *lycée d'enseignement technique* (where students take the ***baccalauréat technologique***).

12 Corresponding to the American tenth, eleventh and twelfth grades.

13 ***La filière*** = pathway, option, track

14 ***Une épreuve*** = a test, part of an exam.

15 ***Le contrôle continu*** = *assessed coursework during the school year.*

16 'The events of May 1968' refer to a period of student riots and general strikes that completely paralyzed France for four weeks and brought the country to the brink of revolution. After May 1968, several changes were made in the French university system to satisfy the students' demands.

17 ***Les cours magistraux*** are lecture courses given in an ***amphithéâtre*** (auditorium) to a large group of students.

18 A ***concours*** is a competitive entrance exam. It is not enough to have a good grade on a *concours* to be accepted by one of the *Grandes Écoles*. One must be among the very best candidates since the number of available places is limited.

23 Les professions et le travail

Professions and work

la profession, le métier[1]	profession
Quelle est votre profession ?	What is your profession?
Qu'est-ce que vous faites dans la vie ?	What do you do for a living?
Je suis infirmière.[2]	I am a nurse.

Vocabulaire de base

l'acteur / l'actrice, le comédien / la comédienne[3]	actor/actress
l'agriculteur / l'agricultrice	farmer
l'architecte *(m.f.)*	architect
l'assistant(e) social(e)	social worker
l'avocat(e)	lawyer, attorney
le banquier / la banquière	banker
le (la) bibliothécaire	librarian
le caissier / la caissière	cashier
le chanteur / la chanteuse	singer
le coiffeur / la coiffeuse	hairdresser
le (la) comptable	accountant
le cuisinier / la cuisinière	cook
le (la) dentiste	dentist
le directeur / la directrice	director
l'écrivain *(m.)*[4]	writer
l'enseignant(e)	teacher, instructor
le facteur / la factrice	postman/postwoman
la femme / l'homme au foyer	housewife/househusband

la femme de ménage	cleaning lady, maid
le (la) fonctionnaire	civil servant, government employee
l'homme d'affaires / la femme d'affaires	businessman/businesswoman
l'hôtesse de l'air (*f.*)	(female) flight attendant
le steward	(male) flight attendant
l'infirmier / l'infirmière	nurse
l'ingénieur[4] (*m.*)	engineer
l'instituteur / l'institutrice [*fam.* l'instit (*m.f.*)]	primary school teacher
le (la) journaliste	journalist
le (la) juge	judge
le médecin[5]	doctor, physician
la nourrice (*fam.* la nounou)	nanny
l'ouvrier / l'ouvrière	(manual) worker, factory worker
le pharmacien / la pharmacienne	pharmacist
le pilote[5]	pilot
le plombier	plumber
le policier / la policière, l'agent de police	police officer
le pompier	firefighter
le professeur [*fam.* le (la) prof]	professor
le (la) secrétaire	secretary
le serveur / la serveuse	waiter/waitress
le vendeur / la vendeuse	salesperson
le (la) vétérinaire	veterinarian

A) Flashcards : Chapitre 23, exercice 1

B) Associez chaque activité à un métier.

1. Elle s'occupe des passagers dans un avion. ____
2. Il travaille dans un magasin. ____
3. Il travaille pour l'État. ____

a. Il est agriculteur.

b. Elle est femme au foyer.

c. Elle est caissière.

4. Il travaille à la campagne. ____	d. Elle est coiffeuse.
5. Il travaille pour un journal ou pour la télévision. ____	e. Elle est hôtesse de l'air.
6. Elle est à la caisse au supermarché. ____	f. Il est fonctionnaire.
7. Elle reste à la maison pour s'occuper des enfants et du logement. ____	g. Il est vendeur.
8. Elle coupe les cheveux de ses clients. ____	h. Il est journaliste.

Vocabulaire supplémentaire

l'agent *(m.)* de voyage	travel agent
l'agent (*m.*) immobilier	real estate agent
l'animateur / l'animatrice (de télévision)	TV host
l'auteur	author
le (la) bénévole	volunteer worker
le boulanger / la boulangère	baker
le boucher / la bouchère	butcher
le (la) cadre	executive
le charcutier / la charcutière	pork butcher
le chauffeur de taxi	taxi driver
le chef cuisinier	chef
le (la) chef d'orchestre	conductor
le commerçant / la commerçante	storeowner, storekeeper
le compositeur / la compositrice	composer
le conservateur	curator
le diététicien / la diététicienne	dietician
l'éboueur (*m.*)	garbage collector
l'électricien / l'électricienne	electrician
l'employeur (*m.*)	employer
l'employé(e) / le (la) salarié(e)	employee
le gérant / la gérante	manager
l'homme / la femme politique	politician
l'humoriste *(m.f.)*	comedian

l'informaticien / l'informaticienne	computer specialist
l'interprète *(m.f.)*	interpreter
le (la) kinésithérapeute [*fam.* le (la) kiné]	physical therapist
le (la) libraire	book seller
le mannequin	fashion model
le (la) marchand(e)	merchant
l'opticien / l'opticienne	optician
l'ouvreur / l'ouvreuse	usher
le PDG (président-directeur général)	chief executive, CEO
le peintre	painter
le présentateur / la présentatrice	anchorman/anchorwoman
le (la) réceptionniste	receptionist
le reporter	reporter
le (la) représentant(e)	representative, sales rep
le (la) scientifique	scientist
le soldat	soldier
le sommelier / la sommelière	wine waiter/waitress
le traiteur	caterer

C) Flashcards : Chapitre 23, exercice 2

D) Quelle est la profession des personnes suivantes ?

1. Il sélectionne, conseille et sert les vins dans un restaurant. Il est ________________
2. Il ramasse les ordures *(garbage)* dans les rues. Il est ________________
3. Elle porte et présente au public les vêtements qu'un grand couturier a créés. Elle est ________________
4. Il écrit des sketchs humoristiques et les présente sur scène. Il est ________________
5. Elle conduit les spectateurs à leur place au théâtre. Elle est ___________
6. Elle présente l'actualité au journal télévisé. Elle est ________________
7. Il fabrique et vend des lunettes. Il est ____________________

Vocabulaire apparenté

le travail (*fam.* le boulot), l'emploi *(m.)*	work, job
le poste	position
la demande (d'emploi)	(job) application
l'offre (d'emploi) (*f.*)	(job) offer
le (la) postulant(e)	job applicant
l'entretien (*m.*) d'embauche	job interview
le formulaire	form
la formation	training, education
le CV (curriculum vitae)	résumé, CV
le contrat	contract
le CDI (contrat à durée indéterminée)	permanent (work) contract
le CDD (contrat à durée déterminée)	fixed term contract
le salaire	salary
l'augmentation (de salaire) (*f.*)	(pay) raise
le revenu	income
le SMIC (**S**alaire **M**inimum **I**nterprofessionnel de **C**roissance)[6]	minimum wage
les impôts (*m.pl.*)	taxes
l'entreprise *(f.)*	company
l'usine *(f.)*	factory
le patron / la patronne	boss
la carrière	career
le (la) collègue	colleague, coworker
la pause	break
la pause déjeuner / café	lunch/coffee break
la promotion	promotion
la réunion	meeting
la réussite	success
l'échec *(m.)*	failure
le stress	stress
le syndicat	union
le congé le congé (de) maternité	vacation, time off maternity leave

la manifestation (*fam.* la manif)	demonstration
la grève	strike
le licenciement	lay-off, termination of employment
le chômage le taux de chômage	unemployment unemployment rate
le pouvoir d'achat	purchasing power
le niveau de vie	standard of living

E) Flashcards : Chapitre 23, exercice 3

apporter	to bring
arrêter	to arrest
avoir droit à	to be entitled to
chanter	to sing
chercher (un emploi / du travail)	to look for (a job)
trouver	to find
demander (une augmentation)	to ask for (a raise)
démissionner	to resign, to quit (a job)
dessiner	to draw
devenir	to become
embaucher, engager	to hire
employer	to employ
enseigner	to teach
envoyer	to send
exercer un métier	to practice/to have a profession
être au chômage	to be unemployed
exiger	to demand, to require
faire (la) grève	to go on strike, to be on strike
faire des heures supplémentaires	to work overtime
faire un stage	to do an internship
gagner (de l'argent)	to earn (money)
gagner sa vie	to earn one's living
guérir	to cure, to heal, to get better
jouer	to play, to act (theater)
licencier	to lay off

manifester	to demonstrate
perdre (son travail)	to lose (one's job)
postuler, poser sa candidature (à / pour un emploi)	to apply (for a job)
recevoir (une augmentation)	to get (a raise)
remplir	to fill (in)
rémunérer	to pay (for work or service)
renvoyer *(fam.* virer)	to fire
réussir	to succeed
servir	to serve
signer	to sign
soigner	to treat
taper	to type
toucher (de l'argent / un salaire)	to receive, to get (money/a salary)
travailler (*fam.* bosser)	to work
travailler à plein temps / à temps partiel	to work full-time/part-time
vendre	to sell

F) Flashcards : Chapitre 23, exercice 4

G) Associez chaque activité à un métier.

1. Il arrête les criminels. _____	a. Il est médecin.
2. Elle enseigne aux enfants dans une école primaire. _____	b. Elle est architecte.
3. Elle sert les clients dans un restaurant. _____	c. Il est facteur.
4. Il travaille dans une usine. _____	d. Il est policier.
5. Il apporte le courrier envoyé par la poste. _____	e. Il est ouvrier.
6. Il guérit les malades. _____	f. Elle est institutrice.
7. Elle soigne les animaux malades. _____	g. Elle est serveuse.
8. Elle dessine les plans des maisons. _____	h. Elle est vétérinaire.

H) Que font les personnes suivantes ? Écrivez le verbe qui correspond à la profession.

Exemple : le chanteur ⇒ *Le chanteur chante.*

le serveur _____________

le professeur ____________

l'acteur ____________

l'employeur ____________

le vendeur ____________

le médecin ____________

I) Traduisez les phrases suivantes en français.

1. I applied for this job. ____________________________
2. This waitress works part-time. ____________________________
3. The workers are on strike because they want a raise in salary. ____________________________
4. We were laid off. ____________________________
5. He resigned after the demonstration. ____________________________
6. These employees earn the minimum wage. ____________________________
7. The applicant had a job interview. ____________________________
8. One must pay taxes on one's income. ____________________________
9. They had a meeting with their boss during lunch break. ____________________________
10. This civil servant received a promotion. ____________________________

J) Complétez chaque phrase avec l'expression qui convient.

1. Il a perdu son travail. Il est ________________
2. Elle étudie le commerce à l'université. Cet été, elle va ____________ dans une grande entreprise pour apprendre le métier.
3. Les ouvriers ont cessé de travailler pour protester. Ils ______________
4. Pour gagner plus d'argent, il travaille plus longtemps que nécessaire chaque jour. Il ________________________

(in)compétent(e)	(in)competent
efficace	efficient
(in)expérimenté(e)	(un)experienced
fiable	reliable
indépendant(e)	independent
(in)utile	useful (useless)

content(e) (de)	satisfied, happy (with)
paresseux, paresseuse	lazy
travailleur, travailleuse	hardworking
responsable être responsable de	responsible to be responsible for
serviable	helpful (person)
stable	stable, lasting, permanent
précaire	unstable, precarious
stressant(e)	stressful
stressé(e)	stressed out
surmené(e)	overworked
occupé(e)	busy
annuel, annuelle	annual
mensuel, mensuelle le salaire mensuel	monthly monthly salary
hebdomadaire	weekly

K) Flashcards : Chapitre 23, exercice 5

L) Complétez chaque phrase avec l'adjectif qui convient.

1. Les gens qui ont de l'expérience sont ______________________
2. Quelqu'un qui travaille dur est ______________________
3. La personne sur laquelle on peut compter est ______________________
4. Mon frère est toujours prêt à aider les autres. Il est très ______________
5. Un CDD n'est pas un emploi ______________________

M) Traduisez les phrases suivantes en français.

1. She is responsible for this failure. ______________________
2. The salesman was very helpful. ______________________
3. They are not always reliable. ______________________
4. I don't like stressful situations. ______________________
5. French women are entitled to sixteen weeks of maternity leave. _______

   ____

N) Conversation/Discussion.

1. Que font vos parents dans la vie ? Où exercent-ils leur métier ? Sont-ils surmenés ?

2. Quels métiers exercent vos frères et sœurs et vos amis ? Aiment-ils leur travail ?
3. Parlez de votre premier emploi. Pourquoi vouliez-vous travailler ? Quelle sorte de travail faisiez-vous ? Avez-vous eu du mal à trouver cet emploi ? Étiez-vous content(e) de votre salaire ? Est-ce que c'était un travail ennuyeux ou intéressant ? Racontez.
4. Qu'est-ce que vous vouliez devenir quand vous étiez enfant et pourquoi ?
5. Travaillez-vous maintenant ? Pourquoi ? Qu'est-ce que vous faites ?
6. Quel métier voudriez-vous exercer après avoir fini vos études ? Expliquez.
7. Quels métiers ne voudriez-vous pas exercer ? Pour quelles raisons ?
8. Décrivez le travail de vos rêves.
9. Pourriez-vous exercer un métier qui ne vous plaît pas du tout mais qui est très bien rémunéré ?
10. Selon vous, quelle profession est (respectivement) la plus intéressante, la plus ennuyeuse, la plus difficile ?
11. À votre avis, quelles sont les professions les plus prestigieuses ? Est-ce que ce sont aussi les professions où l'on gagne le plus d'argent ?
12. Quels métiers peut-on faire sans avoir reçu beaucoup de formation ?
13. Est-ce que la profession devrait être la chose la plus importante dans la vie d'une personne ? Précisez.
14. Commentez la citation de Voltaire : « Le travail éloigne de nous trois maux : l'ennui, le vice et le besoin ». (*Candide*)

O) Jeu de rôle.

Avec votre partenaire, préparez un entretien d'embauche. Quelles questions l'employeur va-t-il poser au postulant ? Et quelles questions le postulant va-t-il poser à l'intervieweur ? Jouez ces deux rôles ensemble.

Notes

1 Strictly speaking, ***métier*** should be used for manual activities (such as electrician, plumber, etc.) and ***profession*** for the liberal professions (lawyer, doctor, etc.). Both terms are today used interchangeably.

2 Note that contrary to English, French does not use an article (***un, une***) when indicating a person's profession unless the profession is modified by an adjective.

Il/Elle est médecin.	He/She is **a** doctor.
*C'est **un** excellent médecin.*	He/She is **an** excellent doctor.
*Albert Camus est **un** écrivain célèbre.*	Albert Camus is **a** famous writer.

3 ***Comédien*** and ***comédienne*** are mostly used to refer to theater actors. Movie actors are usually referred to with *acteur* and *actrice*.

4 In recent years, feminine forms have been created for some of the professions that did not have such a form (***une écrivaine, une auteure, une ingénieure, une professeure***, etc.) and are today widely used but not accepted by the *Académie française*.

5 If there is no feminine form of the profession, one adds the word ***femme*** : ***une femme médecin, une femme pilote,*** etc.

6 In 2018, the ***SMIC*** was 9.88 € per hour before taxes and social deductions or 1,185 € per month after taxes.

24 La santé et les maladies

Health and illness

Vocabulaire de base

la santé	health
la maladie	illness, disease
l'angine (*f.*)	throat infection, strep throat
l'appendicite (*f.*)	appendicitis
l'AVC *(m.)* (accident vasculaire cérébral)	stroke
la bronchite	bronchitis
le cancer le cancer du sein le cancer de la peau	cancer breast cancer skin cancer
la commotion cérébrale	concussion
la crise cardiaque	heart attack
le diabète	diabetes
la grippe	flu
l'intoxication *(f.)* alimentaire	food poisoning
le mal de tête (les maux de tête)	headache (headaches)
les oreillons *(m.pl.)*	mumps
l'otite (*f.)*	ear infection
la pneumonie	pneumonia
les rhumatismes (*m.pl.)*	rheumatism
le rhume	cold
la rougeole	measles
le SIDA	AIDS
la toux	cough
la varicelle	chicken pox

A) Flashcards : Chapitre 24, exercice 1

B) Complétez les phrases avec le nom de la maladie.

1. On a un ________________ quand on a le nez qui coule.
2. La ________________ est une maladie causée par un virus. On a de la fièvre, mal à a tête et mal à la gorge.
3. L'__________________ est une inflammation de la gorge.
4. La __________________ est une infection des poumons.
5. Le __________________ est une maladie transmise par voie sexuelle ou sanguine, causée par le virus HIV.
6. Si on mange des aliments infectés, on peut avoir une _______________
7. Les personnes qui ont une maladie du cœur risquent d'avoir une ______________________
8. Le __________ se caractérise par la croissance incontrôlée de cellules anormales dans le corps. Cette maladie est souvent incurable.
9. De nombreux footballeurs américains souffrent d'une _____________ causée par des chocs répétés sur la tête.

aller bien / mal / mieux Comment allez-vous ? – Je vais bien, merci.	to be fine/not well/better How are you? – I am fine, thank you.
aller chez le médecin	to go to the doctor
s'améliorer Son état de santé s'améliore.	to improve His health/condition is improving.
appeler (le médecin)	to call (the doctor)
attraper (une maladie / un rhume)	to catch (a disease/a cold)
avoir l'air (malade / fatigué)	to look (ill/tired)
avoir de la fièvre J'avais 39 de fièvre.	to have a fever I had a temperature of 39° C.
avoir du mal à . . . J'ai du mal à dormir.	to have trouble . . . I have trouble sleeping.
avoir mal à . . . avoir mal au cœur avoir mal à l'estomac	to have a . . . ache, to feel pain to feel sick/nauseous to have a stomach ache

avoir le nez qui coule	to have a runny nose
avoir un rhume, être enrhumé	to have a cold
(se) blesser Trente personnes ont été blessées dans l'accident.	to injure, to hurt (oneself) Thirty people were injured in the accident.
se casser (le bras / la jambe)	to break (one's arm/one's leg)
conseiller	to advise
consulter un médecin	to see a doctor
empirer	to get worse
être en bonne santé	to be healthy
être au régime	to be on a diet
être dans le coma	to be in a coma
exiger	to require
s'évanouir (*fam.* tomber dans les pommes)	to faint
examiner	to examine
faire mal Ne me fais pas mal ! Aïe, ça fait mal !	to hurt Don't hurt me! Ouch, that hurts!
se faire mal se faire mal (au pied / à la cheville) Je me suis fait mal au coude.	to hurt oneself to hurt (one's foot/ankle) I hurt my elbow.
faire une ordonnance	to write a prescription
faire un AVC	to have a stroke
se faire opérer (de) Il s'est fait opérer du genou / du cœur / de l'estomac.	to have surgery He had knee/heart/stomach surgery.
grossir	to gain weight
maigrir	to lose weight
guérir Les médecins guérissent les malades. Guéris vite !	to heal, to get well, to cure Doctors cure the patients. Get well soon!
infecter	to infect
perdre connaissance	to lose consciousness
perdre du poids	to lose weight

prendre (des medicaments / des vitamines)	to take (a medication/vitamins)
prendre froid	to catch a cold
prendre la température / le pouls	to take the temperature/the pulse
prendre rendez-vous (chez le médecin)	to make an appointment (with the doctor)
prescrire (un médicament)	to prescribe (a medication)
se reposer	to rest
rester (au lit)	to stay (in bed)
respirer	to breathe
se sentir Je ne me sens pas bien. Elle se sent mieux aujourd'hui. Il se sent fatigué / stressé.	to feel I don't feel well. She's feeling better today. He feels tired/stressed.
soigner, traiter	to treat
souffrir (de)	to suffer (from)
saigner	to bleed
tomber tomber malade	to fall to become/to get sick
tousser	to cough
transpirer	to perspire, to sweat
vacciner (qn contre qch)	to vaccinate (sb against sth)
se faire vacciner	to get vaccinated
vomir	to vomit

C) Flashcards : Chapitre 24, exercice 2

D) Complétez chaque phrase avec le verbe ou l'expression qui convient.

1. Beaucoup de gens ont peur de la grippe. Alors, ils se font ____________
2. Chantal est tombée dans l'escalier. Elle ____________________ le bras.
3. Quand le médecin fait une ordonnance, il _______________________ des médicaments.
4. On s'_______________________ quand on perd connaissance.

5. Le patient va beaucoup mieux, son état s'____________________
6. Quand on a de la fièvre, on ____________________
7. Le médecin ____________________ ses patients.
8. Il n'a jamais été malade. Il a toujours été ____________________

E) Traduisez les phrases suivantes en français.

1. I have a headache. ____________________
2. He has trouble breathing. ____________________
3. The teacher looks ill. ____________________
4. She doesn't feel well. ____________________
5. Are you feeling better today? ____________________
6. Yesterday, I hurt my foot. ____________________
7. My children have a runny nose. ____________________
8. Thierry made an appointment with the doctor. ____________________
   ____
9. His mother had surgery. ____________________
10. When did he get ill? ____________________
11. Did you hurt yourself? ____________________
12. That hurts! ____________________
13. She caught a cold. ____________________
14. Do you have a fever? ____________________
15. Her sister is on a diet. ____________________

allergique (à) Je suis allergique à la pénicilline.	allergic (to) I am allergic to penicillin.
aveugle	blind
bénin, bénigne une tumeur bénigne	benign a benign tumor
malin, maligne	malignant
blessé(e) être grièvement blessé(e)	injured, wounded to be seriously wounded
cassé(e)	broken
contagieux, contagieuse	contagious
déprimé(e)	depressed
douloureux, douloureuse	painful

efficace	effective
enflé(e)	swollen
épuisé(e)	exhausted
faible	weak
fort(e)	strong
fatigué(e)	tired
fou, folle	crazy
grave	serious
gros, grosse	fat
guéri(e) Le patient est maintenant guéri.	cured, healed, well The patient is now well.
incurable	incurable
lent(e)	slow
malade être gravement malade	ill, sick to be seriously ill
mince	slim, slender
obèse	obese
pâle	pale
paralysé(e)	paralyzed
sain(e) un régime sain manger sain	healthy (promoting good health) a healthy diet to eat healthy
malsain(e)	unhealthy
sain(e) et sauf (sauve)	safe and sound
souffrant(e)	unwell
soulagé(e)	relieved
sourd(e)	deaf
stressé(e)	stressed

F) Flashcards : Chapitre 24, exercice 3

G) Donnez le contraire.

1. sain ____________ 2. curable _________ 3. rapide __________

4. faible ___________ 5. gros ____________ 6. malade _________

H) Complétez chaque phrase avec l'adjectif qui convient.

1. Il n'entend rien, il est ________________
2. Elle ne voit rien, elle est ________________
3. J'ai le nez qui coule, je suis ________________
4. Mon amie ne supporte pas la pénicilline. Elle est ___________________ à cet antibiotique.
5. Si les jambes sont ______________________, on ne peut pas les bouger.
6. Il faut manger de la nourriture ____________________ pour rester en bonne santé.
7. Si ça fait mal, c'est ______________________
8. La grippe est une maladie _______________________. Elle se transmet facilement.
9. Une maladie qui ne peut pas être guérie est _________________________

Vocabulaire supplémentaire

l'asthme (*m.*)	asthma
la constipation	constipation
la dépression	depression
la diarrhée	diarrhea
l'épilepsie *(f.)*	epilepsy
l'indigestion (*f.*)	indigestion
la leucémie	leukemia
la maladie d'Alzheimer / de Parkinson	Alzheimer's/Parkinson's disease
la maladie mentale	mental illness
le rhume des foins	hay fever
la rubéole	rubella, German measles
la tuberculose	tuberculosis

I) Flashcards : Chapitre 24, exercice 4

avaler	to swallow
avoir bonne mine	to look good (healthy)
avoir mauvaise mine	to look bad (unhealthy)
diagnostiquer	to diagnose
digérer	to digest
donner son sang	to give blood
être dans un état critique	to be in critical condition
être en état de choc	to be in a state of shock
faire une piqûre à qn	to give sb an injection/a shot
faire une radio (de qch)	to x-ray (sth)
passer une radio / un scanner Le patient passe une radio.	to have an X-ray/a CT scan The patient has/gets an X-ray.
remonter le moral à qn	to cheer sb up
rendre (qn) malade	to make (sb) ill
suivre un régime	to be on a diet

J) Flashcards : Chapitre 24, exercice 5

K) Traduisez les phrases suivantes en français.

1. We have to cheer her up. ____________________
2. After his accident, he is in critical condition. ____________________

   ____
3. You look good! ____________________
4. The nurse gave him an injection. ____________________
5. The radiologist X-rayed his lungs. ____________________

L) Choisissez la bonne réponse.

1. Édouard a *une fièvre / de la fièvre.*
2. *J'ai mal / J'ai du mal* à avaler.
3. *Anne a mal / Anne a du mal* au pied.

Les médecins

le médecin (*fam.* le toubib)	doctor
le (la) cardiologue	cardiologist

le chirurgien / la chirurgienne	surgeon
le (la) dermatologue [*fam.* le (la) dermato]	dermatologist
le (la) généraliste	general (family) practitioner
le (la) gynécologue [*fam.* le (la) gynéco]	gynecologist
le (la) kinésithérapeute [*fam.* le (la) kiné]	physical therapist
l'ophtalmologue (*m.f.*) [*fam.* l'ophtalmo]	ophthalmologist, eye doctor
l'oto-rhino(-laryngologiste) *(m.f.)*	ear, nose and throat doctor
le (la) pédiatre	pediatrician
le (la) psychiatre [*fam.* le (la) psy]	psychiatrist
le (la) radiologue	radiologist
le (la) spécialiste	specialist
Les soins dentaires	
le (la) dentiste	dentist
la carie	cavity
le dentier	dentures
l'appareil dentaire (*m.*), les bagues *(f.pl.)*	braces
le bridge	bridge
la couronne	crown
le plombage	(tooth) filling

arracher une dent	to pull a tooth
plomber une dent	to fill a tooth

M) Flashcards : Chapitre 24, exercice 6

N) Complétez chaque phrase avec le mot qui convient.

1. Le (la) ____________________ fait des radiographies.
2. Le (la) ____________________ opère les malades.
3. Le (la) ____________________ traite les maladies de la peau.
4. Le (la) ____________________ soigne les enfants.
5. Le (la) ____________________ traite les maladies des femmes.
6. Le (la) ____________________ traite les maladies mentales.
7. Le (la) ____________________ est spécialiste en maladies du cœur.

8. Le (la) ____________________ est spécialiste en soins dentaires.
9. L'____________________ soigne les yeux.

Vocabulaire apparenté

l'acupuncture *(f.)*	acupuncture
l'alimentation (*f.*)	nutrition
l'ambulance *(f.)*	ambulance
l'ampoule (*f.*)	blister
l'assurance maladie *(f.)*	health insurance
les béquilles *(f.pl.)*	crutches
la blessure	injury
le bleu	bruise
le (la) blessé(e)	injured person
le brancard, la civière	stretcher
le cabinet (du médecin)	doctor's/dentist's office
la canne	cane
la chute	fall
la cicatrice	scar
le congé maladie	sick leave
le congé maternité	maternity leave
le diagnostic	diagnosis
la douleur	pain
le déambulateur	walker
l'effet secondaire (*m.*)	side effect
l'espérance de vie *(f.)*	life expectancy
l'état (*m.*) de santé	state of health
le fauteuil roulant	wheelchair
les frais *(m.pl.)*	fee, cost
le (la) handicapé(e)	handicapped person
l'hôpital (*m.*) (*fam.* l'hosto)	hospital
l'infirmier / l'infirmière	nurse
les lunettes (*f.pl.)*	eyeglasses
les lentilles de contact (*f.pl.*)	contact lenses
le (la) malade	sick person, patient

le mouchoir	handkerchief
la mutuelle	private health insurance
l'ordonnance *(f.)*	prescription
l'opération *(f.)*	surgery
le pansement	Band-Aid
le (la) patient(e)	patient
la pharmacie	pharmacy
le plâtre Le médecin a mis sa jambe dans le plâtre.	cast The doctor put his leg in a cast.
la piqûre	injection, shot
la plaie	wound
la rechute	relapse
le rendez-vous	appointment
la salle d'attente	waiting room
la Sécurité sociale (*fam.* la Sécu)	Social security, French national healthcare system
les soins intensifs être en soins intensifs	intensive care to be in intensive care
le stress	stress
le stéthoscope	stethoscope
les symptômes (*m.pl.)*	symptoms
le SAMU (Service d'aide médicale d'urgence)	emergency medical services
la tension	blood pressure
le traitement	treatment
le thermomètre	thermometer
la transfusion sanguine	blood transfusion
les urgences (*f.pl.)* aller aux urgences	emergency room, ER to go to the emergency room
le virus	virus

O) Flashcards : Chapitre 24, exercice 7

P) Complétez les phrases avec les mots qui conviennent.

1. Je vois mal si je ne porte pas de ________________

2. Après s'être cassé la jambe, elle marche avec des ____________________
3. En France, l'___________________________________ des femmes est de 85 ans, celle des hommes de 79 ans.
4. Je n'aime pas prendre ces médicaments car j'ai peur des ______________
5. Depuis qu'il est paralysé, il se déplace en _________________________
6. Mon fils s'est cassé le bras dans un accident et maintenant, il a le bras dans le _______________
7. On a transporté le blessé sur une ___________________ jusqu'à l'ambulance.
8. Quand on a le nez qui coule, on a besoin d'un ____________________
9. J'ai de la fièvre et mal à la gorge. Je vais prendre ___________________ chez le médecin.
10. On met un ___________________ sur une petite blessure.
11. Les __________________________ de la gripe sont la fatigue, la fièvre et les maux de tête.
12. La grippe est causée par un ___________________
13. Une _______________________ est la trace d'une plaie sur la peau après la guérison.
14. Il faut une ___________________ pour acheter certains médicaments.
15. Quand on se fait vacciner, on reçoit une __________________________

Q) Trouvez le mot qui correspond à la définition.

a) l'infirmière b) le stéthoscope c) l'ambulance
d) la fièvre e) la salle d'attente

1. C'est un instrument qui permet d'écouter les sons du corps. __________
2. C'est une voiture qui transporte les malades ou les blessés. __________
3. C'est une femme qui travaille à l'hôpital et qui s'occupe des malades. ________________
4. C'est la température du corps au-dessus de 37°C. __________________
5. C'est l'endroit où les patients attendent le médecin. ________________

Les remèdes et les traitements

le remède	cure, remedy
le médicament	medication
l'antibiotique (*m.*)	antibiotic
l'aspirine (*f.*)	aspirin
le calmant	sedative, tranquilizer
le comprimé, le cachet Prenez deux comprimés par jour.	tablet, pill Take two tablets a day.
la pilule	birth control pill
la pastille / le sirop (contre la toux)	(cough) drop/syrup
la pénicilline	penicillin
le somnifère	sleeping pill
le stimulateur cardiaque	pacemaker
le vaccin (contre)	vaccine (against)
le vaccin contre la grippe	flu shot

R) Complétez chaque phrase avec le mot qui convient.

1. Louis Pasteur a inventé le ____________________ contre la rage.
2. Quand j'ai du mal à m'endormir, je prends des ________________
3. Le médecin a prescrit un ____________________ contre la toux.
4. La pénicilline est un ____________________
5. Beaucoup de jeunes femmes prennent la ____________________ pour ne pas tomber enceinte.
6. Quand on veut calmer son anxiété, on prend un ________________

Les tests médicaux

l'échographie *(f.)*	ultrasound
l'électrocardiogramme *(m.)* (ECG)	electrocardiogram (ECG)
la mammographie	mammography
le scanner	CT scan
la radiographie (f*am*. la radio)	X-ray

S) Flashcards : Chapitre 24, exercice 8

T) Complétez chaque phrase avec le mot qui convient.

1. L'______________________ est un examen médical qui permet de voir les organes à l'intérieur du corps ainsi que le bébé dans le ventre de la mère.
2. Après l'âge de 50 ans, beaucoup de femmes passent une __________ pour savoir si elles ont un cancer du sein.
3. La __________________ est une technique qui utilise des rayons X pour rendre visible les organes du corps humain.
4. L'______________________ est un examen qui étudie le cœur.

Proverbes et expressions

À votre / ta santé !	Cheers!
avoir une santé de fer	to have a cast-iron constitution
Mieux vaut prévenir que guérir.	An ounce of prevention is worth a pound of cure.
remuer le couteau dans la plaie	to turn the knife in the wound (*fig.*), to rub salt into the wound
(Je vous souhaite un) prompt rétablissement !	(I wish you a) speedy recovery!
Entre deux maux, il faut choisir le moindre.	One must choose the lesser of two evils.
Au royaume des aveugles, les borgnes sont rois.	In the kingdom of the blind, the one-eyed man is king.
choisir entre la peste et le choléra	to be between a rock and a hard place (*lit.* to choose between the plague and cholera)

U) Complétez les phrases avec les mots qui conviennent.

1. Il n'est jamais malade, il a une ____________________________
2. Au moment de trinquer, on dit *tchin-tchin* ou « à ________________ ».
3. «_________________________________» est une locution qui veut dire qu'il est préférable d'éviter la maladie que de la soigner.

4. L'expression « ______________________________ » signifie « rouvrir une blessure morale ».
5. Si quelqu'un est malade, on peut lui dire : « ____________________ ».

V) Jeu de rôle.

Vous êtes chez le médecin parce que vous ne vous sentez pas bien. À deux, inventez un dialogue entre le médecin et le (la) patient(e).

W) Conversation/Discussion.

1. Quelles maladies (accidents) avez-vous déjà eues ? Quel âge aviez-vous quand vous êtes tombé(e) malade ? Êtes-vous allé(e) à l'hôpital ? Combien de temps avez-vous dû rester au lit ? Racontez.
2. Faites une liste des maladies que les membres de votre famille et vos amis proches ont eues.
3. Qu'est-ce qu'il faut faire pour être en bonne santé ?
4. De nos jours, beaucoup de gens souffrent de dépression. Quels sont les signes de cette maladie ? Connaissez-vous des gens qui sont dépressifs ? Racontez.
5. Y a-t-il une stigmatisation de la dépression dans notre société ?

Lecture

Le système de santé français et les prestations sociales[1]

Le système de santé français est un des meilleurs du monde. La France est le pays de l'Union européenne où l'espérance de vie est la plus longue, 85 ans pour les femmes et 79 ans pour les hommes en 2018.

La Sécurité sociale (communément appelée la « Sécu ») a été créée en 1945. Aujourd'hui, elle couvre l'ensemble de la population résidant en France. La « Sécu » protège les citoyens en cas de maladie, de maternité, d'accidents de travail, de chômage, d'invalidité et d'hospitalisation. Elle prend aussi en charge[2] la retraite pour les personnes âgées. Pour financer la Sécurité sociale, les salariés et leurs employeurs sont obligés de verser des cotisations[3] (un certain pourcentage du salaire) à la Sécu. Puisque ces paiements ne suffisent pas pour couvrir les dépenses de la protection sociale, l'État la subventionne. Les personnes qui ne peuvent pas cotiser car elles ne travaillent pas sont également assurées.

L'assurance maladie

À part quelques cas (les maladies graves, les opérations chirurgicales, les médicaments indispensables, les examens prénatals et l'accouchement par exemple) pour lesquels les frais médicaux sont remboursés à 100% par la Sécu, le malade doit payer une partie des frais lui-même. Cette partie s'appelle le **ticket modérateur**.

Beaucoup de familles françaises prennent une mutuelle, une assurance complémentaire privée, qui rembourse tout ou une partie du ticket modérateur.

Chaque Français doit choisir un médecin traitant[4] et le consulter en priorité, sinon le remboursement de la Sécu passe de 70 à 30% du montant de la consultation. La plupart des médecins français sont « conventionnés », c'est-à-dire qu'ils respectent les tarifs fixés par la Sécu. Consulter un médecin généraliste dans son cabinet coûtait 25 € en 2018. Les frais de traitement chez un médecin conventionné et dans les hôpitaux publics sont moins élevés que dans les cliniques privées et chez les médecins spécialistes. Pour consulter un spécialiste, il faut une lettre de recommandation du médecin traitant. Seuls les gynécologues et les ophtalmologues peuvent être consultés directement.

Autrefois, quand le malade se rendait chez un médecin ou à la pharmacie, il devait payer la consultation ou les médicaments et était ensuite remboursé en partie par la Sécurité sociale. De nos jours, tous les Français possèdent une Carte Vitale (une carte à puce qui a la taille d'une carte de crédit) permettant au personnel soignant d'envoyer une feuille de soins électronique à la Sécu qui paie les frais directement au médecin, à la pharmacie ou à l'hôpital. Ce système, grâce auquel le malade n'a plus besoin d'avancer l'argent et d'attendre le remboursement, s'appelle le **tiers payant**.

La retraite

En France, les cotisations de la population active servent à financer les retraites. Puisque les jeunes qui travaillent sont aujourd'hui moins nombreux que les personnes du troisième âge, le déficit du système de retraite de la Sécu est considérable. Pour réduire ce déficit, le gouvernement a reculé l'âge de la retraite de 60 à 62 ans et allongé la durée des cotisations.

Les allocations familiales

En plus de la santé et de la retraite, l'État français intervient aussi dans le domaine de la famille. Pour encourager la natalité, toutes les familles, qu'elles soient riches ou pauvres, reçoivent chaque mois des prestations (des aides financières) à partir du deuxième enfant pendant vingt ans. Cette **allocation familiale** augmente avec chaque enfant supplémentaire. Depuis 2015, le montant des allocations familiales dépend des revenus du couple. En 2017, les parents gagnant moins de 67 542 € par an ont reçu 129 € par mois s'ils avaient deux enfants. Ils ont touché 296, 462 et 627 € avec trois, quatre ou cinq enfants respectivement. Certaines prestations familiales sont réservées aux couples à faible revenu, telles que **la prestation accueil du jeune enfant** et **l'allocation de rentrée scolaire**. La première allocation comprend une prime qui est payée après la naissance du bébé (en 2018, le montant de cette prime était de 941 €), et des paiements mensuels d'environ 186 € pendant trois ans. La deuxième est versée aux familles une fois par an pour payer les fournitures scolaires des enfants qui ont entre 6 et 18 ans. Le montant de cette aide dépend de l'âge des enfants et était de 401 € en 2018 pour ceux de 16 à 18 ans.

Toutes les femmes qui travaillent ont droit à un **congé maternité** rémunéré de seize semaines pour le premier et le deuxième enfant et de vingt-six semaines pour le troisième. Elles peuvent par la suite reprendre le travail qu'elles avaient avant la naissance du bébé. Les pères bénéficient désormais également d'un congé paternité. Des crèches accueillent les petits dont les parents exercent une profession. Les écoles maternelles sont gratuites et acceptent les enfants à partir de 3 ans.

C'est en grande partie grâce à ces mesures que la France est le pays de l'Union européenne où le taux de natalité[5] est le plus élevé (1,89 enfant par femme en 2018), malgré une récente baisse de la fécondité.

L'assurance chômage et le RSA

Outre l'assurance maladie, la retraite et les allocations familiales, l'État offre d'autres prestations sociales à ses citoyens, telles que **l'assurance chômage** et le **RSA**. En cas de perte de travail, les salariés ont droit à une allocation chômage dont la durée dépend de la durée de cotisation. Les adultes sans emploi et les travailleurs à faibles ressources peuvent toucher le RSA (revenu de solidarité active), dont le montant est d'environ 480 € par mois pour une personne seule sans enfants.

Aujourd'hui, toutes les dépenses de l'aide sociale (l'assurance maladie, les pensions de retraite, les allocations familiales, le RSA, etc.) atteignent 714 milliards €, ce qui représente un tiers de la richesse nationale.

X) Répondez aux questions suivantes.

1. Quelle est l'espérance de vie pour les femmes en France ?
2. Qui en France n'est pas couvert par l'assurance maladie ?
3. Que veut dire « cotiser » ?
4. Qui en France finance la Sécurité sociale ?
5. Quels frais médicaux sont remboursés à 100% par la Sécu ?
6. Qu'est-ce que le « ticket modérateur » ?
7. Qu'est-ce qu'une « mutuelle » ?
8. Pourquoi beaucoup de Français prennent-ils une mutuelle ?
9. Qu'est-ce qu'un « médecin conventionné » ?
10. Est-ce que le système de santé français a un secteur privé ?
11. Combien coûtait la consultation chez un médecin conventionné en 2018 ?
12. Quel est le but des prestations familiales ?
13. De quoi dépend le montant des allocations familiales ?
14. Qu'est-ce qu'un couple à faible revenu reçoit après la naissance d'un bébé ?
15. Qu'est-ce qu'une allocation de rentrée scolaire ?
16. Qu'est-ce que le RSA ?

Y) Est-ce vrai ou faux ? Justifiez votre réponse.

1. La Sécurité sociale rembourse toujours la totalité des frais médicaux.

2. Les étudiants ne sont pas couverts par la Sécu.
3. Tout salarié est obligé de cotiser à la Sécurité sociale.
4. Aujourd'hui, l'âge minimum pour partir à la retraite est de 62 ans.
5. Tous les couples reçoivent des allocations familiales à partir du premier enfant.
6. Toutes les mères bénéficient d'un congé de maternité de cinq mois.
7. Les frais d'accouchement sont gratuits à partir du deuxième enfant.
8. Pendant leur congé maternité, les femmes n'ont pas de revenu.
9. Tous les parents touchaient la même somme d'argent en allocations familiales avant 2015, indépendamment de leur salaire.
10. En France, l'État accorde de nombreuses aides aux familles pour les inciter à avoir plus d'enfants.
11. Les allocations familiales sont versées jusqu'à ce que les enfants atteignent l'âge de 18 ans.
12. L'allocation de rentrée scolaire est accordée à toutes les familles.

Z) Conversation/Discussion.

1. Comparez le système de santé français avec celui de votre pays et dites lequel vous préférez et pourquoi.
2. Que pensez-vous de la politique familiale de la France ?

Notes

1 Social security benefits.
2 ***Prendre en charge*** = to take care of
3 One calls ***cotisations*** the contributions that the employer and the employee must make to Social Security. Both have to pay a certain percentage of the salary. The employer contributes more (about 40% of the gross salary of each employee).
Verser des cotisations à la Sécurité sociale = cotiser = payer un certain pourcentage du salaire à la Sécu.
4 Primary care doctor.
5 ***Taux de natalité*** = birth rate. In 2014, the birth rate in France was two children per woman, and in 2016 this number stood at 1.93.

25 Les moyens de communication

Means of communication

I) Le téléphone

Vocabulaire de base

le portable	cellphone
le smartphone	smartphone
le (téléphone) fixe	landline
la tonalité	dial tone
le bip	beep
l'appel (téléphonique) (*m.*)	(phone) call
le coup de téléphone (*fam.* le coup de fil)	phone call
le répondeur	answering machine
le numéro de téléphone	phone number
les coordonnées (*f.pl.)*	contact information
la facture / la note de téléphone	phone bill
le chargeur	charger
le SMS (*fam.* le texto)	text message
le selfie	selfie
l'application (*f.*) (*fam.* l'appli)	application (app)

A) Flashcards : Chapitre 25, exercice 1

appeler qn, téléphoner à qn, donner un coup de téléphone à qn (*fam.* passer un coup de fil à qn)	to call sb
Passe-moi un coup de fil ce soir.	Call me tonight.
rappeler qn	to call sb back

appuyer sur (une touche)	to press (a key)
allumer	to switch/to turn on
éteindre	to switch/to turn off
envoyer un SMS / *fam.* un texto N'envoyez pas de SMS en conduisant.	to text Don't text and drive.
charger son portable	to charge one's cell phone
parler au téléphone	to speak on the phone
joindre qn (par téléphone) Tu peux me joindre sur mon portable.	to reach sb (by phone) You can reach me on my cell phone.
laisser un message	to leave a message
composer un numéro	to dial a number
se tromper de numéro	to dial/to have the wrong number
décrocher	to pick up (the phone)
raccrocher	to hang up
contacter qn	to contact sb
recevoir (un appel, un coup de fil)	to receive (a call)
répondre (au téléphone)	to answer (the phone)
prendre des photos	to take pictures
sonner	to ring

gratuit(e)	free (of charge)
payant(e)	must be paid for
occupé(e) La ligne est occupée.	busy The line is busy.
allumé(e)	switched on
éteint(e)	switched off

Expressions

Qui est à l'appareil ?	Who is calling?
Ne quittez pas !	Hold the line! Stay on the line!
On vous demande au téléphone.	You have a phone call.

B) Flashcards : Chapitre 25, exercice 2

C) Dites ce que vous faites si . . .

1. vous tombez sur un répondeur ? Je ________________ sur le répondeur.
2. ça ne répond pas ? Je ________________________ la personne plus tard.
3. vous assistez à un concert ? J' _______________________ mon portable.
4. vous avez un accident en France ? Je _____________________ le 112, le numéro européen d'urgence.[1]

D) Traduisez les phrases suivantes en français.

1. I am going to give you a call tonight. ____________________________
2. Press the pound (*dièse*) key. ______________________________
3. I could not reach you by phone. So, I left a message on your answering machine. ____
4. She dialed the number. _______________________________________
5. Is your smartphone switched off? _________________________________
6. Stay on the line! ____
7. The line is busy. ____
8. I text my friends often. ____

II) Le courrier électronique E-mail

l'e-mail, le mail, le courriel	e-mail
la boîte mail	inbox
le message	message
la messagerie	voice-mail
l'adresse (e-)mail (*f.*), [*fam.* le mail, l'e-mail]	e-mail address
mon (e-)mail	my e-mail address
l'arobase[2] (*f.*)	at (@) symbol
le mot de passe	password
la pièce jointe En pièce jointe, vous trouverez . . .	attachment Attached, please find . . .
le spam	spam

consulter / regarder son e-mail	to check one's e-mail
entrer le mot de passe	to enter the password
envoyer un e-mail à qn	to e-mail sb, to send an e-mail to sb
recevoir / supprimer un e-mail	to get/to delete an e-mail

E) Flashcards : Chapitre 25, exercice 3

III) L'ordinateur et internet[3]

Vocabulaire de base

Internet *(m.)*	the Internet
la Toile, le Web sur la Toile le site web	the Web on the Web website
l'ordinateur (*m.*) (*fam.* l'ordi)	computer
le portable	laptop
la tablette	tablet (computer)
l'écran (*m.*)	screen, monitor
le clavier	keyboard
la touche	key (keyboard)
le bureau	desktop
l'icône (*f.*)	icon
le lien	link
la souris	mouse
la page d'accueil	homepage
la corbeille	trash
la clé USB	flash drive, USB key
le correcteur d'orthographe	spell check
le dossier	folder
le fichier	(computer) file
le document	document
l'imprimante *(f.)*	printer
le scanner	scanner

les réseaux sociaux (*m.pl.*)	social media
le blog	blog
tenir / avoir un blog	to have a blog
le jeu vidéo	video game
le tweet	tweet
le podcast	podcast

F) Flashcards : Chapitre 25, exercice 4

G) Trouvez le mot qui correspond à chaque définition.

1. un ordinateur que l'on peut transporter _______________
2. la partie de l'ordinateur qui contient des touches ________________
3. un téléphone mobile qu'on peut utiliser pour se connecter à internet _________________
4. un appareil dont on a besoin si on veut imprimer un texte ______________
5. un ordinateur portable léger qui n'a pas de clavier à touches mais un écran tactile (*touch screen*) ________________
6. une boîte aux lettres électronique ________________
7. un message qu'on écrit avec un téléphone portable ________________
8. un message court déposé sur le réseau social Twitter ________________

H) Complétez les phrases avec les mots qui conviennent.

1. La ________________________ est la première page, la page principale d'un site web.
2. On clique sur une icône ou un lien en utilisant une _________________
3. Une ______________ permet de stocker et de transférer des fichiers d'un ordinateur à un autre.
4. L'___________ est un signe qui se trouve dans les adresses e-mail. Sur un clavier, il est en haut à gauche.
5. Il y a beaucoup d' ______________________ sur le bureau de mon ordinateur.
6. Combien de fois par jour ______________________-tu ton e-mail ?

7. Une ______________________ est un fichier (un texte, une image ou une vidéo) joint à un courriel.
8. Les fichiers se trouvent dans un ______________________
9. *Facebook* et *Twitter* sont les ______________________________ les plus connus.

accéder à	to access
aller sur un site	to go to a website
bloguer	to blog
cliquer (sur)	to click (on)
couper	to cut
coller	to paste
copier	to copy
se (dé)connecter	to log on (off)
envoyer un tweet (*fam.* tweeter)	to tweet
essayer	to try
fixer (l'écran)	to stare at (the screen)
ouvrir / fermer (un fichier)	to open/to close (a file)
imprimer	to print
installer	to install
joindre	to attach
mettre à jour	to update
pirater	to hack
poster	to post
sauvegarder (un fichier)	to save (a file)
scanner	to scan
supprimer	to delete
surfer sur Internet / sur le Net	to surf the Internet
taper	to type
télécharger	to download
tomber en panne	to break down, to crash
utiliser	to use

I) Flashcards : Chapitre 25, exercice 5

J) Complétez chaque phrase avec le verbe qui convient.

1. Il ________________ la rédaction qu'il a écrite pour pouvoir la lire sur papier.
2. Pour ne pas les perdre, je ____________________ mes documents sur un disque dur externe.
3. On utilise la souris pour ____________________ sur une icône, un lien ou un site web.
4. Quand on prend un fichier sur le net pour l'enregistrer sur son ordinateur, on ______________ le fichier.
5. Le clavier sert à ___________________ un texte.
6. Tout à l'heure, j'ai __________________ par erreur un texte que je venais de taper. Je vais donc devoir le taper une deuxième fois.
7. Beaucoup de gens ____________________ leurs photos de vacances sur les réseaux sociaux.
8. Dans un document Word, on peut ____________ ou copier un texte et le _____________ ailleurs.
9. L'expression «________________ sur Internet » est un anglicisme pour « naviguer sur la Toile ».

K) Traduisez les phrases suivantes en français.

1. He opened the file and updated his CV. ________________________
2. After saving my document on the flash drive, I turned off the computer. ____
3. Did you download the song? ______________________________
4. My son attached two photos to his e-mail. ________________________
5. Surfing the Internet is his favorite pastime. ______________________ ____________________________

Vocabulaire supplémentaire

la connexion	connection
la connexion sans fil (le Wi-Fi)	wireless connection

Est-ce que le Wi-Fi est gratuit dans cet hôtel ?	Is Wi-Fi free in this hotel?
le cyber-harcèlement	cyber bullying
la copie papier	hard copy
le curseur	cursor
le disque dur	hard drive
les données *(f.pl.)*	data
la flèche	arrow
l'informatique (*f.*)	computer science
l'internaute (*m.f.*)	internet user
le logiciel	software
le matériel	hardware
la mémoire	memory
le modem	modem
le moteur de recherche	search engine
le navigateur	(web) browser
le pirate informatique, le hacker	hacker
le programmeur / la programmeuse	computer programmer
le serveur	server
le virus (informatique)	(computer) virus

L) Flashcards : Chapitre 25, exercice 6

M) Complétez les phrases avec les mots qui conviennent.

1. Un ________________________ est une personne qui s'infiltre dans un système informatique et qui copie illégalement des logiciels.
2. Un _____________________ est un utilisateur d'Internet.
3. Google est un ______________________
4. L' ______________________ est une discipline enseignée à l'université.

virtuel(le)	virtual
accro (à) (*fam.*)	addicted (to), crazy (about)
plein(e)	full
vide	empty

numérique	digital
électronique	electronic
le livre électronique	e-book
en ligne	online

N) Flashcards : Chapitre 25, exercice 7

O) Traduisez les phrases suivantes en français.

1. My inbox is almost full. ______________________
2. He is addicted to texting (text messages). ______________________
3. She buys her clothes online. ______________________
4. I like to read e-books when I travel by plane. ______________________

____

P) Conversation/Discussion.

1. Quels appareils technologiques possédez-vous ?
2. Si ces appareils n'existaient pas, en quoi votre vie serait-elle différente ?
3. Quelles technologies récentes ont eu le plus grand impact sur votre vie ? Quels sont les aspects positifs et quels sont les aspects négatifs de ces technologies ?
4. Combien de temps par jour passez-vous devant votre ordinateur ? Que faites-vous ?
5. Pour quelles activités peut-on utiliser Internet ?
6. Combien de fois par jour consultez-vous votre courrier électronique et vos SMS ?
7. Êtes-vous accro aux textos ? Qu'est-ce qui vous plaît dans les SMS ? Pourquoi les jeunes d'aujourd'hui adorent-ils ce moyen de communication ?
8. Souffrez-vous de nomophobie[4] ? Qu'est-ce que vous feriez si vous deviez passer un mois sans votre smartphone ?
9. Avec les textos est né le langage SMS (mots abrégés, écriture phonétique, utilisation de chiffres pour remplacer des syllabes et des mots, etc.). À votre avis, est-ce que ce langage détruit la langue «correcte» ? Certains disent qu'une grande partie de la population ne saura plus écrire correctement dans quelques années. Qu'en pensez-vous ? Faudrait-il lutter contre le langage SMS ?
10. Selon vous, à partir de quel âge peut-on confier un smartphone à un enfant ? Quels sont les dangers du portable pour les enfants ?
11. Quels sont les avantages et les inconvénients des réseaux sociaux ?
12. Quel est l'impact des réseaux sociaux sur notre vie ?

Notes

1 Emergency phone numbers in France:
Le SAMU (for médical emergencies): 15; ***la Police*** : 17.

2 Other nouns to indicate an e-mail address are:

tiret	dash
tiret du 8	underscore
slash	slash
point	dot

3 Note that the term ***internet*** is generally used without an article in French. But one says ***le Net***.
*J'ai trouvé ça sur **le Net**.*

4 One calls ***nomophobie*** (a contraction of 'no mobile phobia') the fear of being deprived of one's cell phone.

26 Le sport

Sports

Vocabulaire de base

l'alpinisme (*m.*)	mountain climbing
l'athlétisme (*m.)*	track and field
le base-ball	baseball
le basket-ball (*fam.* le basket)	basketball
le bowling	bowling
la boxe	boxing
la course	running, race
le cyclisme	cycling
le football (*fam.* le foot)	soccer
le football américain	football
le footing, le jogging	jogging
le golf	golf
la gymnastique (*fam.* la gym)	gymnastics
le judo	judo
la marche	walking
la natation	swimming
la randonnée	hiking
le rugby	rugby
le ski	skiing
le ski alpin	downhill skiing
le ski de fond	cross-country skiing
le ski nautique	water skiing
le skateboard	skateboarding
le snowboard	snowboarding
le tennis	tennis
le volley-ball (*fam.* le volley)	volleyball

A) Flashcards : Chapitre 26, exercice 1

B) De quel sport s'agit-il ?

1. On se sert d'une raquette et d'une balle. ________________
2. Il se pratique en équipe avec un ballon. Les joueurs n'ont pas le droit de toucher le ballon avec les mains. __________________
3. Il se pratique avec un vélo. __________________
4. Il faut lancer le ballon dans le panier de l'adversaire. ______________
5. Il se pratique dans la neige. On descend la pente d'une montagne. ________________________
6. Le Tour de France est une _________________ cycliste qui a lieu chaque année au mois de juillet.
7. On fait une longue promenade à la campagne ou à la montagne. _______________
8. Il se pratique dans une piscine. _________________

aller à la salle de sport	to go to the gym (to exercise)
aller à la gym	to go to a gym class
s'amuser	to have a good time
assister à un match (de foot)	to attend a (soccer) game
courir	to run
faire[1] de l'alpinisme	to go mountain climbing
faire de l'athlétisme	to do track and field
faire de l'exercice	to work out, to exercise
faire de la boxe, boxer	to do boxing
faire du cyclisme	to go cycling, to go bike riding
faire du footing / du jogging	to go jogging
faire du ski, skier	to go skiing
faire du snowboard	to go snowboarding
faire du skate(board)	to skateboard, to go skateboarding
faire de la marche	to walk (for exercise), to go walking
faire de la randonnée	to go hiking
faire du sport[2]	to play sports, to exercise
pratiquer un sport[2]	to play a sport
jouer[2]	to play

jouer au[3] basket-ball / au football / au tennis / au ping-pong	to play basketball/soccer/tennis/ ping-pong
jouer au bowling	to go bowling
gagner	to win
perdre	to lose
nager	to swim
regarder (un match)	to watch (a game)

C) Flashcards : Chapitre 26, exercice 2

D) Traduisez les phrases suivantes en français.

1. Are you playing sports? Which sports are you playing? – I play tennis and golf. ____________________
2. Do you like to go snowboarding? ____________________
3. My family goes hiking every Sunday. ____________________
4. They go mountain climbing from time to time. ____________________
5. Sport is good for your health. ____________________

Vocabulaire supplémentaire

l'aérobic *(f.)*	aerobics
le badminton	badminton
l'escalade *(f.)*	rock climbing
l'équitation *(f.)*	horseback riding
l'escrime (*f.*)	fencing
le hockey (sur glace)	(ice) hockey
la luge	sledding
la lutte, le catch	wrestling
la musculation	weight lifting, bodybuilding
le patinage (sur glace)	(ice-)skating
le patinage artistique	figure skating
la plongée (sous-marine)	(scuba) diving
le saut à l'élastique	bungee jumping
le surf	surfing
la voile	sailing

E) Flashcards : Chapitre 26, exercice 3

F) De quel sport s'agit-il ?

1. On se lance dans le vide attaché par une corde élastique. ____________
2. On fait des exercices qui développent les muscles. ________________
3. On monte à cheval. ________________
4. Il se pratique sur un bateau que le vent fait avancer. ________________
5. Pour pratiquer ce sport, il faut un masque et une épée. ______________
6. C'est un sport qui consiste à se laisser porter, sur une planche, par les vagues de la mer. ________________

battre qn	to beat/to defeat sb
(se) blesser	to injure (oneself)
divertir	to entertain
s'entraîner	to practice (for a sport)
escalader Il a escaladé une montagne.	to climb He climbed up a mountain.
faire de l'aérobic	to do aerobics
faire de l'aviron	to row, to go rowing
faire de l'équitation	to go horseback riding
faire de l'escalade	to go rock climbing
faire de l'escrime	to go fencing
faire de la luge	to go sledding
faire de la musculation	to do weight lifting, to work out
faire du parachutisme	to go skydiving
faire du deltaplane	to go hang-gliding
faire du patin à glace, patiner	to ice-skate, to go ice skating
faire du patin à roulettes	to go roller skating
faire de la voile	to go sailing
faire de la planche à voile	to go windsurfing
faire du surf	to go surfing
faire de la plongée (sous-marine)	to go (scuba) diving
faire de la raquette	to go snowshoeing
faire du saut à l'élastique	to go bungee jumping
lancer (le ballon)	to throw (the ball)
marquer un but	to score a goal

marcher	to walk
monter	to go up
participer à	to participate in
plonger	to dive
sauter	to jump
siffler	to whistle

G) Flashcards : Chapitre 26, exercice 4

H) Complétez chaque phrase avec le mot qui convient.

1. Les joueurs _______________ les spectateurs qui ___________________ aux matchs.
2. S'ils veulent être en forme, les athlètes doivent s' __________________ plusieurs fois par semaine.
3. Quand on fait du sport, on risque de se ________________, parfois gravement.
4. L'arbitre (*referee*)_________________ pour commencer ou arrêter le jeu.
5. En hiver, on peut faire de la ______________ et de la ______________ dans les montagnes.

I) Traduisez les phrases suivantes en français.

1. She would like to go fencing. ___________________________________
2. Her husband lifts weights every day. _____________________________
3. When it snows, we will go sledding. _____________________________
4. I am not afraid to go bungee jumping. ____________________________
5. They go scuba diving. ____

sportif, sportive	athletic
fort(e)	strong
faible	weak
bon, bonne	good
mauvais(e)	bad
médiocre	mediocre

professionnel, professionnelle	professional
victorieux, victorieuse	victorious

Vocabulaire apparenté

l'adversaire *(m.f.)*	opponent
l'arbitre *(m.f.)*	referee
l'athlète *(m.f.)*	athlete
la balle (de tennis / de golf)	(tennis/golf) ball
le ballon (de foot / de basket / de rugby)	(soccer/basket/rugby) ball
la blessure	injury
le but	goal
le gardien de but	goal keeper
le (la) champion(ne)	champion
le championnat	championship
la compétition	competition
la Coupe du monde	World Cup
le court de tennis	tennis court
le terrain de golf	golf course
le (la) cycliste	cyclist
la défaite	defeat
la victoire	victory
le défi	challenge
le divertissement	entertainment
l'entraînement *(m.)*	training, (sport)practice
l'entraîneur / l'entraîneuse	coach, trainer
l'équipe *(f.)*	team
le fan, le supporter	fan
le gagnant	winner
le perdant	loser
le gymnase	gymnasium
le jeu	(video, television, board) game
les Jeux olympiques *(m.pl.)*	Olympic Games
le joueur / la joueuse	player

le marathon	marathon
le match (de football / de basket-ball)	(soccer/basketball) game
la médaille (d'or / d'argent / de bronze)	(gold/silver/bronze) medal
la luge	sled
le panier	basket
la patinoire	skating rink
les patins à glace *(m.pl.)*	ice skates
les patins à roulettes *(m.pl.)*	roller skates
la piscine	swimming pool
le (la) professionnel(le)	professional
l'amateur / l'amatrice	amateur
le randonneur / la randonneuse	hiker
la raquette (de tennis)	(tennis) racket
les raquettes *(f.pl.)*	snowshoes
le record	record
le score	score
le skieur / la skieuse	skier
les skis *(m.pl.)*	skis
les spectateurs *(m.pl.)*	spectators
le sportif, la sportive	sportsperson, athlete
le stade	stadium
le tournoi	tournament
le trophée	trophy
le vélo	bike

J) Flashcards : Chapitre 26, exercice 5

K) Associez un nom de la colonne de gauche à un sport de la colonne de droite.

1. la piscine _____	a. le cyclisme
2. le ballon _____	b. l'équitation
3. la balle _____	c. la natation
4. le cheval _____	d. le football
5. la neige _____	e. la voile et le ski nautique
6. les montagnes _____	f. le ski
7. le vélo _____	g. le tennis
8. la mer _____	h. l'alpinisme

L) Donnez le contraire.

1. la victoire ______________
2. le gagnant ______________
3. perdre ______________
4. fort ______________
5. l'amateur ______________

M) Complétez les phrases avec les mots qui conviennent.

1. Une _________________, c'est l'ensemble des joueurs.
2. Dans chaque équipe de football, le ____________________ empêche (*prevents*) le ballon d'entrer dans le but.
3. L'_______________ vérifie que tous les joueurs respectent les règles.
4. Les _________________ encouragent leur équipe préférée.
5. On joue au tennis avec une ______________ et une balle.
6. Aux Jeux olympiques, les sportifs peuvent gagner une _____________ d'or, d'argent ou de bronze.
7. Le basketball est un sport où les joueurs d'une équipe doivent lancer le ballon dans le _____________ de l'équipe adverse.
8. L'_________________ prépare les sportifs à des compétitions.
9. On va au ________________ pour assister à un ______________ de football.
10. Pour faire de l'exercice, on va ____________________
11. Il y a plusieurs _________________ dans une équipe.
12. Une ________________ est un petit ballon qu'on utilise pour jouer au tennis, au golf et au ping-pong.
13. Un _________________ est un athlète exceptionnel qui a gagné une compétition.
14. Quand on joue au football, il faut marquer le plus de ________________ possibles.

Lecture

Les Jeux olympiques

Les Jeux olympiques (appelés aussi les JO) sont un événement sportif international auquel les athlètes de presque chaque nation participent. Les Jeux olympiques ont lieu tous les quatre ans, alternant les Jeux olympiques d'été et les Jeux olympiques d'hiver (deux ans après les jeux d'été). Depuis 1960, il y a aussi les Jeux paralympiques pour les athlètes handicapés et depuis 2010 les Jeux olympiques de la Jeunesse. Les trois meilleurs athlètes de chaque discipline reçoivent respectivement une médaille d'or (pour la première place), d'argent (pour la deuxième place) et de bronze (pour la troisième place).

Les origines des Jeux olympiques remontent à la Grèce antique où ils se sont pratiqués pendant plus de mille ans (du huitième siècle avant notre ère au quatrième siècle après). C'est le Français Pierre de Coubertin qui les a réintroduits en 1894. Les premiers Jeux olympiques modernes ont eu lieu à Athènes en 1896. Les premiers Jeux d'hiver (qui n'existaient pas en Grèce) se sont déroulés en 1924 dans la station de ski française de Chamonix.

Sur le drapeau des Jeux olympiques (dessiné par Coubertin), il y a cinq anneaux entrelacés qui représentent les cinq continents unis par le sport. Chaque anneau a une couleur différente. L'autre symbole des JO est la flamme olympique, qui apparaît en 1928 et est censée établir le lien entre les Jeux antiques et les Jeux modernes.

N) Répondez aux questions suivantes.

1. Qui a créé les Jeux olympiques modernes ?
2. Où ont eu lieu les premiers JO modernes ?
3. Quelles « sortes » de Jeux olympiques y a-t-il ?
4. Quels sont les symboles des Jeux olympiques ?
5. Que reçoivent les trois meilleurs athlètes de chaque discipline ?

O) Conversation/Discussion.

1. Quel est le sport le plus populaire dans votre pays ?
2. Quel sport pratiquez-vous en été ? Et en hiver ?
3. Quels sports regardez-vous à la télé ?
4. Quels sports ne regardez-vous jamais ? Pourquoi ?
5. Êtes-vous fan d'une équipe ? De laquelle ? Expliquez.
6. À quels matchs assistez-vous régulièrement ?
7. Est-ce qu'il y a des équipes féminines dans votre université ? À quoi jouent-elles ?
8. Avez-vous déjà participé à une compétition sportive (marathon, triathlon, etc.) ? Si oui, comment cela s'est-il passé ? Sinon, voudriez-vous y participer ? Pourquoi (pas) ?
9. Êtes-vous inscrit(e) dans une salle de sport ? Combien de fois par semaine y allez-vous ? Quelle activité y pratiquez-vous ?
10. Le sport à l'université, avantages et inconvénients. Argumentez.
11. Selon vous, quels sont les sports les plus dangereux ? Quels en sont les dangers ?
12. Est-ce que les sports de contact (la boxe, le rugby, le football américain) devraient être interdits ? Pourquoi (pas) ?

13. À votre avis, quels sont les avantages et les désavantages de la pratique d'un sport ?

P) Choisissez un article dans le journal *L'Équipe* (site internet : l'équipe.fr) **et faites-en un résumé.**

Q) Faites des recherches sur le sport en France et présentez en classe ce que vous avez appris.

Notes

1 One uses ***faire*** with the prepositon **de** before a sport.
*Il fait **du** hockey.*
2 The verb ***jouer*** is used with the name of a sport but not with the word 'sport'. Use *faire* or *pratiquer* instead.

***Faites**-vous du sport* ?	Are you **playing** sports?
*Quel sport **pratiquez**-vous ? – Je joue au golf.*	Which sport are your **playing**? – I play golf.

3 One uses ***jouer*** with the preposition **à** before a sport:
*Il joue **au** base-ball, **à la** pétanque, **aux** boules*, etc.

27 Les loisirs

Leisure activities

Vocabulaire de base

les loisirs *(m.pl.)*	leisure activities, pastimes
le passe-temps	pastime
le hobby	hobby
le temps libre	free time
la lecture	reading

aller au cinéma	to go to the movies
aller à la bibliothèque	to go to the library
aller à un concert	to go to a concert
aller à la chasse	to go hunting
aller à l'opéra	to go to the opera
aller à la pêche	to go fishing
aller au musée	to go to the museum
aller au restaurant	to go to the restaurant
aller à la salle de sport (*fam.* aller à la gym)[1]	to go to the gym
aller au théâtre	to go to the theater
aller en boîte (de nuit)	to go to a night club
aller à une soirée	to go to a party
avoir envie de faire qch	to feel like doing sth
s'amuser	to have a good time
collectionner (des timbres, des pièces)	to collect (stamps, coins)
danser	to dance
dessiner	to draw

se détendre, se relaxer	to relax
se divertir, se distraire	to enjoy oneself, to have fun
écouter (de la musique)	to listen to (music)
écrire (des poèmes, des textos)	to write (poems, text messages)
faire du bénévolat	to do volunteer work
faire du bricolage, bricoler	to do home improvements, to tinker around
faire du shopping	to go shopping
faire de la couture, coudre	to sew
faire la cuisine, cuisiner	to cook
faire la fête	to party
faire la sieste	to take a nap
faire du jardinage, jardiner	to do gardening, to work in the garden
faire des mots croisés	to do crossword puzzles
faire la grasse matinée	to sleep late, to sleep in
faire de la peinture, peindre	to paint
faire du tricot, tricoter	to knit
faire du vélo	to ride a bike
faire une promenade (*fam.* faire une balade), se promener (*fam.* se balader)	to go for a walk
faire une promenade en voiture / à vélo	to go for a car/bike ride
faire pousser (qch)	to grow (sth)
faire des puzzles	to do (jigsaw) puzzles
flâner	to stroll
jouer **à**	to play (a sport or game)
jouer au golf jouer au Scrabble / au Monopoly jouer aux cartes / aux échecs jouer aux jeux vidéo / aux jeux de société	to play golf to play Scrabble/Monopoly to play cards/chess to play video/board games
jouer **de** jouer du piano / du violon jouer de la batterie / de la guitare	to play (an instrument) to play the piano/the violin to play the drums/the guitar

jouer de la trompette / de la harpe jouer du violoncelle / du saxophone jouer de l'accordéon / de la clarinette jouer de la flûte	to play the trumpet/the harp to play the cello/the saxophone to play the accordion/the clarinet to play the flute
lire (des romans / des courriels / de la poésie / le journal)	to read (novels/e-mails/poetry/the newspaper)
monter à cheval (*fam.* faire du cheval)	to go horseback riding
passer son temps à faire qch Elle passe son temps à voyager.	to spend one's time doing sth She spends her time traveling.
planter	to plant
prendre des photos (*f.pl.*)	to take pictures
regarder (la télé)	to watch (TV)
surfer sur Internet	to surf the Internet
visiter	to visit (a place)
voyager	to travel

A) Flashcards : Chapitre 27, exercice 1

B) Complétez les phrases avec les mots qui conviennent.

1. Si on veut attraper des poissons, il faut aller à la ____________________
2. On va à la ______________________ pour faire de l'exercice.
3. Si on travaille pour une bonne cause sans être payé, on fait du ________________________
4. Le dimanche, je ne me lève pas avant onze heures du matin car j'aime faire la ________________________
5. Elle fait souvent du _________________________ car elle aime s'acheter de jolies choses.
6. Quand ils n'ont pas envie de ______________________, mes parents vont au restaurant pour dîner.
7. Ma sœur adore faire du ______________________. Dans son potager, elle fait pousser beaucoup de légumes.
8. Tiger Woods joue très bien au ______________________
9. Le compositeur Chopin jouait du ______________________

C) Donnez un synonyme.

1. faire un voyage ____________
2. faire une promenade _________
3. faire de la peinture _________
4. faire la cuisine ____________
5. faire du jardinage __________
6. se relaxer ____________
7. se distraire ___________
8. faire du bricolage ___________
9. faire de la couture ____________

D) Traduisez les phrases suivantes en français.

1. She likes to play video games. ______________________________
2. I always have a good time when I go horseback riding. ____________
   ____
3. Do you play chess? __________________________________
4. I don't play any sports but I play the violin. ___________________
   ____
5. They are going to party tonight. ___________________________
6. Do you like to do crossword puzzles? _______________________
7. I take a nap every afternoon. ______________________________
8. My friends do volunteer work at the hospital. __________________
   ____

E) Conversation/Discussion.

1. Qu'est-ce que vous aimez faire pendant votre temps libre ?
2. Qu'est-ce que vous faites le samedi soir ?
3. Quels sont vos loisirs préférés ? Et ceux de vos amis ?
4. Jouez-vous d'un instrument de musique ? Si oui, de quoi jouez-vous ? Depuis combien de temps ?
5. Faites-vous du sport ? À quoi jouez-vous ?
6. Jouez-vous à des jeux ? Auxquels ? Gagnez-vous ou perdez-vous la plupart du temps ?
7. Avez-vous déjà fait du bénévolat ? Racontez.
8. Aimez-vous la lecture ? Quel(s) genre(s) de livres lisez-vous (des romans policiers, des histoires d'amour, des nouvelles, de la poésie, des romans fantastiques, des romans historiques) ? Quel livre avez-vous lu récemment ? De quoi s'agit-il dans ce livre ?
9. Quels sont vos écrivains préférés ? Pourquoi ?

Le cinéma

le cinéma (*fam.* le ciné) On va au ciné ce soir.	movie theater, the movies We are going to the movies tonight.
le guichet, la caisse	ticket window
le billet (de cinéma), la place (de cinéma) Deux places pour *Amélie*, s.v.p.	(movie) ticket Two tickets for (the film) *Amélie*, please.
la place	seat
la bande-annonce	trailer, preview
le film	movie
le film policier	detective movie
le film d'horreur	horror movie
le film de science-fiction	science-fiction movie
le film de guerre	war movie
le western	western
le thriller	thriller
le documentaire	documentary
la comédie musicale	musical
le court métrage	short film
les horaires (*m.pl.)*	schedule (of show times)
la séance[2]	showing
le scénario	script
l'intrigue (*f.*)	plot
les sous-titres (*m.pl.)*	subtitles
l'écran (*m.*)	screen
le réalisateur / la réalisatrice	(film) director
l'acteur / l'actrice	actor/actress
la vedette, la star (de cinéma)	(film) star
le rôle	role
le rôle principal	lead role
le personnage (principal)	(main) character
la publicité (*fam.* la pub)	advertisement
la fin	end, ending
le suspense	suspense

F) Flashcards : Chapitre 27, exercice 2

jouer	to act, to play at the movies (or in the theater)
Gérard Depardieu a joué dans beaucoup de films.	Gérard Depardieu acted in many movies.
Qu'est-ce qu'on joue au cinéma cette semaine ?	What is playing at the movies this week?
passer au cinéma	to be/play in the (movie) theaters
Qu'est-ce qui passe au cinéma ?	What is playing at the movies?
jouer un rôle	to play a role
sortir	to come out, to be released
voir	to see
louer un film	to rent a movie
tourner un film	to make/shoot a movie
préférer	to prefer
faire la queue	to wait in line

affreux, affreuse	awful
célèbre	famous
ennuyeux, ennuyeuse	boring
excellent(e)	excellent
drôle, amusant(e) [*fam.* rigolo (rigolote)]	funny
passionnant(e)	exciting
triste	sad
effrayant(e)	scary
(in)connu(e)	(un)known
mauvais(e)	bad
nul(le)	very bad, awful
super, formidable	great
médiocre	mediocre
divertissant(e)	entertaining
décevant(e)	disappointing
émouvant(e)	moving

préféré(e)	favorite
muet, muette	silent
doublé(e)	dubbed
sous-titré(e)	subtitled
en version originale (en VO)	in the original language
en version française (en VF)	in the French version
(c'est) complet	(it's) full, sold out

G) Flashcards : Chapitre 27, exercice 3

H) Complétez les phrases avec les mots qui conviennent.

1. Un film qui dure moins de trente minutes est un ________________
2. Un film étranger qui n'est pas en version originale est ______________
3. En France, on peut voir beaucoup de films américains en version originale avec des ______________________ français.
4. *La Guerre des Étoiles* est un film de ______________________
5. La _________________________, ce sont des scènes d'un film qu'on peut voir sur internet ou au cinéma.
6. Les acteurs et actrices célèbres sont des ____________________
7. Une ___________ de cinéma (plein tarif) coûte 10 euros, sauf pendant la fête du cinéma (quatre jours en juin ou en juillet), où le tarif est réduit à 4 euros.
8. *Les Misérables* et *My Fair Lady* sont des ____________________

I) Traduisez les phrases suivantes en français.

1. Did you see the trailer for this movie? ____________________
2. One can buy the tickets at the ticket window. ________________
3. What is playing at the movies? ________________________
4. They shot this movie in Africa. ________________________
5. My favorite actor is the main character in this musical. ____________

____

J) Conversation/Discussion.

1. Allez-vous souvent au cinéma ou regardez-vous les films chez vous sur l'écran de votre ordinateur ?

2. Quel genre de film préférez-vous ? Pourquoi ?
3. Quel est le film le plus ennuyeux que vous connaissiez ?
4. Quels films français avez-vous déjà vus ? Lequel est votre préféré ? Racontez l'histoire de ce film.
5. Préférez-vous voir les films français en version originale avec des sous-titres ou doublés ? Pour quelle raison ?
6. Quels acteurs (Quelles actrices) français(es) connaissez-vous ? Quel(le) est votre acteur (actrice) préféré(e) ? Pourquoi ?
7. Comparez les films français avec ceux de votre pays. Qu'est-ce qui les différencie ?

Le théâtre

le théâtre	theater
la pièce (de théâtre)	play
la comédie	comedy
la tragédie	tragedy
le guichet	box office
l'acte (*m.*)	act (in a play)
la scène	stage, scene
l'entracte (*m.*)	intermission
la répétition	rehearsal
la (répétition) générale	dress rehearsal
la première	opening night
le spectacle	show
la représentation	performance
l'ouvreur / l'ouvreuse	usher
le comédien / la comédienne	actor, actress
le (la) protagoniste	protagonist
le metteur en scène	(theater or movie) director
le pourboire	tip
le rang	row
une place au premier / deuxième / troisième rang	a seat in the first/second/third row
le costume	costume
le décor	stage set
le rideau	curtain
les coulisses (*f.pl.*)	wings, backstage area
en coulisses	backstage, behind the scenes

le programme	program
le public	audience
les spectateurs	spectators, audience

applaudir Le public a applaudi les comédiens.	to applaud The audience applauded the actors.
assister à Ils ont assisté à une représentation de Tartuffe.	to attend They attended a performance of Tartuffe.
faire du théâtre Elle aime faire du théâtre.	to act, to perform on stage She likes acting.
réserver des places	to reserve seats
acheter des billets	to buy tickets
répéter	to rehearse
avoir le trac	to have stage fright

K) Flashcards : Chapitre 27, exercice 4

L) Complétez les phrases avec les mots qui conviennent.

1. On va au théâtre pour voir une ____________________
2. Les ______________________ accompagnent les spectateurs à leur place au théâtre.
3. En France, on donne un _________________________ à l'ouvreuse de théâtre.
4. L' _________________, c'est la pause entre les actes d'une pièce de théâtre.
5. À la fin du spectacle, le public __________________________ plus ou moins longtemps selon le degré de satisfaction.
6. Au théâtre, le _______________________s'ouvre au début du spectacle. Il se ferme à la fin.
7. Avant d'entrer en scène, les comédiens ont souvent le ____________, c'est-à-dire qu'ils ont peur.
8. Les gens qui regardent un film ou une pièce de théâtre sont des ________________

M) Conversation/Discussion.

1. Allez-vous souvent au théâtre ? Pourquoi (pas) ?
2. Quelle sorte de pièce aimez-vous regarder ? Expliquez.
3. Quelle pièce française avez-vous déjà vue ? Quel était le sujet de cette pièce ?
4. Avez-vous déjà joué dans une pièce ? Dans laquelle ? Quel rôle avez-vous eu ? Avez-vous eu le trac avant de monter sur scène ? Racontez.
5. Préférez-vous les films ou les pièces de théâtre ? Pourquoi ?

Le musée

le musée	museum
l'exposition *(f.)*	exhibition
l'art (*m.*) (contemporain)	(contemporary) art
la galerie d'art	art gallery
le tableau (les tableaux)	painting (paintings)
la sculpture	sculpture
la gravure	etching
le dessin	drawing
l'œuvre d'art *(f.)*	work of art
le chef-d'œuvre	masterpiece
l'objet (*m.*)	object
les bijoux *(m.pl)*	jewelry
la nature morte	still life
le paysage	landscape
le portrait	portrait
l'autoportrait (*m.*)	self-portrait
le cadre	frame
l'artiste *(m.f.)*	artist
le peintre	painter
le sculpteur	sculptor
la statue	statue
le poster	poster
la visite guidée	guided tour

N) Flashcards : Chapitre 27, exercice 5

peindre	to paint
dessiner	to draw
restaurer	to restore
sculpter	to carve, to sculpt

abstrait(e)	abstract
réaliste	realistic
impressionniste	impressionist
médiéval(e)	medieval
artistique	artistic

O) Flashcards : Chapitre 27, exercice 6

Le Concert

le concert	concert
la musique	music
la musique classique	classical music
la musique moderne	modern music
la musique country	country music
la (musique) pop	pop music
le rock	rock music
le jazz	jazz
le rap	rap music
le reggae	reggae
la techno	techno
la chanson	song
le chanteur / la chanteuse	singer
l'interprète (*m.f.*)	performer, player, singer
la chorale	choir
le compositeur / la compositrice	composer
le musicien / la musicienne	musician
l'instrument (*m.*)	instrument

la symphonie	symphony
l'orchestre (*m.*)	orchestra
le chef d'orchestre	conductor
le groupe Il joue dans un groupe de rock.	band He plays in a rock band.
la mélodie	melody
le rythme	rhythm
le récital	recital
le microphone (*fam.* le micro)	microphone

chanter	to sing
écouter	to listen to
enregistrer	to record
diriger	to conduct

P) Flashcards : Chapitre 27, exercice 7

Le parc d'attractions et la fête foraine

le parc d'attractions	amusement park
la fête foraine	fair
une attraction, un manège	a ride (in an amusement park)
la balançoire	swing
le toboggan	slide
le manège	merry-go-round
faire un tour de manège	to go for a ride on the merry-go-round
les montagnes russes	roller coaster
la grande roue	Ferris wheel
la barbe à papa	cotton candy

Q) Flashcards : Chapitre 27, exercice 8

R) Complétez les phrases avec les mots qui conviennent.

1. Le ____________________ de Monet, « Impression, soleil levant », a donné son nom au mouvement impressionniste.
2. J'aime les __________________________________ de Rodin.
3. Le ___________________________ écrit la musique pour une œuvre.
4. L'hymne européen « Ode à la Joie » est extrait de la neuvième ____________________ de Beethoven.
5. Le _______________ est une musique qui est apparue en Jamaïque à la fin des années 1960 et a été inscrite sur la liste du patrimoine culturel de l'Unesco en novembre 2018.
6. Disneyland et le Futuroscope sont des _________________________ très populaires.

S) Conversation/Discussion.

1. Allez-vous souvent au musée ? Quels musées avez-vous déjà visités ?
2. Qu'est-ce qui vous intéresse le plus dans un musée ?
3. Quel est le musée le plus intéressant que vous ayez jamais visité ? Pourquoi ?
4. Quel(le) est votre artiste préféré(e) ?
5. Quel style de musique aimez-vous ?
6. Quel est votre compositeur préféré ?
7. Quels groupes français connaissez-vous ?
8. Quels sont vos groupes préférés ?
9. Quel chanteur (Quelle chanteuse) français(e) aimez-vous particulièrement ? Pourquoi ?
10. Quels parcs d'attractions avez-vous déjà visités ? Quelles attractions y avait-il ? Racontez.

Notes

1 ***Aller à la gym*** is short for ***aller à la gymnastique*** = to go exercise.

2 Most French movie theaters indicate the start times of the ***séance*** and of the ***film*** in their schedules. If one arrives at the time when the *séance* begins, one gets to see commercials, previews and occasionally a short documentary. The movie usually begins about fifteen minutes later.

28 Les animaux

Animals

Vocabulaire de base

l'animal *(m.)* (les animaux)	animal (animals)
l'animal domestique, l'animal de compagnie	pet
l'abeille (*f.*)	bee
l'agneau (*m.*)	lamb
l'âne *(m.)*	donkey
l'araignée *(f.)*	spider
le bœuf	ox
le canard	duck
le chameau	camel
le chat	cat
le cheval (les chevaux)	horse (horses)
la chèvre	goat
le chien	dog
le cochon	pig
le coq	rooster
le crocodile	crocodile
la dinde	turkey-hen
l'éléphant (*m.*)	elephant
l'écureuil *(m.)*	squirrel
l'escargot *(m.)*	snail
la fourmi	ant

la girafe	giraffe
la grenouille	frog
le hamster	hamster
l'hippopotame (*m.*)	hippopotamus
le lapin	rabbit
le lion	lion
le loup	wolf
la mouche	fly
le moustique	mosquito
le mouton	sheep
l'oie (*f.*)	goose
l'oiseau (*m.*)	bird
l'ours *(m.)*	bear
le papillon	butterfly
le poisson	fish
la poule	hen
le poulet	chicken
le rat	rat
le renard	fox
le serpent	snake
la souris	mouse
le singe	monkey
le taureau	bull
le tigre	tiger
la tortue	turtle
la vache	cow
le veau	calf
le zèbre	zebra

A) Flashcards : Chapitre 28, exercice 1

Quelques oiseaux	**A few birds**
l'aigle (*m.*)	eagle
l'alouette *(f.)*	lark
la chouette, le hibou	owl
la cigogne	stork
le corbeau	raven, crow
le coucou	cuckoo
le cygne	swan
l'hirondelle *(f.)*	swallow
le perroquet	parrot
le rossignol	nightingale
Quelques animaux marins	**A few marine animals**
la baleine	whale
le dauphin	dolphin
le requin	shark
la pieuvre	octopus

B) Flashcards : Chapitre 28, exercice 2

C) Complétez les phrases avec les mots qui conviennent.

1. L'insecte qui fabrique du miel, c'est l'__________________
2. L'alouette, le coucou et le corbeau sont des ___________________
3. Le _______________ est un insecte qui pique.
4. Le _______________ est un animal de la ferme qui chante « cocorico ».
5. La __________________ est un petit animal qui aime le fromage. Les chats aiment manger ce rongeur.
6. La __________________ est un animal qui produit du lait.
7. Le __________________ est un animal qui a des rayures noires et blanches.
8. La corrida est un combat entre un ___________________ et un toréador qui a lieu dans des arènes, surtout en Espagne.
9. Le __________________ est un animal qu'on appelle aussi porc.

10. Traditionnellement, les Américains mangent de la ________________ à Thanksgiving.
11. La ________________ est un oiseau qui, selon la légende, apporte les bébés.
12. Dans la plupart des pays européens et aux États-Unis, c'est le ________________qui apporte les œufs de Pâques aux enfants.
13. La ________________ est un animal d'Afrique qui a un cou très long.
14. Le grizzli est un ________________ brun des Montagnes Rocheuses.
15. La pendule dont les heures sont marquées par l'apparition d'un oiseau s'appelle pendule à ________________
16. Le ______________________ peut traverser le désert sans boire.
17. On croit à tort que les ________________ ne mangent que des bananes.
18. Le ________________ est un animal féroce qui est souvent considéré comme le roi des animaux.
19. Le ________________ est un oiseau qui répète les paroles des êtres humains.
20. Le chien et le chat sont des ____________________________
21. On dit de quelqu'un qui conduit très lentement, qu'il conduit comme un ________________
22. Avez-vous déjà mangé des cuisses de ____________________ ? C'est délicieux !

Vocabulaire supplémentaire

la biche	doe
le cafard	cockroach
le castor	beaver
la cigale	cicada
la coccinelle	ladybug
le cochon d'Inde	guinea pig[1]
le gorille	gorilla

le guépard	cheetah
la guêpe	wasp
l'insecte (*m.*)	insect
le kangourou	kangaroo
le lézard	lizard
le lièvre	hare
le paon	peacock
le phoque	seal
le pou	louse
la puce	flea
le raton laveur	raccoon
le rhinocéros	rhinoceros
le rongeur	rodent
la taupe	mole
le ver	worm

D) Flashcards : Chapitre 28, exercice 3

E) Complétez les phrases avec un nom d'animal.

1. Les ____________________ sont des animaux qui vivent en Australie. Les femelles ont des poches sur le ventre pour porter leurs petits.
2. La ____________________ est un animal qui vit sous terre où elle creuse (*digs*) de longues galeries pour trouver de la nourriture.
3. Le __________________ est considéré comme l'animal le plus rapide du monde.
4. Au Marché aux __________________, on peut acheter des articles d'occasion.
5. Le castor, la souris et le rat sont des ____________________

Vocabulaire apparenté

l'aile *(f.)*	wing
l'animalerie (*f.*)	pet store
l'aquarium (*m.*)	aquarium

la cage	cage
le collier	collar
le cuir	leather
l'étable *(f.)*	stable
la femelle	female
le mâle	male
la fourrure	fur
la gueule	mouth (of an animal)
l'ivoire (*m.*)	ivory
la laine	wool
le nid	nest
la nourriture pour chien / chat	dog/cat food
la patte	paw, leg of an animal
la peau	skin, hide
la plume	feather
la queue	tail
la SPA (Société protectrice des animaux)	humane society
le zoo	zoo

F) Flashcards : Chapitre 28, exercice 4

G) Complétez les phrases avec les mots qui conviennent.

1. On fait le ____________________ à partir de la peau des animaux.
2. Le mouton nous fournit la __________________ pour nos pullovers.
3. À la maison, on met les oiseaux dans une _________________
4. On achète les animaux domestiques dans une ______________________
5. Les oiseaux et les avions ont des ______________
6. Le ______________ est un abri que les oiseaux construisent pour y mettre leurs œufs et élever leurs petits.
7. La SPA ou la ____ est une association de protection animale.
8. On va au ___________________ pour voir des animaux dans des cages.

aboyer	to bark
attraper	to catch
caresser	to pet, to stroke
chanter	to sing, to crow (rooster)
chasser	to hunt
donner à manger, nourrir	to feed
mordre	to bite
nager	to swim
s'occuper de	to take care of
piquer	to sting
promener (un chien)	to walk (a dog)
voler	to fly

H) Flashcards : Chapitre 28, exercice 5

I) Que font ces animaux (et les enfants) ? Utilisez les verbes qui conviennent.

1. Le chien ______________
2. Le poisson ______________
3. L'oiseau ________________
4. Le moustique ______________
5. Quand ils sont au zoo, les enfants aiment _____________ les animaux.

cruel, cruelle	cruel
faible	weak
fort(e)	strong
féroce	fierce, ferocious
(in)fidèle	(un)faithful
indépendant(e)	independent
méchant(e)	vicious
rapide	fast
rusé(e)	sly
sauvage	wild

J) Flashcards : Chapitre 28, exercice 6

K) Complétez chaque phrase avec l'adjectif qui convient.

1. Les chiens _______________ mordent.
2. Le renard est ______________
3. Le lion est un animal _______________ et _________________
4. Le guépard est l'animal le plus ________________
5. En général, les chiens sont ______________
6. Les chats sont plus ___________________ que les chiens.

L) Choisissez dix animaux des listes précédentes et utilisez-les dans une petite histoire que vous inventerez.

M) Choisissez un animal de la liste suivante et faites-en une description. Votre partenaire doit deviner l'animal auquel vous pensez.

Exemple : C'est un animal domestique qui aboie. Réponse : *C'est un chien.*

le chat, l'abeille, le chameau, la vache, le requin, le coq, la souris, le moustique, la cigogne, le zèbre, le renard, le lapin, la poule, le perroquet, la girafe, l'escargot, la tortue, l'éléphant

N) Conversation/Discussion.

1. Avez-vous un animal domestique ? Comment s'appelle-t-il ? Quel âge a-t-il ? Est-ce que c'est un mâle ou une femelle ?
2. Depuis combien de temps avez-vous cet animal ?
3. L'avez-vous acheté, trouvé ou est-ce qu'on vous l'a offert ?
4. Comment est votre animal ?
5. Qu'est-ce que votre animal fait pendant la journée ?
   Qu'est-ce qu'il aime faire? Qu'est-ce qu'il ne fait jamais ? Qu'est-ce qu'il mange ?
6. Si vous avez un chien, combien de fois par jour le promenez-vous ?
7. Allez-vous quelquefois au zoo ? Quels animaux aimez-vous y regarder ? Lesquels trouvez-vous les plus intéressants ? Précisez.
8. Quel est votre animal préféré ? Pourquoi ?
9. Si vous pouviez être un animal, lequel voudriez-vous être ? Expliquez.
10. Quels animaux sont tués pour leur ivoire, lesquels sont tués pour leur fourrure ?
11. Selon vous, qu'est-ce qu'on peut faire pour protéger les animaux sauvages en danger ?

Proverbes et expressions

voler de ses propres **ailes**	to stand on one's own feet, to be independent
avoir une **araignée** au plafond	to have a screw loose, to be crazy
Qui vole un œuf vole un **bœuf**.	He who steals an ounce will steal a pound.
Il ne faut pas mettre la charrue avant les **bœufs**.	Don't put the cart before the horse.
avoir le **cafard** *(fam.)*	to be depressed, to have the blues
un froid de **canard** *(fam.)* Il fait un froid de **canard**.	extreme cold It is freezing cold.
Il n'y a pas un **chat**.	There isn't a soul. There is absolutely nobody.
avoir d'autres **chats** à fouetter	to have more important things to do/ other fish to fry (*lit.* to have other cats to whip)
avoir un **chat** dans la gorge	to have a frog in one's throat, to be hoarse
La nuit, tous les **chats** sont gris.	All cats are gray in the dark.
Ne réveillez pas le **chat** qui dort.	Let sleeping dogs lie.
Quand le **chat** n'est pas là, les souris dansent.	When the cat's away, the mice will play.
Chat échaudé craint l'eau froide.	Once bitten twice shy.
À **cheval** donné, on ne regarde pas les dents.	Don't look a gift horse in the mouth.
ménager la **chèvre** et le chou	to keep both parties happy
(Il fait) un temps de **chien**.	(It is) awful weather.
être comme **chien** et **chat**	to not get along
Chien qui aboie ne mord pas.	Barking dogs don't bite.
être malade comme un **chien**	to be as sick as a dog
C'est **chouette** !	That's cool/great!
passer / sauter du **coq** à l'**âne**	to change subjects abruptly
verser des larmes de **crocodile**	to shed crocodile (false) tears
avoir une mémoire d'**éléphant**	to have a memory like an elephant
être comme un **éléphant** dans un magasin de porcelaine	to be like a bull in a china shop
avoir des **fourmis** dans les jambes	to have pins and needles in one's legs

avoir la **gueule** de bois	to have a hangover
Une **hirondelle** ne fait pas le printemps.	One swallow doesn't make a summer.
poser un **lapin** à qn	to stand sb up
avoir une faim de **loup**	to be very hungry (*lit.*to be as hungry as a wolf)
être connu comme le **loup** blanc	to be well known by everyone
Quand on parle du **loup**, on en voit la queue.	Speak of the devil.
On entendrait une **mouche** voler.	You could hear a pin drop.
Il ne ferait pas de mal à une **mouche**.	He wouldn't hurt a fly.
Quelle **mouche** t'a piqué ? (*fam.*)	What has gotten into you?
Revenons à nos **moutons !**	Let's get back to what we were talking about.
un **oiseau** de nuit	a night owl
avoir un appétit d'**oiseau**	to eat like a bird
Petit à petit, l'**oiseau** fait son nid.	With time and effort you achieve your goals.
Il ne faut pas vendre la peau de l'**ours** avant de l'avoir tué.	Don't count your chickens before they are hatched.
nager comme un **poisson**	to swim like a fish, to swim well
Poisson d'avril !	April fool!
être heureux comme un **poisson** dans l'eau	to be very happy (*lit.* to be as happy as a fish in the water)
une **poule** mouillée (*fam.*)	a wimp (fearful person)
un papa / une mère **poule** *(fam.)*	a protective father/mother
avoir (donner) la chair de **poule** Ça me donne la chair de **poule**.	to have (give) goose bumps That gives me the creeps.
se coucher avec les **poules**	to go to bed very early
Quand les **poules** auront des dents.	When hell freezes over. (*lit.* When chicken will have teeth.)
avoir la **puce** à l'oreille	to suspect something
mettre la **puce** à l'oreille de qn	to give sb a clue, to cause sb to suspect sth
C'est un **rat** de bibliothèque.	He/she is a bookworm.
prendre le **taureau** par les cornes	to take the bull by the horns, to attack a difficulty with determination

parler français comme une **vache** espagnole	to murder French, to speak horrible French

O) Complétez les phrases avec les mots et les expressions qui conviennent.

1. Quand on parle très mal le français, on le parle comme ______________
2. Il va toujours au lit très tôt. Il se couche ___________________________
3. Quand on parle du ____________, on en voit la queue.
4. Quand on a très faim, on a une _________________
5. « Avoir ________________________________» veut dire « être fou ».
6. « Il fait _________________________» se dit quand il fait très froid.
7. S'il fait très mauvais, il fait un temps de _______________
8. Elle aime beaucoup lire. C'est un vrai ___________________________
9. Mettons fin à nos digressions et revenons à notre sujet. Revenons à ___________________
10. On dit qu'on a ___________________ dans les jambes lorsqu'une position gardée trop longtemps bloque la circulation du sang dans ces membres.
11. Nos enfants sont devenus indépendants, ils volent ________________ maintenant.
12. Je l'ai attendu pendant des heures mais il n'est jamais venu à notre rendez-vous. Il m'a posé un ______________
13. Elle mange très peu, elle a un appétit d'__________________
14. Si deux personnes ne s'entendent pas, elles sont comme _____________
15. Si j'ai quelque chose de plus important à faire, j'ai _________________ ____________________________
16. Si on passe brusquement d'un sujet de conversation à l'autre sans transition, on saute _________________________
17. La personne qui nage très bien nage comme un ____________________
18. Après avoir fait une blague à quelqu'un le premier avril, les Français disent : ___________________________ pour préciser que ce qu'ils viennent de dire n'est pas vrai.
19. Elle se couche toujours très tard. C'est un vrai ____________________

20. On appelle un homme (une femme) peu courageux(se) une __________
21. Il est difficile de ménager la _________________ et le _______________
22. « Avoir la _______________________ à l'oreille » veut dire « se douter *(to suspect)* de quelque chose ».
23. « ______________________________________ » est une expression qu'on emploie pour exprimer que quelque chose n'arrivera jamais.

P) Complétez chaque phrase avec un nom d'animal.

1. Quelle ________________ t'a piqué ?
2. Ça me donne la chair de ____________________
3. Quand le ___________________ n'est pas là, les __________________ dansent.
4. Il est enroué, il a un _______________ dans la gorge.
5. __________________ échaudé craint l'eau froide.
6. Il ne faut pas vendre la peau de l'_______________ avant de l'avoir tué.
7. Elle est déprimée, elle a le __________________

Q) Regardez sur Youtube : Histoire racontée par une petite fille extraordinaire.

Lecture

La cigale et la fourmi

La Cigale, ayant chanté
Tout l'été,
Se trouva fort dépourvue
Quand la bise fut venue :
Pas un seul petit morceau
De mouche ou de vermisseau.
Elle alla crier famine
Chez la Fourmi sa voisine,
La priant de lui prêter
Quelque grain pour subsister
Jusqu'à la saison nouvelle.
« Je vous paierai, lui dit-elle,
Avant l'oût, foi d'animal,
Intérêt et principal ».
La Fourmi n'est pas prêteuse;
C'est là son moindre défaut.

« Que faisiez-vous au temps chaud ?
Dit-elle à cette emprunteuse.
– Nuit et jour à tout venant
Je chantais, ne vous déplaise.
– Vous chantiez ? j'en suis fort aise.
Eh bien ! dansez maintenant ».

Jean de La Fontaine (1621–1695)

Vocabulaire

dépourvu	sans ressources
la bise	vent froid (= l'hiver)
le morceau	une partie d'un aliment
le vermisseau	petit ver
le défaut	mauvais trait de caractère
oût	août

R) Répondez aux questions suivantes.

1. Pourquoi la Cigale vient-elle chez la Fourmi ?
2. Pendant quelle saison la Cigale arrive-t-elle chez sa voisine ?
3. Qu'est-ce que la Cigale demande à la Fourmi ?
4. Quelle promesse la Cigale fait-elle à la Fourmi ?
5. Qu'est-ce que la Fourmi faisait en été ? Et la Cigale ?
6. Est-ce que la Fourmi donne à la Cigale ce qu'elle demande ? Pourquoi (pas) ?
7. Selon vous, la Fourmi a-t-elle raison ? Pourquoi (pas) ? Qu'est-ce que vous feriez à la place de la Fourmi ?
8. Qu'est-ce que la Fourmi dit à la Cigale de faire ?
9. Quel est le défaut de la Fourmi ?
10. Quelle est la morale de cette fable de La Fontaine ?

Note

1 'Guinea pig' in a figurative sense = ***le cobaye***

29 La Terre et l'Univers

The Earth and the Universe

I) La Terre

la terre	earth
le monde	world
le continent	continent
l'équateur (*m.*)	equator
le pôle (Nord / Sud)	(North/South) pole
la nature	nature
le désert	desert
le pays	country
la région	region
la frontière	border, frontier
le paysage	landscape
la mer, l'océan *(m.)*	sea, ocean
la vague	wave
la marée la marée haute la marée basse	tide high tide low tide
le rivage	shore
la côte (est / ouest)	(east/west) coast
la plage	beach
le sable	sand
la falaise	cliff
l'île (*f.*)	island
la presqu'île	peninsula

la grotte	cave
la forêt	forest
la jungle	jungle
l'eau (*f.*)	water
la chute d'eau	waterfall
la cascade	(small) waterfall
le lac	lake
la montagne	mountain
la colline	hill
le sommet	summit, top
le glacier	glacier
la glace	ice
la plaine	plain
la vallée	valley
la gorge	gorge
le fleuve	river (which flows into the ocean)
la rivière	river (which flows into a "fleuve")
l'affluent (*m.*)	tributary
le ruisseau	brook
la rive	(river) bank
la source	source, spring
l'embouchure (*f.*)	mouth (of a river)
le volcan	volcano
la lave	lava
les cendres (*f.pl.*)	ashes
la pierre	stone
le rocher	rock
la poussière	dust

A) Flashcards : Chapitre 29 exercice 1

Les phénomènes naturels

l'avalanche (*f.*)	avalanche
le tremblement de terre	earthquake
le raz-de-marée, le tsunami	tidal wave, tsunami

l'éruption volcanique (*f.*)	volcanic eruption
l'ouragan *(m.)*	hurricane
la tornade	tornado
la tempête (de neige)	(snow)storm
l'inondation *(f.)*	flood
le glissement de terrain	landslide
l'incendie (*m.*)	fire
la sécheresse	drought
l'érosion (*f.*)	erosion

B) Flashcards : Chapitre 29 exercice 2

couler	to flow
entrer en éruption	to erupt
se jeter dans	to flow into
prendre sa source Le Rhône prend sa source en Suisse.	to have its source The Rhône has its source in Switzerland.

plat(e)	flat
montagneux, montagneuse	mountainous
haut(e)	high
bas, basse	low
profond(e)	deep

au bord de Ils ont une maison au bord du lac.	on the edge of They have a house on the edge of the lake.
le long de Ils se promènent le long de la rivière.	along They walk along the river.
loin de	far from
près de	near, close to

C) Flashcards : Chapitre 29, exercice 3

D) Complétez les phrases avec les mots qui conviennent.

1. Un ______________ se jette dans la mer et une _______________ se jette dans un fleuve.
2. Quand un volcan ___________________________, il crache *(spits out)* de la lave et des __________________
3. Les pluies torrentielles causent souvent des ____________________
4. On parle de ______________________ s'il n'a pas plu pendant une certaine période de temps et qu'il y a un manque d'eau.
5. Les tremblements de terre peuvent provoquer des _________________ ou tsunamis.
6. Le ____________________ Titicaca se trouve en Amérique du Sud.
7. Napoléon est mort sur l'_________________ de Sainte-Hélène en 1821.
8. Dans les __________________, il y a des stalagmites et des stalactites.
9. Les _______________________ du Niagara sont impressionnantes.

E) Décrivez la région où vous habitez et les endroits dans cette région que vous visitez souvent.

F) Décrivez la région où vous avez passé vos dernières vacances.

II) L'Univers

l'univers (*m.*)	universe
l'espace *(m.)*	(outer) space
la planète	planet
l'atmosphère (*f.*)	atmosphere
le système solaire	solar system
la voie lactée	Milky Way
la galaxie	galaxy
le soleil	sun
le lever du soleil	sunrise
le coucher du soleil	sunset
l'éclipse (*f.*)	eclipse

le ciel	sky
la lune	moon
l'étoile (*f.*)	star

se lever	to rise (sun)
se coucher	to set (sun)
explorer	to explore
tourner autour de La lune tourne autour de la Terre.	to revolve around The moon revolves around the earth.
lancer (une fusée)	to launch (a rocket)

G) Flashcards : Chapitre 29, exercice 4

H) Complétez les phrases avec les mots qui conviennent.

1. Le soleil __________________ à l'est et ____________________ à l'ouest.
2. La Terre _________________ autour du soleil.
3. Quand il fait beau, le ______________ est bleu.
4. La nuit, par temps clair, on peut voir les _____________________ qui brillent dans le ciel.
5. Il y a huit __________________ dans notre système solaire, la Terre, Mars, Vénus, Mercure, Saturne, Neptune, Jupiter et Uranus.

Vocabulaire apparenté

l'extraterrestre (*m.f.*)	alien
l'OVNI (*m.*) [objet volant non-identifié]	UFO
la soucoupe volante	flying saucer
la fusée	rocket
le lancement	launch
la navette spatiale	space shuttle
la station spatiale	space station
le vaisseau spatial	spaceship

le vol spatial (habité)	(manned) space flight
le satellite	satellite
le télescope	telescope
la gravité	gravity
l'astronaute *(m.f)*	astronaut
l'année-lumière (*f.*)	light year

I) Flashcards : Chapitre 29, exercice 5

J) Complétez les phrases avec les mots qui conviennent.

1. Une ______________________ est la distance parcourue par la lumière en une année.
2. Un ____________________ est une personne qui voyage dans un vaisseau spatial.
3. Ariane est une ________________ européenne qui met en orbite les satellites.
4. *ET* (dans le film de Stephen Spielberg) est un ____________________ qui arrive sur la Terre.
5. Un OVNI est une ______________________

Proverbes et expressions

avoir les pieds sur **terre**	to have one's feet on the ground, to be realistic
remuer **ciel** et terre	to move heaven and earth
tomber du **ciel**	to be heaven-sent, to happen at the right time
la **lune** de miel	honeymoon
être dans la **lune**	to have one's head in the clouds, to be absent-minded
demander la **lune**	to ask for the impossible
promettre la **lune**	to promise the moon
La foi soulève les **montagnes**.	Faith can move mountains.

faire une **montagne** de qch	to make a mountain out of a molehill
Le **monde** est petit.	It's a small world.
C'est le **monde** à l'envers.	The world is turned upside down.
Ce n'est pas la fin du **monde**.	It's not the end of the world.
tout le **monde**	everybody
le **monde** entier	the whole world
être né sous une bonne **étoile**	to be born under a lucky star
dormir à la belle **étoile**	to sleep outside
Ce n'est pas la **mer** à boire.	It's not that bad/difficult. It's not a big deal.
C'est une goutte d'eau dans la **mer**.	It's a drop in the ocean.
C'est la goutte d'**eau** qui fait déborder le vase.	It's the straw that broke the camel's back.
tomber à l'**eau** Ce projet est tombé à l'**eau**.	to fall through This project fell through.
Les petits **ruisseaux** font les grandes **rivières**.	Great oaks from little acorns grow. (Big things in life start with small events.)

K) Complétez les phrases avec les mots qui conviennent.

1. Si on donne une importance exagérée à un problème, on en fait une ____________________
2. Quand on est dans la ____________________, on est distrait.
3. On voulait aller au cinéma samedi soir, mais c'est tombé ____________
4. Si on dort ____________________________, on passe la nuit dehors.
5. Quand on demande la __________________, on demande l'impossible.
6. Il est réaliste; il a les pieds sur ________________________

7. Les hommes politiques promettent souvent la ____________________, c'est-à-dire des choses incroyables.
8. « Il a remué ___________________________» veut dire qu'il a fait tout son possible.

L) Conversation/Discussion.

1. Croyez-vous aux OVNIS et aux extra-terrestres ? Expliquez pourquoi (pas).
2. Est-ce que vous pensez que nous trouverons un jour d'autres formes de vie dans l'univers ? Comment imaginez-vous les « êtres » qui pourraient y vivre ?
3. Voudriez-vous faire un voyage dans l'espace ? Pourquoi (pas) ?
4. Il y a des gens qui veulent vivre et mourir sur Mars. Ils sont candidats pour un aller simple vers cette planète. Qu'en pensez-vous ? À votre avis, pourquoi ont-ils pris cette décision ? Utilisez votre imagination.

30 L'écologie
Ecology

Vocabulaire de base

l'écologie *(f.)*	ecology, environmental protection
l'écologiste *(m.f.)*	environmentalist
l'environnement (*m.*)	environment
l'air (*m.*)	air
l'eau (*f.*)	water
la couche d'ozone Il y a un trou dans la couche d'ozone.	ozone layer There is a hole in the ozone layer.
les ressources *(f.pl.)* naturelles	natural resources
les déchets (*m.pl.)*	trash, refuse, waste
les déchets domestiques	domestic waste
les déchets industriels / radioactifs / toxiques	industrial/radioactive/toxic waste
le gaspillage Laisser les lumières allumées, c'est du gaspillage.	waste Leaving the lights on is a waste.
le réchauffement climatique	global warming
le changement climatique	climate change
l'effet de serre (*m.*)	greenhouse effect
le gaz à effet de serre	greenhouse gas
l'émission *(f.)* de gaz à effet de serre	greenhouse gas emission
l'énergie (*f.*)	energy
l'énergie nucléaire	nuclear energy
l'énergie renouvelable	renewable energy

l'énergie solaire	solar energy
l'énergie éolienne	wind energy
l'éolienne (*f.*)	wind turbine
la durabilité	sustainability
le panneau solaire	solar panel
le recyclage	recycling
la pollution	pollution
le pic de pollution	pollution peak
le polluant	pollutant
la préservation	preservation
la protection	protection
le problème	problem
la solution	solution
la préoccupation	concern

A) Flashcards : Chapitre 30, exercice 1

B) Complétez les phrases avec les mots qui conviennent.

1. Les ____________________ transforment l'énergie du vent en énergie électrique.
2. La montée des océans, des ouragans plus intenses, des vagues de chaleur et des feux de forêt plus fréquents, ainsi que la disparition de plusieurs espèces animales sont quelques-unes des conséquences du ____________ ________________________________
3. Les ____________________________ convertissent l'énergie du soleil en électricité.
4. Les écologistes veulent protéger l'______________________
5. Il faut éviter le _____________________ des ressources naturelles.
6. La _______________________ nous protège des rayons ultraviolets du soleil.
7. Le vent, le soleil et l'eau sont des énergies ____________________
8. Le _______________________ contribue à la réduction du volume de déchets ainsi qu'à la préservation des ressources naturelles.

abîmer	to damage, to ruin
agir	to act
brûler	to burn
conserver	to conserve
contaminer	to contaminate
détruire	to destroy
développer	to develop
disparaître	to disappear
empirer	to get/to make worse
empoisonner	to poison
éteindre	to switch off, to turn off
faire du covoiturage	to carpool
faire des économies d'énergie	to save energy
fondre	to melt
gaspiller	to waste
interdire à qn de faire qch	to forbid/not allow sb to do sth
jeter	to throw (out)
lutter (contre qch)	to fight (against sth)
menacer	to threaten
nettoyer	to clean
nuire à	to harm
polluer	to pollute
préserver	to preserve
protéger	to protect
protester	to protest
recycler	to recycle
réduire	to reduce
résoudre (un problème)	to solve (a problem)
respecter	to respect
respirer	to breathe
sauver	to save
séparer	to separate
trier	to sort

C) Flashcards : Chapitre 30, exercice 2

écologique	ecological
bio(logique)	organic
(non-)biodégradable	(non)biodegradable
(non-)polluant(e)	(non)polluting
pollué(e)	polluted
contaminé(e)	contaminated
jetable	disposable
nuisible	harmful
propre	clean
protégé(e)	protected
sale	dirty
radioactif, radioactive	radioactive
pur(e)	pure, clean
dangereux, dangereuse	dangerous
bruyant(e)	noisy
silencieux, silencieuse	quiet
renouvelable	renewable
toxique	toxic, poisonous

D) Flashcards : Chapitre 30, exercice 3

Vocabulaire supplémentaire et apparenté

l'électricité (*f.*)	electricity
l'ampoule (*f.*) (basse consommation)	(energy saving) light bulb
la centrale nucléaire	nuclear power plant
l'essence *(f.)*	gasoline
le pétrole	(crude) oil
les gaz d'échappement (*m.pl.)*	exhaust fumes
les organismes génétiquement modifiés *(m.pl.)* (les OGM)	genetically modified organisms (GMOs)
les aliments bio (*m.pl.*)	organic food
le charbon	coal
la poubelle	trash can

les ordures *(f.pl.)*	garbage
le sac en plastique	plastic bag
le glacier	glacier
l'écosystème *(m.)*	ecosystem
l'espèce (*f.*) en voie de disparition	endangered species
le danger	danger
l'impact (*m.*) sur l'environnement	environmental impact
la santé	health
la société	society
le covoiturage	carpooling
les transports en commun	public transportation
le bruit	noise
les pesticides (*m.pl.)*	pesticides
les insecticides (*m.pl.)*	insecticides
la catastrophe, le désastre	catastrophe, disaster
la marée noire	oil spill
la déforestation	deforestation
le smog	smog
la pluie acide	acid rain
les intempéries (*f.pl.)*	bad weather
le feu, l'incendie (*m.*)	fire
le feu (les feux) de forêt	forest fire(s)
la fumée	smoke
l'inondation *(f.)*	flood

E) Flashcards : Chapitre 30, exercice 4

Proverbe

Il n'y a pas de **fumée** sans **feu**.	Where there is smoke, there is fire.

F) Complétez les phrases avec les mots qui conviennent.

1. Pour économiser l'électricité dans nos maisons, on utilise des ________________________ basse consommation et on éteint la lumière en sortant d'une chambre.

2. Après l'accident de Fukushima, l'Allemagne a décidé de fermer toutes ses ______________________________ d'ici 2022.
3. Quand plusieurs personnes partagent une voiture pour faire le même trajet, ils font du ______________
4. Les énergies classiques (l'énergie nucléaire, le pétrole, le gaz et le __________________) sont polluantes.
5. À cause du réchauffement climatique, les _______________________ fondent.
6. Les _________________ sont des produits chimiques utilisés par les agriculteurs pour protéger les plantes des insectes.
7. La ______________________ peut être à l'origine d'un glissement de terrain.
8. Une espèce ________________________ est une espèce animale qui risque de disparaître.

G) Conversation/Discussion.

1. Quelles sont les conséquences du réchauffement climatique ?
2. Comment pouvons-nous réduire le réchauffement climatique ? Qu'est-ce que nous devrions faire pour protéger l'environnement ?
3. La France dispose d'un grand nombre de centrales nucléaires (il y en a 58) qui fournissent 75% de son électricité. Êtes-vous pour ou contre les centrales nucléaires ? Expliquez.
4. Parlez de la politique de protection de l'environnement de votre pays. Que fait votre Gouvernement pour protéger l'environnement ?

Lecture

La circulation différenciée remplace la circulation alternée

Pour améliorer la qualité de l'air, Paris devient la première zone à circulation restreinte (ZCR) de France en janvier 2017. Tous les véhicules (voitures, camions, autobus, motocyclettes, etc.) doivent s'équiper d'un certificat qualité de l'air « Crit'Air ». La vignette Crit'Air est un autocollant qui indique le niveau de pollution du véhicule. Elle est obligatoire depuis le 1er juillet 2017 et doit être collée sur le pare-brise de la voiture. Il y a six vignettes (numérotées de 0 à 5) qui se distinguent par une couleur différente en fonction des émissions polluantes du véhicule. On peut commander le certificat en ligne pour 3,62 euros. Si on n'a pas de vignette lors d'un contrôle de police, on est verbalisé et doit payer une amende de 68 euros. Lors des pics de pollution, c'est-à-dire pendant les périodes où il y a une trop grande quantité de polluants dans l'air, seuls les véhicules portant une vignette 0 à 3 (0 étant le numéro des voitures électriques) peuvent circuler dans Paris en semaine entre huit heures et vingt heures. Les voitures classées 4 et 5 et celles fabriquées avant 1996, qui sont trop anciennes pour avoir une vignette, n'y sont pas autorisées. Cette mesure s'appelle circulation différenciée. Celle-ci remplace la circulation alternée, qui ne permettait chaque jour que la circulation des véhicules à plaque paire ou à plaque impaire. La vignette écologique est désormais aussi obligatoire à Lyon, Strasbourg, Lille, Toulouse et Grenoble. De nombreuses autres villes ont l'intention d'adopter ce système. Le dispositif a aussi été mis en place pour encourager les automobilistes à acheter une nouvelle voiture, moins polluante, de préférence une qui est hybride ou électrique.

la vignette	sticker
l'autocollant (*m.*)	sticker
à plaques impaires	with even-numbered license plates
à plaques impaires	with odd-numbered license plates

H) Répondez aux questions suivantes.

1. Que veut dire ZCR ?
2. Pourquoi a-t-on créé les ZCR ?
3. Qu'est-ce qu'un certificat qualité de l'air ?
4. Que faut-il faire de la vignette ?
5. Combien coûte la vignette et comment est-ce qu'on peut se la procurer ?
6. Quels véhicules ne peuvent pas avoir de vignette ? Pourquoi ?
7. Comment la circulation était-elle régulée lors des pics de pollution avant la mise en place de la vignette ?
8. En cas d'extrême pollution, quels véhicules ne peuvent pas circuler dans Paris entre huit heures et vingt heures en semaine ?
9. Que risque-t-on lors d'un contrôle de police si on n'a pas de vignette ou si on circule avec une vignette 4 ou 5 ?
10. Est-ce que Paris est la seule ville à avoir instauré la circulation différenciée ?

I) Conversation/Discussion.

1. Que pensez-vous de la circulation différenciée ? Êtes-vous pour ou contre cette réglementation ? Argumentez.
2. Est-ce qu'il y a un dispositif similaire dans votre pays ? Expliquez.
3. Quelles autres mesures pourrait-on introduire pour lutter contre la pollution de l'air dans les grandes villes ?

31 Les médias

The media

I) La presse

la presse	press
le journal (les journaux)	newspaper
le quotidien	daily paper
le magazine	magazine
l'hebdomadaire (*m.)* (*fam.* un hebdo)	weekly publication
le mensuel	monthly publication
le kiosque à journaux	newspaper stand
la une à la une	front page on the front page
le gros titre	headline
l'article (*m.*) de journal	newspaper article
l'événement (*m.*)	event
le sujet	subject, topic
les petites annonces (*f.pl.*)	classified ads
la bande dessinée (la BD)	comic strip
les faits divers (*m.pl.*)	miscellaneous (minor) news items (crime, accidents, celebrity news etc.)
la critique la critique de film / de livre	criticism, review film/book review
le sondage	opinion poll
le résumé	summary
les mots croisés	crossword puzzle
l'abonnement *(m.)*	subscription

le rédacteur / la rédactrice (en chef)	editor (-in-chief)
le / la journaliste	journalist
le reporter	reporter
le (la) correspondant(e)	correspondent
le lecteur / la lectrice	reader
la conférence de presse	press conference
la liberté de la presse	freedom of the press
la liberté d'expression	freedom of speech

A) Flashcards : Chapitre 31, exercice 1

s'abonner (à) Je me suis abonné(e) à un hebdo.	to subscribe (to) I subscribed to a weekly magazine.
divertir	to entertain
paraître	to come out (newspaper)
censurer	to censor
lire	to read
rapporter	to report
faire la critique de qch	to review sth
rédiger	to write
informer	to inform

B) Flashcards : Chapitre 31, exercice 2

II) La radio et la télévision

la radio	radio
la station de radio	radio station
l'auditeur / l'auditrice	listener
les informations (*f. pl.*) [*fam.* les infos]	news
le reportage	report
la musique	music
la chanson	song

la télévision (*fam.* la télé)	television
l'écran[1] (*m.*)	screen
la chaîne	(TV) channel
la télécommande	remote (control)
l'image (*f.*)	picture
le présentateur / la présentatrice	news reader, anchorman/ anchorwoman
l'animateur / l'animatrice	(TV) host
l'envoyé(e) spécial(e)	special correspondent
le téléspectateur / la téléspectatrice	television viewer
le public	audience, listeners
l'émission (*f.*)	TV show, TV/radio program
le téléfilm	TV film
le documentaire	documentary
la météo	weather (forecast)
la télé-réalité	reality TV
l'actualité (*f.*)	current events
le jeu télévisé	game show
le journal télévisé (le JT)	TV news
le feuilleton	soap opera
la série	(TV) series
le dessin animé	cartoon
l'interview (*f.*)	interview
la publicité (*fam.* la pub)	commercial, advertisement
le talk-show	talk show
l'invité(e)	guest

C) Flashcards : Chapitre 31, exercice 3

allumer (la radio, la télévision)	to turn on (radio, television)
éteindre (la radio, la télévision)	to turn off (radio, television)
écouter	to listen to
regarder (la télé)	to watch (TV)
être au courant (de qch)	to be informed (of sth)
monter le son	to turn up the volume

baisser le son	to lower the volume
annoncer	to announce
enregistrer (une émission)	to record (a program)
changer de chaîne	to change channels
zapper, faire du zapping	to channel-surf
interviewer	to interview

objectif, objective	objective
subjectif, subjective	subjective
amusant(e)	funny, amusing
divertissant(e)	entertaining
éducatif, éducative	educational
quotidien(ne)	daily
hebdomadaire	weekly
mensuel(le)	monthly
à la radio	on the radio
à la télévision	on television
Qu'y a-t-il à la télévision ce soir ?	What is on television tonight?
en direct	live

D) Flashcards : Chapitre 31, exercice 4

E) Traduisez les phrases suivantes en français.

1. I heard it on the radio. ______________________
2. My sister often watches soap operas. ______________________
3. Do you know the game show ______________________
   « Questions pour un champion » ?
4. Michel Drucker is a French TV host. ______________________
5. This anchorwoman is very popular. ______________________
6. Which (television) channel has the best educational programs? ______
   ____
7. In my opinion, there are too many commercials on television. _______
8. Did you turn on the television? – No, I turned it off. ____________
   ____
9. Children like watching cartoons. ______________________

F) Complétez les phrases avec les mots qui conviennent.

1. Une émission telle que « La Roue de la Fortune » est un ______________
2. On fait du ____________________ quand on passe rapidement d'une chaîne de télévision à d'autres.
3. On se sert d'une ______________________________ pour changer de chaîne.
4. *General Hospital* est le nom d'une ___________________________ américaine.
5. Les personnes qui écoutent la radio sont les ________________________

G) Écrivez la définition des mots suivants.

Exemple : l'écran ⇒ C'est la partie de la télévision qui montre l'image.

1. le téléspectateur
2. le journal télévisé
3. la météo
4. le présentateur
5. l'hebdomadaire
6. la une

H) Est-ce vrai ou faux ? Justifiez votre réponse.

1. Le rédacteur en chef dirige l'équipe d'un journal. _______________
2. On peut s'abonner à un magazine. _______________
3. Dans un journal, il y a souvent des petites annonces. _______________
4. Un quotidien paraît chaque semaine. _______________
5. CNN et TV5 Monde sont des chaînes de télévision internationales. _______________
6. *Paris Match* est un magazine mensuel. _______________

I) Répondez aux questions suivantes.

1. Quel journal lisez-vous régulièrement ? Pourquoi ?
2. Quels articles vous intéressent particulièrement ?
3. Quels programmes écoutez-vous à la radio ?
4. Quelles sont vos émissions préférées à la télévision ? Faites un résumé oral de chacune d'elles.
5. Que pensez-vous des émissions de téléréalité telles que *Le Bachelor* ?
6. À quel média faites-vous le plus confiance (à la presse, à la télévision ou à la radio) ? Expliquez.

J) Conversation/Discussion

1. Choisissez un article dans un journal français en ligne (*Le Monde* par exemple) et présentez-le à l'oral. Ensuite posez des questions (qui engendrent un débat) aux étudiants à propos du contenu de cet article.
2. Après avoir fait des recherches sur Internet,

   a) citez six journaux quotidiens et trois magazines hebdomadaires français et décrivez-les
   b) comparez les médias français et ceux de votre pays. Quelles différences y a-t-il ?

3. Que pensez-vous de la publicité à la télévision ? Préféreriez-vous une télévision sans publicité même si vous deviez payer une redevance (*usage fee*) ?
4. Parlez de l'influence de la télévision sur la vie familiale et le comportement des enfants.
5. Trouvez-vous qu'il y ait trop de violence à la télé ? Quelles émissions ne regarderiez-vous pas avec vos enfants ? Lesquelles leur recommanderiez-vous ? Expliquez.

Note

1 In France, television is often referred to as ***le petit écran***.